贾孔会　编著

"中国现代史"课程教学设计

武汉大学出版社
WUHAN UNIVERSITY PRESS

图书在版编目(CIP)数据

"中国现代史"课程教学设计／贾孔会编著 . -- 武汉：武汉大学出版社，2024.12. -- ISBN 978-7-307-24734-5

Ⅰ. K27

中国国家版本馆 CIP 数据核字第 20244MP858 号

责任编辑:韩秋婷　　　责任校对:汪欣怡　　　版式设计:马　佳

出版发行: **武汉大学出版社**　（430072　武昌　珞珈山）

（电子邮箱：cbs22@ whu.edu.cn　网址：www.wdp.com.cn）

印刷:武汉邮科印务有限公司

开本:720×1000　　1/16　　印张:20.25　　字数:339 千字　　插页:1

版次:2024 年 12 月第 1 版　　　2024 年 12 月第 1 次印刷

ISBN 978-7-307-24734-5　　　定价:59.00 元

目 录

绪

论

2020年1月，习近平总书记在"不忘初心、牢记使命"主题教育总结大会上的重要讲话中指出："要把学习贯彻党的创新理论作为思想武装的重中之重，同学习马克思主义基本原理贯通起来，同学习党史、新中国史、改革开放史、社会主义发展史结合起来"①。中共中央办公厅、国务院办公厅印发的《关于深化新时代学校思想政治理论课改革创新的若干意见》提出了"调整创新思政课课程体系"的要求，明确要求"各高校要重点围绕习近平新时代中国特色社会主义思想，党史、国史、改革开放史、社会主义发展史，宪法法律，中华优秀传统文化等设定课程模块，开设系列选择性必修课程"。"中国现代史"课程就是高等学校为在校大学生开设的一门"四史"类通识课程，是高校思想政治理论课课程体系的一部分。

一、学习中国现代史的重要意义

中国现代史，也称中华人民共和国史或新中国史。是中华人民共和国成立后中国人民在中国共产党的领导下进行社会主义革命、建设和改革的历史。2019年10月1日，习近平总书记在庆祝中华人民共和国成立70周年大会上向全世界庄严宣告："今天，社会主义中国巍然屹立在世界东方，没有任何力量能够撼动我们伟大祖国的地位，没有任何力量能够阻挡中国人民和中华民族的前进步伐。"②中国的昨天已经写在人类的史册上，中国的今天正在亿万人民手中创造，中国的明天必将更加美好。新中国的历史，就是一部中国人民当家作主以后建立、巩固和探索社会主义制度史，是一部在改革开放中找到中国特色社会主义正确道路史，是一部中华民族在中国特色社会主义新时代实现伟大梦想的奋进史，是一部把马克思主义基本原理与中国特色社会主义建设实际相结合，推进马克思主义中国化、时代化、大众化的发展史。③

① 习近平：《习近平著作选读》（第二卷），人民出版社2023年版，第300页。
② 习近平：《习近平著作选读》（第二卷），人民出版社2023年版，第274页。
③ 当代中国研究所：《新中国70年》，当代中国出版社2019年版，第1~2页。

开设中国现代史课程，在理论和知识层面就是要通过讲授新中国成立以来的历史，对当代大学生进行国史、国情教育，了解党团结带领人民作出的伟大贡献、取得的根本成就，使学生全面深刻把握新中国的历史进程和发展规律，深刻认识中国人民是如何在党的领导下战胜重重困难，捍卫国家独立、统一、安全，是怎样在落后农业国基础上依靠自己的力量建立起独立的比较完整的工业体系和国民经济体系，从而由近代不断衰落到根本扭转命运、持续走向繁荣富强的；深刻认识社会主义中国是怎样通过破除一切思想和体制障碍，走上中国特色社会主义道路的，是怎样在已有根本政治前提和基本制度、建设成就的基础上大踏步赶上时代的；又是怎样成功走出中国式现代化新道路，创造人类文明新形态，从而为人类实现现代化提供新的选择而引领新时代的。①

开设中国现代史课程，在思想和价值层面，就是要引导学生以正确的历史观来把握新中国历史发展的主题主线、主流和本质、基本趋势、规律、经验和结论，不断坚定中国特色社会主义道路自信、理论自信、制度自信、文化自信。一部新中国史，既是中国共产党团结带领人民实现国家富强、民族振兴和人民幸福的建设史，也是一部探索和深化社会主义建设规律的发展史，更是一部中华民族的精神励志史。在这个过程中，曾经走过弯路，遭遇过挫折，但仍然砥砺前行，凸显了中国人民在中国共产党的带领下探索中国特色社会主义道路的不懈努力和精神气概。新中国史所负载的探索精神，为大学生立德树人提供了精神力量。新中国史不是上天的馈赠，而是中国共产党团结带领中国人民艰难探索的奋斗史，来之不易。新中国史要讲清楚中国社会主义事业来之不易，要让大学生明白中国特色社会主义从何而来，支撑新中国继续前行的力量在哪里，以此建构大学生正确的世界观、人生观和价值观。

二、中国现代史的历史分期及内容概述

习近平总书记在庆祝中国共产党成立 100 周年大会上指出，为了实现中华民

---

① 刘一博：《中华人民共和国史实践教学教程》，江西人民出版社 2023 年版，第 2 页。

族伟大复兴，中国共产党团结带领中国人民，自力更生、发愤图强，创造了社会主义革命和建设的伟大成就；解放思想、锐意进取，创造了改革开放和社会主义现代化建设的伟大成就；自信自强、守正创新，统揽伟大斗争、伟大工程、伟大事业、伟大梦想，创造了新时代中国特色社会主义的伟大成就。① 这三个"伟大成就"，都是在新中国的三个历史时期创造出来的，是中华人民共和国史留给人民的宝贵精神财富。

（一）社会主义革命和建设时期

社会主义革命和建设时期，中国共产党面临的主要任务是，实现从新民主主义到社会主义的转变，进行社会主义革命，推进社会主义建设，为实现中华民族伟大复兴奠定根本政治前提和制度基础。

中华人民共和国成立后，中国共产党领导人民战胜政治、经济、军事等方面一系列严峻挑战，肃清国民党反动派残余武装力量和土匪，和平解放西藏，实现祖国大陆完全统一；稳定物价，统一财经工作，完成土地改革，进行社会各方面民主改革，实行男女权利平等，镇压反革命，开展"三反""五反"运动，荡涤旧社会留下的污泥浊水，社会面貌焕然一新。中国人民志愿军雄赳赳、气昂昂跨过鸭绿江，同朝鲜人民和军队并肩战斗，战胜武装到牙齿的强敌，打出了国威军威，打出了中国人民的精气神，赢得抗美援朝战争伟大胜利，捍卫了新中国安全，彰显了新中国大国地位。新中国在错综复杂的国内国际环境中站稳了脚跟。

对于新中国来说，走向社会主义是必然选择。1953 年，中国共产党正式提出过渡时期的总路线，即在一个相当长的时期内，逐步实现国家的社会主义工业化，并逐步实现国家对农业、手工业和资本主义工商业的社会主义改造。1954年，召开第一届全国人民代表大会第一次会议，通过了《中华人民共和国宪法》。1956 年，我国基本上完成对生产资料私有制的社会主义改造，基本上实现生产资料公有制和按劳分配，建立起社会主义经济制度。党领导确立人民代表大会制度、中国共产党领导的多党合作和政治协商制度、民族区域自治制度，为人民当

---

① 习近平：《习近平著作选读》（第二卷），人民出版社 2023 年版，第 478~479 页。

家作主提供了制度保证。社会主义制度的建立，为我国一切进步和发展奠定了重要基础。

根据我国社会主义改造基本完成后的形势，党的八大提出国内主要矛盾已经不再是工人阶级和资产阶级的矛盾，而是人民对于经济文化迅速发展的需要同当前经济文化不能满足人民需要的状况之间的矛盾，全国人民的主要任务是集中力量发展社会生产力，实现国家工业化，逐步满足人民日益增长的物质和文化需要。党提出努力把我国逐步建设成为一个具有现代农业、现代工业、现代国防和现代科学技术的社会主义强国，领导人民开展全面的大规模的社会主义建设。经过实施几个五年计划，我国建立起独立的比较完整的工业体系和国民经济体系，农业生产条件显著改变，教育、科学、文化、卫生、体育事业有很大发展。"两弹一星"等国防尖端科技不断取得突破，国防工业从无到有逐步发展起来。人民解放军得到壮大和提高，由单一的陆军发展成为包括海军、空军和其他技术兵种在内的合成军队，为巩固新生人民政权、确立中国大国地位、维护中华民族尊严提供了坚强后盾。

新中国坚持独立自主的和平外交政策，倡导和坚持和平共处五项原则，坚定维护国家独立、主权、尊严，支持和援助世界被压迫民族解放事业、新独立国家建设事业和各国人民正义斗争，反对帝国主义、霸权主义、殖民主义、种族主义，彻底结束了旧中国的屈辱外交。中国共产党审时度势调整外交战略，推动恢复我国在联合国的一切合法权利，打开对外工作新局面，推动形成国际社会坚持一个中国原则的格局。提出划分"三个世界"的战略，作出"中国永远不称霸"的庄严承诺，赢得国际社会特别是广大发展中国家尊重和赞誉。

在这个时期，毛泽东同志提出把马克思列宁主义基本原理同中国具体实际进行"第二次结合"，以毛泽东同志为主要代表的中国共产党人，结合新的实际丰富和发展毛泽东思想，提出关于社会主义建设的一系列重要思想，包括社会主义社会是一个很长的历史阶段，严格区分和正确处理敌我矛盾和人民内部矛盾，正确处理我国社会主义建设的十大关系，走出一条适合我国国情的工业化道路，尊重价值规律，在党与民主党派的关系上实行"长期共存、互相监督"的方针，在科学文化工作中实行"百花齐放、百家争鸣"的方针等。这些独创性理论成果至今仍有重要指导意义。毛泽东思想是马克思列宁主义在中国的创造性运用和发展，是被实践证明了的关于中国革命和建设的正确的理论原则和经验总结，是马克思主义中国化的第一次历史性飞跃。

遗憾的是，党的八大形成的正确路线未能完全坚持下去，先后出现"大跃进"、人民公社化运动等错误，反右派斗争也被严重扩大化。面对当时严峻复杂的外部环境，党极为关注社会主义政权巩固，为此进行了多方面努力。然而，毛泽东同志在关于社会主义社会阶级斗争的理论和实践上的错误发展得越来越严重，党中央未能及时纠正这些错误。毛泽东同志对当时我国阶级形势以及党和国家政治状况作出完全错误的估计，发动和领导了"文化大革命"，林彪、江青两个反革命集团利用毛泽东同志的错误，进行了大量祸国殃民的罪恶活动，酿成十年内乱，使党、国家、人民遭到新中国成立以来最严重的挫折和损失，教训极其惨痛。1976 年 10 月，中央政治局执行党和人民的意志，毅然粉碎了"四人帮"，结束了"文化大革命"这场灾难。

总之，从中华人民共和国成立到改革开放前夕，以毛泽东同志为主要代表的中国共产党人，团结带领全党全国各族人民，完成社会主义革命，消灭一切剥削制度，实现了中华民族有史以来最为广泛而深刻的社会变革，实现了一穷二白、人口众多的东方大国大步迈进社会主义社会的伟大飞跃。在探索过程中，虽然经历了严重曲折，但党在社会主义革命和建设中取得的独创性理论成果和巨大成就，为在新的历史时期开创中国特色社会主义提供了宝贵经验、理论准备、物质基础。

在社会主义革命和建设时期，中国共产党和中国人民以英勇顽强的奋斗向世界庄严宣告，中国人民不但善于破坏一个旧世界，也善于建设一个新世界，只有社会主义才能救中国，只有社会主义才能发展中国。

(二) 改革开放和社会主义现代化建设新时期

以 1978 年党的十一届三中全会为标志，中国进入改革开放和社会主义现代化建设新时期。这段时期，中国共产党面临的主要任务是，继续探索中国建设社会主义的正确道路，解放和发展社会生产力，使人民摆脱贫困、尽快富裕起来，为实现中华民族伟大复兴提供充满新的活力的体制保证和快速发展的物质条件。

　　1978 年党的十一届三中全会以后，以邓小平同志为主要代表的中国共产党人，团结带领全党全国各族人民，深刻总结新中国成立以来正反两方面经验，围绕什么是社会主义、怎样建设社会主义这一根本问题，借鉴世界社会主义历史经验，创立了邓小平理论，解放思想，实事求是，作出把党和国家工作中心转移到经济建设上来、实行改革开放的历史性决策，深刻揭示社会主义本质，确立社会主义初级阶段基本路线，明确提出走自己的路、建设中国特色社会主义，科学回答了建设中国特色社会主义的一系列基本问题，制定了到 21 世纪中叶分三步走、基本实现社会主义现代化的发展战略，成功开创了中国特色社会主义。

　　1989 年党的十三届四中全会以后，以江泽民同志为主要代表的中国共产党人，团结带领全党全国各族人民，坚持党的基本理论、基本路线，加深了对什么是社会主义、怎样建设社会主义和建设什么样的党、怎样建设党的认识，形成了"三个代表"重要思想，在国内外形势十分复杂、世界社会主义出现严重曲折的严峻考验面前捍卫了中国特色社会主义，确立了社会主义市场经济体制的改革目标和基本框架，确立了社会主义初级阶段公有制为主体、多种所有制经济共同发展的基本经济制度和按劳分配为主体、多种分配方式并存的分配制度，开创全面改革开放新局面，推进党的建设新的伟大工程，成功把中国特色社会主义推向 21 世纪。

　　2002 年党的十六大以后，以胡锦涛同志为主要代表的中国共产党人，团结带领全党全国各族人民，在全面建设小康社会进程中推进实践创新、理论创新、制度创新，深刻认识和回答了新形势下实现什么样的发展、怎样发展等重大问题，形成了科学发展观，抓住重要战略机遇期，聚精会神搞建设，一心一意谋发展，强调坚持以人为本、全面协调可持续发展，着力保障和改善民生，促进社会公平正义，推进党的执政能力建设和先进性建设，成功在新形势下坚持和发展了中国特色社会主义。

　　在这段时期，党领导人民解放思想、锐意进取，创造了改革开放和社会主义现代化建设的伟大成就。我国实现了从高度集中的计划经济体制到充满活力的社会主义市场经济体制、从封闭半封闭到全方位开放的历史性转变，实现了从生产力相对落后的状况到经济总量跃居世界第二的历史性突破，实现了人民生活从温饱不足到总体小康、奔向全面小康的历史性跨越，推进了中华民族从站起来到富起来的伟大飞跃。党从新的实践和时代特征出发坚持和发展马克思主义，科学回答了建设中国特色社会主义的发展道路、发展阶段、根本任务、发展动力、发展战略、政治保证、祖国统一、外交和国际战略、领导力量和依靠力量等一系列基本问题，形成了中国特色社会主义理论体系。中国特色社会主义理论体系是马克思主义中国化时代化新的飞跃。

在改革开放和社会主义现代化建设新时期，中国共产党和中国人民以英勇顽强的奋斗向世界庄严宣告，改革开放是决定当代中国前途命运的关键一招，中国特色社会主义道路是指引中国发展繁荣的正确道路，中国大踏步赶上了时代。

（三）中国特色社会主义新时代

2012年党的十八大以来，中国特色社会主义进入新时代。中国共产党面临的主要任务是，实现第一个百年奋斗目标，开启实现第二个百年奋斗目标新征程，朝着实现中华民族伟大复兴的宏伟目标继续前进。

以习近平同志为核心的党中央统筹把握中华民族伟大复兴战略全局和世界百年未有之大变局，强调中国特色社会主义新时代是承前启后、继往开来、在新的历史条件下继续夺取中国特色社会主义伟大胜利的时代，是决胜全面建成小康社会、进而全面建设社会主义现代化强国的时代，是全国各族人民团结奋斗、不断创造美好生活、逐步实现全体人民共同富裕的时代，是全体中华儿女勠力同心、奋力实现中华民族伟大复兴中国梦的时代，是我国不断为人类作出更大贡献的时代。中国特色社会主义新时代是我国发展新的历史方位。

以习近平同志为核心的党中央，以伟大的历史主动精神、巨大的政治勇气、强烈的责任担当，统筹国内国际两个大局，贯彻党的基本理论、基本路线、基本方略，统揽伟大斗争、伟大工程、伟大事业、伟大梦想，采取一系列战略性举措，推进一系列变革性实践，实现一系列突破性进展，取得一系列标志性成果，经受住了来自政治、经济、意识形态、自然界等方面的风险挑战考验，党和国家事业取得历史性成就、发生历史性变革，推动我国迈上全面建设社会主义现代化国家新征程。

以习近平同志为主要代表的中国共产党人，坚持把马克思主义基本原理同中国具体实际相结合、同中华优秀传统文化相结合，坚持马克思列宁主义、毛泽东思想、邓小平理论、"三个代表"重要思想、科学发展观，深刻总结并充分运用党成立以来的历史经验，从新的实际出发，创立了习近平新时代中国特色社会主义思想，实现了马克思主义中国化时代化新的飞跃。

新时代十年的伟大变革，在党史、新中国史、改革开放史、社会主义发展史上具有里程碑意义，走过百年奋斗历程的中国共产党在革命性锻造中更加坚强有力，党的政治领导力、思想引领力、群众组织力、社会号召力显著增强，党同人民群众始终保持血肉联系，中国共产党在世界形势深刻变化的历史进程中始终走在时代前列，在应对国内外各种风险和考验的历史进程中始终成为全国人民的主心骨，在坚持和发展中国特色社会主义的历史进程中始终成为坚强领导核心。中国人民的前进动力更加强大、奋斗精神更加昂扬、必胜信念更加坚定，焕发出更为强烈的历史自觉和主动精神，中国共产党和中国人民正信心百倍推进中华民族从站起来、富起来到强起来的伟大飞跃。改革开放和社会主义现代化建设深入推进，书写了经济快速发展和社会长期稳定这两大奇迹新篇章，使我国发展具备了更为坚实的物质基础、更为完善的制度保证，实现中华民族伟大复兴进入不可逆转的历史进程。科学社会主义在 21 世纪的中国焕发出新的蓬勃生机，中国式现代化为人类实现现代化提供了新的选择，中国共产党和中国人民为解决人类面临的共同问题提供更多更好的中国智慧、中国方案、中国力量，为人类和平与发展崇高事业作出新的更大的贡献！

新时代十年的伟大变革，是在以习近平同志为核心的党中央坚强领导下、在习近平新时代中国特色社会主义思想指引下全党全国各族人民团结奋斗取得的。党确立习近平同志党中央的核心、全党的核心地位，确立习近平新时代中国特色社会主义思想的指导地位，反映了全党全军全国各族人民共同心愿，对新时代党和国家事业发展、对推进中华民族伟大复兴历史进程具有决定性意义。

在中国特色社会主义新时代，以习近平同志为核心的党中央领导全党全军全国各族人民砥砺前行，全面建成小康社会目标如期实现，党和国家事业取得历史性成就、发生历史性变革，彰显了中国特色社会主义的强大生机活力，党心军心民心空前凝聚振奋，为实现中华民族伟大复兴提供了更完善的制度保证、更坚实的物质基础、更主动的精神力量。中国共产党和中国人民以英勇顽强的奋斗向世界庄严宣告，中华民族迎来了从站起来、富起来到强起来的伟大飞跃。

三、学习中国现代史的方法

学好中国现代史，要掌握正确的学习方法：

一是要坚持马克思主义唯物史观。这是我们学习和研究新中国史的根本世界观和方法论。唯物史观从人类物质生产的实践活动出发，考察和揭示人类历史的发展规律。唯物史观认为，生产力和生产关系、经济基础和上层建筑的矛盾运动是社会发展的根本动因；人民群众是历史的创造者，是历史发展的根本动力。运用唯物史观来研究新中国史，可以更好地认识中华人民共和国曲折而辉煌的历史，更好地认识中国各族人民是中华人民共和国繁荣发展和战胜一切困难的力量源泉，更好地认识中国共产党的领导是中华人民共和国繁荣发展的根本保证。

二是要坚持实事求是的科学态度。学习研究中华人民共和国史，必须如实地了解和认识它的全部过程，它的各个部分、各个阶段。但是，任何历史事件、历史过程，只有放在具体的历史环境和特定的社会条件下，以实事求是的态度加以分析，才能得出正确的判断和结论。学习研究新中国史，必须坚持"论从史出"的严谨学风。我们要从整体上把握新中国史的发展进程，避免"碎片史观"。

三是要注重总结新中国史提供的宝贵经验。新中国史中蕴含着治国理政的政治灵魂和精神瑰宝，中国共产党能够屹立百年而不衰，中国的各项事业蒸蒸日上并且日益焕发出生机与活力，其中的重要原因之一就在于我们党善于总结和运用历史经验。习近平总书记在党史学习教育动员大会上强调："我们党一步步走过来，很重要的一条就是不断总结经验、提高本领，不断提高应对风险、迎接挑战、化险为夷的能力水平。"①当今世界正经历百年未有之大变局，国际关系错综复杂，国内全面建成小康社会取得伟大历史性成就，开启了社会主义现代化建设新征程。面对未知的将来，我们绝不能两手空空、毫无准备，必须认真总结历史经验。有了历史经验作为支撑，面对新形势新任务，特别是遭遇困难和挑战时便

---

① 习近平：《习近平著作选读》（第二卷），人民出版社 2023 年版，第 422 页。

能以更加从容的姿态应对，带着更加自信的步伐迈向未来。

四是要认真学习重要历史文献，研究各种基础史料。史实是研究和撰写历史的立足点和出发点，治史要有真凭实据。因此，我们要尽可能地收集能够收集到的史料，认真地进行鉴别和分析，去伪存真，去粗取精；要阅读学习权威资料，如毛泽东等领导人的选集、文集、年谱，习近平总书记的系列重要讲话、报告和文章，党和政府的重要决议、文献，阅读关于新中国史的著作、学术论文等。在如今我们所处的互联网时代，还要充分利用网络提供的丰富的、大量的信息，但需要特别提出的是，对于纷繁复杂的网络信息我们要学会甄别和选择，懂得明辨是非。

五是要注重立足社会实践。新中国史较为明显的特征之一在于，它是一部正在发生和延续的历史，它的现实性很强，实践性很强。因此，学习这门课程，不仅要学习了解书本知识，还应注重学习了解实践知识，了解在现实生活中实际的历史演进。只有立足鲜活的、实际的历史演进，积极投身于社会实践，我们才能更好地理解和把握历史发展的内在规律，不断印证和扩展在书本上学到的知识，不断增强自身的史学修养和理论素质，提高自身研究历史、解决问题的能力。

第一章

开国奠基：中华人民共和国的成立和巩固

📑 教学要求

　　通过本章的学习，引导学生深入了解从 1949 年中华人民共和国成立到 1953 年过渡时期总路线颁布之前的历史。要使学生深刻认识新中国成立的伟大意义，中国共产党领导人民巩固新政权、建立新社会的伟大斗争。要深刻认识抗美援朝战争的伟大历史意义，深刻认识完成各项民主改革、全面恢复国民经济给中国社会带来的历史性变化，这些变化和成就既代表中国人民站立起来了，也为大规模的工业化建设和社会主义改造准备了条件。

📑 教学重点

1. 中华人民共和国的成立
2. 抗美援朝战争
3. 社会改革的全面展开
4. 国民经济的恢复和各项建设的展开
5. 加强党在全国执政后的自身建设

📑 教学难点

1. 新中国初期的社会改革
2. 抗美援朝战争的历史评价

在艰苦卓绝的革命历程中，以毛泽东为主要代表的中国共产党人，团结带领中国各族人民，经过 28 年的浴血奋战、百折不挠，取得了新民主主义革命的伟大胜利，建立了中华人民共和国。中华人民共和国的成立，彻底结束了旧中国半殖民地半封建社会的历史，彻底结束了极少数剥削者统治广大劳动人民的历史，彻底结束了旧中国一盘散沙的局面，彻底废除了列强强加给中国的不平等条约和帝国主义在中国的一切特权。中国人民从此站立起来了！中华民族发展进步从此开启了新的历史纪元。

一、中华人民共和国的成立

(一)中国人民政治协商会议第一届全体会议

三大战役结束之后，国民党军队的主力已基本被歼灭，人民解放军以破竹之势，百万雄师渡过长江，解放了南京，宣告蒋家王朝的覆亡。新中国诞生的条件已经成熟。1949 年 9 月 21 日，中国人民政治协商会议第一届全体会议在北平中南海怀仁堂开幕。参加会议的各党派、各区域、军队、团体、少数民族、华侨、宗教界及爱国民主分子的代表共 662 人。中国共产党中央委员会主席毛泽东致开幕词，他庄严宣告："占人类总数四分之一的中国人从此站立起来了。"①

林伯渠、谭平山、周恩来、董必武分别就中国人民政治协商会议准备工作及《中国人民政治协商会议组织法》《中国人民政治协商会议共同纲领》《中华人民共和国中央人民政府组织法》的起草经过等问题作了报告。经会议认真讨论，通过了上述历史性文献。

《中国人民政治协商会议共同纲领》规定：中华人民共和国是"新民主主义即人民民主主义的国家"，是中国工人阶级、农民阶级、小资产阶级、民族资产阶级及其他爱国民主分子的人民民主统一战线的政权。"实行工人阶级领导的、以工农联盟为基础的、团结各民主阶级和国内各民族的人民民主专政"。国家保障

---

① 习近平：《论坚持人民当家作主》，中央文献出版社 2021 年版，第 262 页。

人民广大范围的民主权利，人民有思想、言论、出版、结社、通信、人身、居住、迁徙、宗教信仰及示威游行的自由权。规定中华人民共和国的国家政权属于人民。人民行使国家政权的机关为各级人民代表大会和各级人民政府。各级人民代表大会由人民用普选方法产生之。各级人民代表大会闭会期间，各级人民政府为行使各级政权的机关。"共同纲领"还规定了中华人民共和国的军事制度、经济建设根本方针及文化教育、外交、民族等各方面的基本政策。

《中国人民政治协商会议共同纲领》是中华人民共和国史上一个极其重要的纲领性文献，它总结了中国革命的经验，确定了中华人民共和国的国体、政体以及政治、经济、文化等各方面的方针政策。在《中华人民共和国宪法》颁布以前，其作为中央人民政府的施政方针，具有临时宪法的作用。

中国人民政治协商会议讨论通过：中华人民共和国定都北平，改北平为北京；中华人民共和国采用公元纪年；以《义勇军进行曲》为国歌；中华人民共和国的国旗为五星红旗；在天安门前建一座人民英雄纪念碑，以永远纪念人民解放战争和人民革命战争中牺牲的人民英雄。

会议选举毛泽东为中华人民共和国中央人民政府主席，朱德、刘少奇、宋庆龄、李济深、张澜、高岗为副主席，陈毅、贺龙、李立三、林伯渠、叶剑英、何香凝等 56 人为中央人民政府委员，组成中央人民政府委员会。还选举出中国人民政治协商会议第一届全国委员会委员 180 人。

9 月 30 日，大会闭幕。朱德副主席致闭幕词，宣布中国人民政治协商会议第一届全体会议的工作已胜利完成。

中国人民政治协商会议第一届全体会议，是全国人民空前大团结的盛会，它代表全中国人民的意志，宣告旧中国的灭亡和新中国的诞生。

（二）开国大典

1949 年 10 月 1 日下午 2 时，中央人民政府委员会在中南海勤政殿举行第一次会议。宣告中华人民共和国中央人民政府成立，中央人民政府主席、副主席和委员宣告就职，接受《中国人民政治协商会议共同纲领》为中央人民政府的施政方针。会议选举林伯渠为中央人民政府委员会秘书长，任命周恩来为中央人民政府政务院总理兼外交部长，毛泽东为中央人民政府人民革命军事委员会主席，朱德为中国人民解放军总司令，沈钧儒为中央人民政府最高人民法院院长，罗荣桓为中央人民政府最高人民检察署检察长，并责成他们从速组成政府机构，开展各项政府工作。

下午3时，首都北京30万军民齐集天安门广场，隆重举行新中国开国大典。当中央人民政府主席、副主席、委员登上天安门城楼主席台时，中央人民政府委员会秘书长林伯渠宣布典礼开始。军乐队高奏国歌《义勇军进行曲》，54门礼炮齐鸣28响。在庄严雄壮的国歌声中，毛泽东主席亲自升起了第一面五星红旗，宣读《中华人民共和国中央人民政府公告》，向全世界庄严宣告：中华人民共和国成立了！中央人民政府为代表中华人民共和国全国人民唯一合法政府。接着举行了陆海空三军阅兵式。朱德总司令宣读《中国人民解放军总部命令》，命令中国人民解放军全体指战员、工作人员，迅速肃清国民党反动军队的残余，解放一切尚未解放的国土。3小时的阅兵式，充分展示了人民军队的威武雄姿。

【案例】　　　　受阅飞机带弹飞行开世界先例

阅兵是开国大典的重头戏。这是中华人民共和国成立以来的首次阅兵，也是中国人民解放军建军以来最盛大、最庄严的一次阅兵。受阅部队按照陆、海、空三军序列编组，依次由东向西通过天安门城楼接受检阅，展示了人民解放军的军威和新中国的国威。

中国人民解放军空军第一次受阅，困难重重。队员们都没有经验，彼此也不熟悉，飞机又都是拼凑的，五花八门，各有各的高度和速度。P-51战斗机"野马"一加油门，就蹿出几百千米了，而最慢的运输机，只能飞行几十千米。就是同一型号的飞机，速度也因新旧程度不同而不一样。高度也是一大难关，必须精确计算高度，安排好谁在第一层谁在第二层，差之毫厘，将会失之千里。

开国大典开始后，受阅机群接到起飞命令，随即从南苑机场腾空而起，先在通县双桥上空编队集合，盘旋待命。下午4时30分，开始飞向天安门。9架P-51战斗机编为3个"品"字形，组成一、二、三分队，以920米的高度依次飞在编队的最前面。紧跟其后的是排为"一"字形的 2 架蚊式轰炸机组成的第四分队，以 760 米高度通过天安门广场。再后面是呈"品"字形的 3 架 C-46 运输机，组成第五分队。最后是由 2 架 PT-19 教练机和 1 架 L-5 联络机组成的第六分队，以 550 米高度依次通过天安门广场上空。

1 架、2 架、3 架……细心的人们仔细数着通过天安门广场上空的飞机架次，整整 26 架飞机。国人无不自豪中华人民共和国有了自己的空军，外国友人也惊诧中国空军发展的奇迹。参加大典的外国记者在向本国发回的报道中写道："中国空军以 P-51 战斗机为主，共 26 架飞机接受检阅。"

其实，当天参加阅兵的只有 17 架飞机，最先飞过天安门的 9 架 P-51 战斗机在空中绕了一圈，然后衔接在第六分队后面，再次通过天安门广场，这样看上去仿佛有 26 架飞机。值得一提的是，由于接受检阅的飞机同时还要执行警戒任务，其中 4 架战斗机是带弹参加受阅飞行，以随时防备敌人空袭。按照世界惯例，阅兵时任何兵种的部队不得携带实弹，开国大典受阅飞机突破惯例带弹受阅，在世界上开了先例。①

【教师点评】　我们的人民军队在过去的一段时期装备落后。中华人民共和国成立以后，我们的人民军队终于走上了正规化现代化发展道路。当人民空军的飞机从天安门广场上空飞过的时候，毛泽东等党和国家领导人及首都 30 万群众情不自禁地一起向人民空军战机挥手致意。1949 年 10 月 1 日，年轻的飞行员王延洲驾机参加开国大典，亲眼见证一个新时代的到来。王延洲早年就读于黄埔军校，后在美国学习飞行，抗日战争中他曾击落过 5 架日本飞机，是中国"王牌飞行员"之一。2005 年国庆前夕，已经 85 岁高龄的王延洲老人回忆起 56 年前的国庆，仍然兴奋不已："我们当时是代表中国人民解放军空军参加开国大典的阅兵仪式。"

阅兵式结束，天色已晚，天安门广场华灯齐放，游行群众高举红旗，载歌载舞。"中华人民共和国万岁！""毛主席万岁！"响彻云霄。

---

①　《天安门广场升起新中国第一面五星红旗》，http://dangshi.people.com.cn/n1/2021/0930/c436975-32243421.html，2021-09-30。案例文字均有修改。后同。

中华人民共和国的成立震撼了世界，开国大典阅兵式震撼了世界。中华人民共和国在世界的东方、在世界人民的心中巍然站立起来了。历史在这一时刻翻开了新的一页，一个旧的时代宣告结束，中国历史从此走入全新的时代。

（三）中华人民共和国成立的历史意义

中华人民共和国的成立，揭开了中国历史新的篇章。领导和组织人民革命取得胜利的中国共产党，成为在全国范围执掌政权的党，踏上了带领人民创造幸福美好生活的新征程。10月1日这一天，成为中华人民共和国国庆日。

中华人民共和国的成立，实现了中国从几千年封建专制政治向人民民主的伟大飞跃，实现了中国高度统一和各民族空前团结。中国人民从此把命运牢牢掌握在自己手中，成为国家、社会和自己命运的主人！

中华人民共和国的成立，是具有世界意义的大胜利。它冲破了帝国主义的东方战线，极大地改变了世界的政治格局，壮大了世界和平民主和社会主义的力量，对世界历史进程产生了深远的影响。

中华人民共和国的成立，是马克思列宁主义在中国的胜利，是马克思列宁主义的普遍原理和中国革命的具体实践相结合的思想即毛泽东思想的胜利。这个胜利，使马克思列宁主义、毛泽东思想在中国人民心中获得很高的威信，成为中华人民共和国各项事业的指导思想，其在世界范围内也具有一定影响。

二、民主革命任务的完成和新生人民政权的巩固

人民企盼已久的新中国成立了，全国各族人民革命热情高涨，中华大地呈现出万象更新的局面。同时，在党和人民面前，还存在很多亟待解决的困难，面临着很多严峻考验。

军事上，人民解放战争还没有完全结束。国民党还有100多万军队在西南、华南和沿海岛屿负隅顽抗。在新解放区，国民党溃逃时遗留下的大批残余力量，同恶霸势力以及惯匪相勾结，严重危及社会新秩序的建立和稳定。

经济上，新中国继承的是一个千疮百孔的烂摊子。生产萎缩，民生困苦。国民党统治下长期的恶性通货膨胀，造成物价飞涨、投机猖獗。党和人民政府有没有能力制止恶性通货膨胀，把经济形势稳定下来，使自己在经济上从而在政治上站住脚跟，这在当时是比向尚未解放的地区进军和剿匪更加困难的新的严峻考验。

国际上，妄图称霸全球的美国，在其"扶蒋反共"政策失败后，仍然不肯放弃与中国人民为敌的立场，拒绝承认新中国，并竭力阻挠其他国家承认新中国，阻挠中华人民共和国恢复在联合国的合法席位，对中华人民共和国实行政治孤立、经济封锁和军事包围。党和人民能不能在同美帝国主义的较量中取得胜利，这又是一个严峻考验。

党自身的队伍也面临着全国执政的新考验。面对艰巨繁重的建设任务，党必须尽快学习经济建设和国家治理的全新本领。更重要的是，在执掌全国政权、从事和平建设的条件下，党要继续保持优良传统和作风，经得起资产阶级"糖衣炮弹"的攻击。

总之，中华人民共和国已经成立，但新生的人民政权能不能站得住脚，中国共产党能不能管好国家，国内外都在等待着这个问题的回答。

面对复杂形势和种种考验，中国共产党和人民政府采取一系列积极稳健的政策措施，有条不紊地领导全国各族人民满怀信心地迎接挑战，开始了巩固新政权、建设新中国的伟大斗争。

(一)祖国大陆的统一和各级人民政权的建立

中华人民共和国刚刚诞生时，全国部分地区仍未解放。在开国大典的礼炮声中，人民解放军继续向华南、西南进军，以雷霆万钧之势扫荡残敌。到1949年年底，相继解放闽南地区和广东大部、广西、贵州、四川，和平解放云南、西康地区。在西北，新疆宣告和平解放后，入疆部队完成千里挺进边陲的壮举。1950年5月，海南岛解放。截至1950年10月，经过一年作战，人民解放军共歼灭国民党正规军128万余人，收编改造国民党起义、投诚部队170余万人。

近代以后，西方帝国主义一直觊觎西藏，在西藏培植和扶持分裂势力。中华人民共和国成立后，西藏地方政府上层少数分裂主义分子在帝国主义势力挑唆、策动下，企图将西藏从祖国大陆分离出去。党中央和毛泽东确定了绝不容许任何外国势力分割西藏的坚定不移的方针，同西藏上层分裂主义势力进行了军事和政治紧密配合的斗争。1951 年 5 月，中央人民政府同西藏地方政府签署关于和平解放西藏办法的协议（简称"十七条协议"）。10 月，人民解放军进驻拉萨，西藏获得和平解放，粉碎了帝国主义及西藏少数分裂主义分子制造"西藏独立"的图谋，实现了祖国大陆的统一。

在新解放区，人民解放军展开大规模剿匪作战。到 1951 年上半年，各地清剿的股匪已逾百万，大陆上的匪患基本平息，有力地保护了人民安居乐业，基本安定了社会秩序。

随着人民解放军的胜利进军，地方各级人民政权迅速建立起来。到 1951 年，全国共成立 29 个省、1 个民族自治区（内蒙古）、8 个省级行政公署、13 个直辖市人民政府，140 个省辖市人民政府及 2283 个县人民政府。中华人民共和国成立初期，为保证中央政令的统一和贯彻执行，在国家行政层次上还实行过大行政区制度（初期称大行政区军政委员会），即在中央与省之间设立东北、西北、华东、中南、西南五大行政区。各大行政区人民政府委员会是所辖省（市）一级的地方政权机关，同时又是中央人民政府政务院领导地方政府工作的代表机关。大行政区于 1954 年撤销。

人民民主政权的建立，标志着几千年来受压迫、受奴役的中国人民从此成了新社会的主人，从根本上改变了中国社会的发展方向，为党在全国执政奠定了坚实的政治和组织基础，也为建立社会主义制度、进行社会主义现代化建设扫清了主要障碍。

（二）没收官僚资本、稳定物价和统一全国财政经济

1. 没收官僚资本

官僚资本是国民党反动政权的经济基础，它垄断国家经济命脉，掠夺人民财富，严重阻碍社会生产力的发展。没收官僚资本归人民的国家所有，是新民主主

义革命的经济纲领之一。到1950年年初，全国接管官僚资本的工矿企业2800余家、金融企业2400余家。以此为主要基础，具有社会主义性质的国营经济迅速建立起来。它一经建立，就成为整个社会经济的领导力量和新中国发展生产、繁荣经济的主要物质基础，为以后的社会主义改造做了重要的物质准备。

2. 稳定物价和统一财经

中华人民共和国成立之时，国家财政经济面临极为困难的局面。旧社会留下来的畸形发展的投机资本在新解放城市继续兴风作浪，加剧物价上涨。有人甚至扬言：解放军进得了上海，人民币进不了上海。面对极其困难的财政经济状况，中国共产党和人民政府精心领导了稳定物价和统一财经的重大斗争。

为制止因投机资本操纵而加剧的市场混乱，党和人民政府采取必要的行政手段和有力的经济措施，成功组织了同投机资本作斗争的"银元之战"和"米棉之战"。

先是组织了"银元之战"。1949年6月，上海市军管会查封了金融投机的大本营证券大楼。武汉、广州等城市解放后也相继查封地下钱庄，沉重打击了投机商的非法活动，确保了人民币的法定地位。

【案例】　　　　　　　　　　　"银元之战"

1949年5月27日，上海解放。但经济战线仍硝烟弥漫，人民币挤不进上海市场，银元投机猖獗的电报不断送到陈云案头。陈云在北平筹建中财委的同时，参与指导了上海市军管会同上海旧经济势力之间的"银元之战"。

上海解放的第二天，上海市军管会就发布《关于使用人民币及限期禁用金圆券的规定》：以人民币1元收兑金圆券10万元；6月5日起，严禁金圆券在市场上流通。由于金圆券的信用已接近于零，收兑工作十分顺利，该规定发布仅7天，就收兑金圆券35.9万亿元，约占国民党政府全部金圆券发行额的53%。

然而此时，上海旧经济势力利用人们长期以来形成的担心钞票贬值的心理，掀起了银元投机风潮。上海证券交易所是银元投机的大本营，那里每天麋集着几千人。充斥在大街小巷的银元贩子人数更多。原来 1 块银元值 100 元人民币，6 月 3 日涨到 720 元，6 月 4 日突涨到 1100 元，涨势仍在继续。银元成为上海市场上实际使用的本位币，人民币只起辅助作用。到 6 月 4 日，上海投入流通的人民币近 20 亿元，大部分却浮在市面上。人民币只能购买小额货物，根本买不到整批货物。有的商号还拒绝以人民币作商品标价，把人民币排斥在市场之外。

在认识清楚银元问题的症结所在后，陈云主持起草了《中共中央关于打击银元使人民币占领阵地的指示》，于 6 月 8 日下发。该指示在分析了大军渡江、南京政府完全垮台后新解放区金融问题的新情况后指出，对待银元的斗争，除政治手段外，还须陆续采取许多经济步骤：明令铁路交通事业及市政公用事业，一律收人民币；税收一律征收人民币；以地方为单位，首先是上海酌发实物公债等。

得到毛泽东赞同并接到陈云主持起草的《中共中央关于打击银元使人民币占领阵地的指示》后，6 月 10 日上午 10 点整，上海市军管会派出军警到证券交易所，把银元投机的大本营端掉了，同时在全市范围内执行中央的指示。上海的这次行动抄没黄金 3000 多两、银元 3 万多块，处理投机商人 200 多名。消息传开，市场上银元价格暴跌。①

【教师点评】 由于政治手段、经济手段、宣传攻势三管齐下，上海市军管会在同旧经济势力的"银元之战"中取得了胜利，为日后经济的恢复与发展创造了良好的开端。

在"银元之战"中遭到挫败的投机资本家，很快将投机活动从金融领域转向商品流通领域，开始囤积粮食、棉纱、布匹、煤炭，哄抬物价。国民党特务分子甚至公开叫嚣：只要控制了"两白一黑"（"白"即米、棉，"黑"即煤炭），就能置上海于死地。人民政府针锋相对，随即进行了"米棉之战"。

---

① 《陈云领导经济战线上的"淮海战役"》，http://dangshi.people.com.cn/n1/2016/0127/c85037-28089982.html，2016-01-27。

【案例】 "米棉之战"

1949 年共产党和人民政府接管城市以后，面临着市场混乱、物价飞涨的严重局面。从 1949 年 4 月到 1950 年 2 月，仅仅 10 个月的时间里，先后出现了四次全国性的涨价风。以上海为例，批发物价指数从其后的第一个月（即 1949 年 6 月）到 1950 年 2 月，仅仅 8 个月的时间就上涨了 20 倍。物价的频繁上涨，严重影响了广大劳动人民的生活，造成整个社会人心惶惶，一些人由此对共产党的执政能力产生了怀疑。

毛泽东和中共中央对此十分关注，指示以陈云为首的中央财经委员会迅速查明原因，采取有效对策。一场同不法投机商的经济战由此拉开序幕。先是人民政府打击了大城市的金银投机商，稳定了金融秩序，接着"米棉之战"打响。不法投机商不甘心在金融领域里的失败，又在追逐暴利的心理驱使下，将投机目标转向粮食、棉纱、布匹和煤炭。上海、北京和天津等大城市的投机商人，相互联手，统一行动。在他们的哄抬下，全国物价三日一小涨、五日一大涨。上海从 6 月 21 日到 7 月 21 日，米价上涨 4 倍，纱价上涨 1 倍。从 10 月上旬到 11 月下旬，米价又上涨 3 倍，纱价上涨 3.5 倍，煤油火柴也上涨 2 倍。国民党特务这时乘机浑水摸鱼，给一些大投机商鼓气，狂妄叫嚣。

毛泽东同周恩来、陈云、薄一波等紧急商量，决定依靠强大的社会主义国营经济，再打一场"米棉之战"。为确保这场斗争的胜利，中央决定在全国范围内集中调运一批大米、棉花和布匹，由中央财经委员会直接掌握，在适当的时候集中抛售，给投机资本家以毁灭性的打击。11 月中旬，全国刮起了又一次涨价风。这次涨价风势头更猛，许多粮店、布店门前，人头攒动，拥挤不堪，价格一日三涨。资本家们不仅囤积大量货物不出售，而且拼命抢购，造成广大群众有钱买不着货，生计困难，怨声载道。

中央人民政府悄悄地采取了决定性的行动。11 月 15—30 日，从东北地区每日调运大量粮食；华中地区的棉花也在源源不断地向东部沿海地区输送；在陇海线上，上百吨的纱布夜以继日地向西安等大中城市流去。在这期间，上海、天津、北京、武汉、广州、西安、南京等大中城市调集了大批的粮食、棉花、布匹和油料。11 月 25 日，当市场物价达到高峰时，中央政府一声令下，全国各大城市一齐行动，大量物资像潮水一样涌入市场。投机商们措手不及，无法吞下这么多的物资，26 日市场物价立即下降。连续抛售 10 天后，粮、棉、布等商品的价格急剧跌落。投机商们见势不妙，便竞相抛售存货，但是，市场早已饱和，越抛越贱，越想抛越难以脱手。投机商们大多是借高利贷抢购囤积的，结果不仅所囤货物亏本，而且还要付很高的利息，于是纷纷亏本破产，不少私营钱庄也因贷款无法收回宣告倒闭。这场"米棉之战"后，投机商人元气大伤，再也形不成气候了。①

【教师点评】 打击投机资本、平抑物价的斗争，在党中央的精心指导和全国人民的支持下，取得了完全的胜利。从 1950 年 3 月开始，全国物价逐步回落，一举结束了物价猛烈上涨、市场混乱的局面。这场斗争，巩固了新生的人民政权，提高了共产党的威望，也给了资产阶级以深刻的教育，使他们不得不相信，共产党不仅能够打天下，而且善于治天下。事后，毛泽东高度评价了这场经济领域的斗争，认为它的意义"不亚于淮海战役"。

要从根本上稳定物价，必须做到国家财政收支平衡和市场物资供求平衡。为此，必须实行全国财政经济工作的统一管理和统一领导。1950 年 3 月，中央人民政府政务院发出《关于统一国家财政经济工作的决定》，决定统一全国财政收入、物资调度、现金管理。这个决定在全国雷厉风行地贯彻执行，很快取得明显成效。当年，国家财政收支已接近平衡。同时，随着整顿税收、推销公债等措施的实行，全国物价进一步回落并趋于平稳。

稳定物价和统一财经的工作，是中华人民共和国成立后在财政经济战线上一个具有重大意义的胜利，从此结束了国民党统治时期自抗战以来使人民深受其苦的恶性通货膨胀和物价飞涨的局面，为安定人民生活、恢复和发展工农业生产创造了有利条件。这个胜利，使国内外那些怀疑共产党能否搞好经济的人也不能不表示赞佩，叹为"奇迹"。事实证明，共产党不仅在军事上是无敌的，在政治上

---

① 《陈云领导经济战线上的"淮海战役"》，http://dangshi.people.com.cn/n1/2016/0127/c85037-28089982.html，2016-01-27。

是坚强的，在经济上也是完全有办法的。

为全面部署恢复国民经济阶段的各项工作，1950年6月，党召开七届三中全会。会议指出，要获得财政经济状况的根本好转，需用三年左右的时间，创造三个条件，即：土地改革的完成，现有工商业的合理调整，国家机构所需经费的大量节减。毛泽东在会上作题为"不要四面出击"的讲话，指出：我们当前的总方针，就是肃清国民党残余、特务、土匪，推翻地主阶级，解放台湾、西藏，跟帝国主义斗争到底。面对这样复杂的斗争，必须处理好同民族资产阶级、各民主党派、知识分子和少数民族之间的关系，不要四面出击，树敌太多，造成全国紧张。毛泽东批评了"认为可以提早消灭资本主义实行社会主义"的错误思想，强调对民族资产阶级的政策仍然是又团结又斗争，以团结为主，是节制资本而不是挤走资本、消灭资本。七届三中全会是中华人民共和国成立初期党中央召开的一次重要会议。全会决定的方针，为国民经济恢复时期党的工作规定了明确的行动纲领。

（三）新中国外交方针的制定和实施

第二次世界大战结束后，世界上逐渐形成以美苏两大强国相互对峙为特征的两极格局，出现美苏之间的矛盾同帝国主义与和平民主两大阵营、资本主义和社会主义两种社会制度相互对抗交织的局面。基于这一形势，1949年上半年，毛泽东先后提出"另起炉灶""打扫干净屋子再请客"和"一边倒"三条基本外交方针，即：不承认国民党政府同各国建立的旧的外交关系，取消帝国主义在华特权；把帝国主义在中国的残余势力清除干净之后再考虑建交；明确宣布新中国站在社会主义和世界和平民主阵营一边。

【案例】　　　　　　　　**"打扫干净屋子再请客"**

从1840年鸦片战争开始，资本帝国主义侵略中国，迫使中国签署了一系列不平等条约，中国的国家主权和领土完整受到严重侵害。这也导致中华人民共和国成立前，帝国主义在中国享有种种特权，在中国的国土上横行无忌。只有彻底废除一切不平等条约，取消帝国主义在中国的各种特权，才能使中国人民在帝国主义面前真正站起来，这极大地考验着刚刚带领中国人民取得解放战争胜利的中国共产党。

毛泽东早在中华人民共和国成立前夕就高瞻远瞩地提出了"打扫干净屋子再请客"的外交原则。1949年2月，毛泽东在与来访的苏共中央政治局委员米高扬的谈话中说：要将屋内好好收拾，将脏东西全部清理干净，才请客人进来。这就是"打扫干净屋子再请客"的由来。1949年9月29日，中国人民政治协商会议第一届全体会议通过了有着临时宪法作用的《中国人民政治协商会议共同纲领》，其中明确规定"中华人民共和国必须取消帝国主义国家在中国的一切特权"。

中华人民共和国成立后，根据毛泽东的战略方针和《中国人民政治协商会议共同纲领》的明确规定，帝国主义在中国的特权被一一取消，旧中国所签订的一切不平等条约和协定全部失效，驻扎在中国领土上的全部外国军队必须撤走，所有外国军事基地全部收回。帝国主义列强绞尽脑汁企图通过外交承认来换取在华的特权，对此，毛泽东认为：不急于解决帝国主义对我国的承认问题，只要帝国主义一天不改变对中国的敌视态度，我们就一天不给帝国主义在中国合法的地位。"关于帝国主义对我国的承认问题，不但现在不应急于去解决，而且就是在全国胜利以后的一个相当时期内也不必急于去解决。我们是愿意按照平等原则同一切国家建立外交关系的，但是从来敌视中国人民的帝国主义，决不能很快地就以平等的态度对待我们，只要一天它们不改变敌视的态度，我们就一天不给帝国主义国家在中国以合法的地位。"新中国对于与帝国主义国家建交时间，特地采取"等一等"的态度，有意把建交时间往后推移，留出时间来清扫"屋子"，等到彻底清除帝国主义在中国的残余势力后，再视其对新中国的态度重新考虑建交问题。

抗日战争、解放战争、抗美援朝的三次胜利，解除了帝国主义对中国的控制，"打扫干净屋子再请客"作为新中国成立初期外交的三个原则之一，与"另起炉灶"和"一边倒方针"都体现了新生的人民政权底气和实力，有效地遏制了帝国主义对新生的中华人民共和国的渗透、颠覆和破坏，对维护国家长远安全产生了深远的影响。

【教师点评】　鸦片战争至辛亥革命期间，帝国主义列强依靠武力强迫清政府签署了一系列不平等条约，攫取了大量特权，北洋军阀政府及南京国民党政权不但未能将帝国主义的不平等条约废止，相反继续签署了更多的不平等条约，中国人民背负着帝国主义这座沉重大山，一直到中华人民共和国成立，在中国共产党的领导下才彻底废除了强加于中国人民头上的不平等条约，中国人民才真正站了起来。

根据以上方针，中华人民共和国一成立即同苏联建立外交关系，并先后同保加利亚、罗马尼亚、匈牙利、朝鲜、捷克斯洛伐克、波兰、蒙古国、德意志民主共和国、阿尔巴尼亚和越南10个人民民主国家建立外交关系。1950年4月至1951年5月，又同印度、印度尼西亚、缅甸和巴基斯坦4个亚洲民族独立国家，以及瑞典、丹麦、瑞士和芬兰4个欧洲资本主义国家建立外交关系，迈出了打破美国遏制和孤立政策的重要一步。1949年12月，毛泽东出访苏联。次年2月14日，中苏两国在莫斯科签订《中苏友好同盟互助条约》和有关协定。这有利于中华人民共和国放手进行国内建设和中苏共同对付可能的帝国主义侵略，争取和维护世界和平。

【案例】　　毛泽东访问苏联与《中苏友好同盟互助条约》的签订

1949年12月16日至1950年2月26日，毛泽东主席率中国代表团访问苏联，同苏联部长会议主席斯大林会谈中苏关系问题。1950年1月20日，周恩来抵达莫斯科加入谈判。经过毛泽东主席、周恩来总理兼外交部长同苏联部长会议主席斯大林、外交部长维辛斯基多次会谈。1951年2月14日在莫斯科签订了《中苏友好同盟互助条约》《中苏关于中国长春铁路、旅顺口及大连的协定》《中苏关于苏联贷款给中华人民共和国的协定》。中苏两国外交部互换照会，声明1945年8月14日中苏间所缔结之相当的条约与协定，均失去其效力。双方政府确认蒙古人民共和国之独立地位，而且已因其1945年的公民投票及中华人民共和国业已与其建立外交关系而获得了充分保证。同时，维辛斯基与周恩来就苏联政府将在中国东北自日本所有者手中获得的财产以及苏联政府过去在北京兵营的全部房产无偿地移交中华人民共和国政府的决定互换照会。

《中苏友好同盟互助条约》自 1950 年 4 月 11 日起生效，有效期 30 年。如在期满前一年缔约国一方未提出异议时则有效期将延长 5 年，并依法顺延之。条约共 6 条，主要内容是：防止帝国主义侵略以巩固远东和世界和平，缔约国一方受到侵袭，而处于战争状态时，另一方即尽全力予以军事及其他援助；双方均不缔结反对对方的任何同盟，发展和巩固两国间的经济与文化互助合作关系。中苏两国政府还签订了有关专家协定、贸易协定等。[①]

【教师点评】 《中苏友好同盟互助条约》及其他协定的签订，在 20 世纪 50 年代前期，对于保障中苏两国的安全，发展两国人民的友谊和建设事业，维护远东和世界和平，起了重要的作用。

与此同时，新中国还着手废除旧中国与外国签订的不平等条约，取消帝国主义在中国的特权，肃清帝国主义在中国的势力和影响。帝国主义在旧中国拥有的海关管理权、驻军权和内河航行权，对中国主权的损害最大，是中国沦为半殖民地的象征。中华人民共和国成立之后首先收回了这三项权利。1949 年 10 月，中国海关总署成立。1950 年 1 月至 9 月，北京、天津、上海的军管会先后宣告收回或征用外国兵营。1950 年 7 月，政务院财政经济委员会发布关于统一航运管理的指示。外国在中国大陆的军事特权和经济特权全部被取消，使鸦片战争以来中国主权被外国肆意践踏、外国人在中华大地上耀武扬威的百年屈辱史彻底结束。

三、抗美援朝战争——中华人民共和国的立国之战

正当全国人民集中力量争取财政经济状况基本好转的时候，中华人民共和国又面临着外部侵略的威胁。1950 年 6 月 25 日，朝鲜内战爆发。美国政府立即作

---

① 中共中央党史研究室：《中国共产党历史第二卷(1949—1978)上册》，中共党史出版社 2011 版，第 29—34 页。

出武装干涉朝鲜内战的决定，并派遣第七舰队侵入台湾海峡，公然干涉中国内政，阻挠中国的统一大业。10 月初，美军无视中国政府一再警告，悍然越过三八线，把战火烧到中朝边境，直接威胁新中国的国家安全。危急关头，朝鲜劳动党和政府请求中国出兵支援。

（一）抗美援朝是毛泽东一生中"最难"作出的重大决策之一

对于一生征战的毛泽东来说，抗美援朝是他一生中"最难"作出的重大决策之一。因为这牵涉到方方面面，既有对国家安全和主权的诸多考虑，又受朝、美等各种外部因素的制约。就中国当时的情况而言，经济刚刚开始恢复，物资极度匮乏，财政状况甚为困难，人民政权没有完全巩固，人民解放军武器装备相当落后，海、空军尚处于初创阶段。面对的美国则是世界上经济实力最雄厚、军事力量最强大的国家。就综合国力而言，1950 年美国的工农业总产值是 2800 亿美元，而中国仅 100 亿美元。论军事装备，美国拥有包括原子弹在内的大量先进武器和现代化的后勤保障，而我军基本还处于"小米加步枪"的水平。敌我力量如此悬殊，出兵参战，能否打赢？国内经济建设还能否进行？这些是不能不考虑的重大问题。军情紧急，压力巨大，再加上国际环境和朝鲜战争形势的不断变化，毛泽东审时度势，调整出兵决策，这就出现了艰难决策的"长考百日，三波两折"。

所谓"长考百日"，即从 1950 年 7 月上旬提出准备出兵到 10 月中旬决定入朝作战，经历了 103 天的反复考量和权衡。"三波两折"，发生在最后决策的 1950 年 10 月上半月。

第一个波折在 10 月 2—3 日。毛泽东对出兵问题有个底线：敌军是否越过"三八线"。10 月 1 日，韩国军队越过"三八线"，斯大林致电希望中国立即派出军队支援朝鲜，金日成紧急向中国政府提出援兵入朝请求。2 日，毛泽东决定用志愿军名义派一部分军队入朝作战，并拟好致斯大林的回电。但在 3 日的中央书记处扩大会议讨论朝鲜战局和中国出兵援朝问题时，与会多数人不赞成出兵。毛泽东听取了多数人意见，将不出兵的意见转告苏朝方面。

第二个波折是在 10 月 4—12 日。中央政治局召开扩大会议，毛泽东让与会者发表意见，权衡出兵利弊后，5 日下午作出"抗美援朝，保家卫国"的战略决策，决定由中央军委副主席彭德怀率志愿军入朝作战，并决定派周恩来等去苏联同斯大林会谈。11日，周恩来同斯大林会谈，介绍了中共中央关于出兵援朝的考量，提出只要苏联同意出动空军给予空中掩护，中国就可以出兵。斯大林表示，苏联空军尚未准备好，须待两个月后才能出动空军支援志愿军的作战。12日，毛泽东致电彭德怀等，兵团各部不要出动。

第三个波折是在10月13—18日。13日毛泽东主持中央政治局会议再次讨论是否出兵问题，与会者一致认为，即使苏联不派空军支援，在美军越过"三八线"大举北进的情况下，我们仍应出兵援朝。当晚，毛泽东将这个决定电告在莫斯科的周恩来，说明我军出动"对中国、对朝鲜、对东方、对世界都极为有利；而我们不出兵，让敌人压至鸭绿江边，国内国际反动气焰增高，则对各方都不利。首先是对东北更不利，整个东北边防军将被吸住，南满电力将被控制"①。周恩来返京后，毛泽东再次召开中央政治局会议，作出了出兵入朝作战的最后决定，同时做好了应付最坏局面的准备。

（二）空前残酷军事较量的五次战役

1950年志愿军入朝后，10月25日与敌军遭遇就取得了初战胜利。这一天后来被确定为中国人民志愿军抗美援朝纪念日。

第一次战役历时10多天，歼灭"联合国军"1.5万余人，创造了以劣势装备打败现代化装备之敌的历史纪录，并将敌军从逼近鸭绿江赶回至清川江，使朝鲜摆脱了绝境。

第二次战役是场恶战。敌人调集22万余人、1200余架飞机，声称在圣诞节前占领全朝鲜后班师回国。志愿军采取诱其深入、在运动中寻机歼敌的战术。11月下旬，西线各军发起大规模反击，各部队穿插运动、分割包围在清川江北企图南逃的美军数万人。38军113师一夜疾驰，孤军深入敌后80公里，紧紧地挡住突围之敌和北援之敌的两面进攻，以血肉之躯坚持50多个小时，使南逃北援之敌相距不到1千米却不能会合，为战役大胜奠定了基础。在东线，第9兵团向进

---

① 《毛泽东文集》（第6卷），人民出版社1999年版，第103页。

犯长津湖之敌发起突然攻击，冒着零下近 30 度严寒与敌人连续战斗，收复了兴南地区及沿海港口。12 月 6 日，中朝军队收复平壤，逼近"三八线"。这次战役历时一个月，歼灭"联合国军"3.6 万余人，其中美军 2.4 万余人，基本收复朝鲜全部领土。

第三次战役是在我军严重减员、冒着狂风暴雪、极度严寒与忍饥挨饿的不利情况下进行的。经过连续八昼夜追击，将战线向南推进，歼敌 1.9 万余人。

第四次战役从 1951 年 1 月下旬开始，双方各投入兵力 20 多万，历时近三个月，我军歼敌 7.8 万余人，超过前三次战役歼敌人数总和。

第五次战役是志愿军入朝后打的规模最大、投入兵力最多的一仗。双方投入兵力都在百万之众。就其战争规模和激烈程度言，丝毫不逊于第二次世界大战中任何一次战役。这次战役我军奋战 50 天，歼敌 8.2 万余人，将"联合国军"打回到"三八线"，迫使美国当局认识到要想吞并朝鲜是根本不可能的。美军参谋长联席会议主席奥马尔·布雷德利在 1951 年 5 月发表了一段著名言论：采取这样一种(把战争扩大到中国)战略，"将使我们在错误的地点、错误的时间和错误的敌人，打一场错误的战争"①。进攻中国，"不会使中国屈服"②。这种状况迫使美国当局调整了朝鲜战争政策，使其认识到只有坐下来谈判才是结束战争的出路。

中国人民志愿军五战五捷，共歼灭敌军 23 万余人，其中美军 8.8 万余人，把敌人由鸭绿江边打回到"三八线"以南，从根本上改变了朝鲜战争的局势。

(三)异常艰难的军事与外交交织的斗争

美军在遭受打击后，士气低落，兵力不足，又远离后方，被迫转攻为守，寻求政治解决朝鲜战争的途径。

1951 年 6 月 23 日，苏联驻联合国代表马立克提出交战双方谈判停火，军队撤离"三八线"的建议。7 月 10 日，中朝人民军队代表与"联合国军"代表在"三八

---

① 《叶剑英军事文选》，解放军出版社 1997 年版，第 640 页。
② ［美］克莱·布莱尔整理《将军百战归——布雷德利自传》，军事译文出版社 1985 年版，第 837 页。

线"附近的开城(10月8日移至开城附近的板门店)举行停战谈判。朝鲜战争进入军事与外交斗争交织阶段。由于美方对谈判缺乏诚意,在军事分界线、战俘遣返等问题上提出许多无理要求,阻挠了协议的达成。停战谈判期间,美方于1951年7月至9月先后发动大规模的"夏季攻势"和"秋季攻势",实行日夜轮番狂轰滥炸中朝人民军队后方和后方运输线的"绞杀战",还实行灭绝人性的细菌战。中朝人民军队艰苦作战,建立了一条炸不烂、打不垮的钢铁运输线。作战中执行毛泽东提出的"持久作战,积极防御"的战略方针,采取"零敲牛皮糖"的办法,一点一点去消灭敌人。终于粉碎了敌人的进攻,使战线稳固在"三八线"附近。美国"细菌将军"李奇微在世界人民的声讨中去职,克拉克上将接替其职务。

1952年10月,美军发动"金化攻势",10月14日向中朝人民军队坚守的金化东北上甘岭阵地大规模进攻,企图分割中国人民志愿军防御体系。

【案例】 上甘岭战役

从1952年10月14日至11月25日,在这个不足4平方千米的阵地上,敌人动用一切现代化军事手段,投入4万余人、300多门火炮、近200辆坦克、3000余架次飞机,轮番进攻和轰炸志愿军阵地。我志愿军坚守的两个高地遭受近200万发炮弹和5000余枚炸弹的蹂躏,成为一片焦土。我军投入4万余人,用近500门炮发射了35万余发炮弹。外电评论,此战兵力、火力之密集,在世界战争史上罕见,是中国军队炮火最强大最猛烈的一次。这次战役持续43天,我军以伤亡1.1万余人的代价胜利击退敌军近700次冲击,歼敌2.5万余人,击落击伤敌机近300架。阵地屹立不动。1953年5至7月,朝中人民军队发动了夏季反击战,歼敌12.3万余人,收复土地240平方千米。

【教师点评】 上甘岭战役的胜利,彻底粉碎了敌人的"金化攻势",给敌人以沉重的打击。战役之后,美军再也没有向志愿军发动过营以上规模的进攻,朝鲜战局从此稳定在北纬38度线上。上甘岭战役不仅奠定了朝韩的南疆北界,还换来了东亚地区几十年的和平。秦基伟将军在回忆录中写下:上甘岭战役不仅从军事上打垮了敌人的攻势,也打出了我军的指挥艺术、战斗作风和团结精神。打出了国威军威。以后有人说过，美国人真正认识中国人，是从上甘岭开始的。

在两年多时间里，敌我双方谈谈打打，打打谈谈。美国动员了三分之一陆军、五分之一的空军和近二分之一的海军投入朝鲜战场。中国人民志愿军利用地形，构筑坑道，以阵地防御和运动反击相结合的作战方法，大量消灭敌人，在两年多时间里共歼敌 72 万余人，促使朝鲜停战协定的早日签订。

1953 年 7 月 27 日上午 10 时(朝鲜时间)，中、朝、美三国在板门店正式签署《关于朝鲜军事停战的协定》。当日 22 时完全停火，协定开始生效。随后金日成、彭德怀、克拉克在协定上签字。"联合国军"总司令克拉克在签字时和他的属僚说："美国上将在一个没有打胜的停战书上签字，这在美国历史上是第一次。"①

在历时 3 年的朝鲜战争中，中朝人民军队共毙伤俘敌 109 万余人，击落击伤敌机 1.2 万余架，击毁击伤缴获坦克 3064 辆，击沉击伤敌舰 257 艘。

为取得抗美援朝战争胜利，中国人民付出了重大代价。志愿军先后投入兵力达 130 多万，中国消耗各种物资 560 多万吨，支出战费人民币(旧币制②)60 万亿元。"我志愿军壮烈牺牲和光荣负伤的达 36 万余人，其中牺牲的团以上干部就达 200 多人。"③志愿军中涌现出黄继光、罗盛教、邱少云、孙占元、杨根思等 30 多万战斗英雄、模范功臣。中华儿女用鲜血和生命谱写了一曲国际主义颂歌。

抗美援朝战争以伟大胜利向世界宣告："西方侵略者几百年来只要在东方一个海岸上架起几尊大炮就可霸占一个国家的时代是一去不复返了！"④

(四)抗美援朝战争胜利的伟大意义

抗美援朝战争伟大胜利，是中国人民站起来后屹立于世界东方的宣言书，是

---

① 彭德怀：《彭德怀自述》，人民出版社 1981 年版，第 263-264 页。
② 旧币制人民币 1 万元相当于新币制人民币 1 元。
③ 薄一波：《若干重大决策与事件的回顾》(上卷)，中共中央党校出版社 1991 年版，第 44-45 页。
④ 习近平：《论中国共产党的历史》，中央文献出版社 2021 年版，第 295 页。

中华民族走向伟大复兴的重要里程碑，对中国和世界都有着重大而深远的意义。

经此一战，中国人民粉碎了侵略者陈兵国门，进而将新中国扼杀在摇篮之中的图谋，可谓"打得一拳开，免得百拳来"，帝国主义再也不敢作出武力进犯新中国的尝试，新中国真正站稳了脚跟。

经此一战，中国人民彻底扫除了近代以来任人宰割、仰人鼻息的百年耻辱，彻底扔掉了"东亚病夫"的帽子，中国人民真正扬眉吐气了。

经此一战，中国人民打败了侵略者，震动了全世界，奠定了新中国在亚洲和国际事务中的重要地位，彰显了新中国的大国地位。

经此一战，人民军队在战争中学习战争，越战越勇，越打越强，取得了重要军事经验，实现了由单一军种向诸军兵种合成军队转变，极大促进了国防和军队现代化。

经此一战，第二次世界大战结束后亚洲乃至世界的战略格局得到深刻塑造，全世界被压迫民族和人民争取民族独立和人民解放的正义事业受到极大鼓舞，有力推动了世界和平与人类进步事业。

这一战，拼来了山河无恙、家国安宁，打出了中国人民的精气神，人民军队战斗力威震世界，让全世界对中国刮目相看，充分展示了中国人民不畏强暴的钢铁意志、万众一心的顽强品格、敢打必胜的血性铁骨、维护世界和平的坚定决心，再次证明正义必定战胜强权，和平发展是不可阻挡的历史潮流。

在波澜壮阔的抗美援朝战争中，英雄的中国人民志愿军始终发扬祖国和人民利益高于一切、为了祖国和民族的尊严而奋不顾身的爱国主义精神，英勇顽强、舍生忘死的革命英雄主义精神，不畏艰难困苦、始终保持高昂士气的革命乐观主义精神，为了完成祖国和人民赋予的使命、慷慨奉献自己一切的革命忠诚精神，为了人类和平与正义事业而奋斗的国际主义精神，锻造了伟大抗美援朝精神。

【案例】 　　　　　　　　　　　　"最可爱的人"

毛泽东的长子毛岸英第一批入朝参战，英勇牺牲在朝鲜战场。1950年11月25日，毛岸英牺牲当天，彭德怀专门向中央军委作了汇报。这封短短

30 字的电报，彭德怀足足写了一个多小时。这封首次披露的绝密电报，详细讲述了毛岸英的牺牲经过："我们今日七时已进入防空洞，毛岸英同三个参谋在房子内，十一时，敌机四架经过时他们四人已出来，敌机过后他们四人返回房子内，忽又来敌机四架，投下近百枚燃烧弹，命中房子，当时有二名参谋跑出，毛岸英及高瑞欣未及跑出被烧死，其他无损失。"看到电报后，周总理和其他几位领导人都选择先隐瞒毛泽东主席这个坏消息。直到后来实在无法再隐瞒，才告知毛泽东主席。毛泽东主席得知毛岸英牺牲的消息后说："打仗总是要死人的。中国人民志愿军已经献出了那么多指战员的生命，他们的牺牲是光荣的。岸英是一个普通战士，不要因为是我的儿子就当成一件大事。"

志愿军将士面对强大而凶狠的作战对手，身处恶劣而残酷的战场环境，抛头颅、洒热血，以"钢少气多"力克"钢多气少"。他们说，我们的身后就是祖国，为了祖国人民的和平，我们不能后退一步！他们冒着枪林弹雨勇敢冲锋，顶着狂轰滥炸坚守阵地，以身躯作人梯，抱起炸药包、手握爆破筒冲入敌群，忍饥受冻绝不退缩，敢于"空中拼刺刀"。这种血性令敌人胆寒，让天地动容！他们中涌现出 30 多万名英雄功臣和近 6000 个功臣集体，有毅然抱起炸药包与敌人同归于尽的杨根思，有用胸膛堵住枪眼为战友冲锋开道的黄继光，有烈火烧身岿然不动直至壮烈牺牲的邱少云，有跃入冰河以生命换得朝鲜少年安然无恙的罗盛教……他们用生命谱写了惊天地、泣鬼神的雄壮史诗，被祖国人民称为"最可爱的人"。伟大抗美援朝精神跨越时空、历久弥新，必须永续传承、世代发扬。①

【教师点评】　抗美援朝精神不仅丰富和拓展了中华民族精神的内涵，而且本身也是中华民族宝贵的精神财富，它必将激励着一代又一代中国人为实现中华民族伟大复兴的中国梦而不懈奋斗。

---

① 《绝密电报首次公开！权威披露毛岸英牺牲经过》，https://www.sohu.com/a/430777021_120181874，2020-11-09。

四、社会改革的全面展开

（一）土地改革和镇压反革命运动

1. 新解放区土地改革

中华人民共和国成立时，还有占全国人口一多半的新解放区尚未完成土地改革，严重阻碍了社会生产力发展。在进行抗美援朝战争的同时，从 1950 年冬到1952 年年底，党领导广大新解放区进行了废除封建土地制度的改革。

1950 年 6 月 30 日，中央人民政府公布施行《中华人民共和国土地改革法》。它总结了党过去领导土地改革的经验和教训，又适应新中国成立后的新形势确定了新政策，提出保存富农经济，不动中农土地，限制没收地主财产范围等，以保护中农和分化地主阶级，减少土地改革阻力，促进生产的恢复和发展，成为指导新解放区土地改革的基本法律依据。到 1952 年年底，除部分地区外，广大新解放区的土地改革基本完成。连同在这以前已经完成土地改革的老解放区，全国 3亿多无地少地的农民无偿获得约 7 亿亩土地，免除了过去每年向地主缴纳的 3500万吨以上粮食的地租。

土地改革的完成，标志着在我国延续了几千年的封建制度的基础——地主阶级的土地所有制至此彻底消灭了，农民真正成为土地的主人。这是一个伟大的历史性胜利。它从根本上解放了农村生产力，激发了广大农民的政治热情和生产积极性，促进了农业的迅速恢复和发展，以及农村文化教育的发展，为新中国的工业化开辟了道路。

2. 镇压反革命运动

在进行土地改革的同时，全国还大张旗鼓地开展了镇压反革命运动。朝鲜战争爆发后，国民党遗留在大陆的反革命分子气焰更加嚣张，大肆散布谣言，进行种种破坏和捣乱活动，残害革命干部和群众，妄图里应外合，颠覆人民政权。

1950 年，各地有近 4 万名干部和群众被反革命分子杀害，其中仅广西就达 7000 多人。1950 年 10 月，中共中央发出《关于镇压反革命活动的指示》，决定对罪大恶极、怙恶不悛的反革命分子实行坚决镇压。从 12 月开始，镇压反革命运动在全国展开。毛泽东在为中共中央起草的指示中指出，镇压反革命必须实行群众路线，坚持党委领导，实行全党动员，群众动员，公安机关和广大群众相结合，打破关门主义和神秘主义，坚决反对草率从事倾向。镇压反革命要"打得稳、打得准、打得狠"①。打击的重点是土匪(匪首、惯匪)、恶霸、特务、反动党团的骨干分子和反动会道门的头子。到 1951 年 10 月底，全国规模的镇压反革命运动基本结束。

镇压反革命运动扫除了国民党遗留在大陆的反革命残余势力，基本上肃清了特务、地下军及会道门等反动组织，社会秩序获得前所未有的安定，有力地配合了土地改革和抗美援朝战争。

与镇压反革命运动同时，中国人民解放军迅速展开了大规模的剿匪斗争。经过重点进剿、分区驻剿、结合土改清剿遣散匪特三个阶段，至 1952 年年底，肃清了旧中国历代政府未能根除的湘西、广西土匪，还肃清了城市的黑社会势力，共歼灭武装匪特 240 余万人，中国大陆基本上平息了匪患，安定了社会秩序。

土地改革、镇压反革命、抗美援朝并称为新中国成立初期的三大运动，号称"三套锣鼓一齐敲"。

(二)社会各方面的民主改革

以土地制度改革为中心，党还领导了包括社会改造在内的多方面的民主改革。

1. 国营工矿企业的民主改革

这些企业原来大多是官僚资本主义企业，接收后需要通过民主改革，使社会主义新型生产关系进一步体现出来。各地在党委领导下，清除了隐藏在企业内部

---

① 《毛泽东文集》(第 6 卷)，人民出版社 1996 年版，第 117 页。

的残余反革命势力，废除了旧社会遗留的官僚管理机构和封建把头制、搜身制等，建立工厂管理委员会，并通过工会委员会、职工代表会议，发动和组织职工参加企业管理，初步建立起适合生产需要的民主管理制度，调动了广大工人群众当家作主、发展生产的积极性，使工业生产的恢复取得显著成绩。

【案例】 废除封建把头制

中华人民共和国成立以后，在理论上，工人阶级成为国家的主人。但具体到工厂企业中，职工仍不免受到不合理制度的束缚。特别是在港湾、码头，一群群卖力气的青年男性，为求自保，多加入青红帮及类似的帮派组织，受到把头的严密控制。把头，即把持一方或某行业的头目。在各地各行业，叫法不一，如"头佬"（武汉），"包工头""拿摩温"（上海），"把头"（青岛），"包工大柜"（煤矿），"脚行头"（搬运业）等。他们多为帮会、会道门的大小头目，与地方官吏、特务等勾连在一起，把持和垄断某区域厂矿的雇佣权。工人要想到该行业或厂矿工作，必须经他们允许，工资要由他们抽成，在逢年过节时还要给他们送礼。同理，某行业或厂矿要想雇到工人，必须由他们介绍。利用这些特权，把头们随意招收和解雇工人，克扣工人工资，盗卖企业资财。工人对此愤愤不平。

1950年年初，一系列文件先后颁布，如《政务院财经委员会关于国营、公营工厂建立工厂管理委员会的指示》《中国纺织工会关于废除"搜身"制度的决议》《政务院关于废除各地搬运事业中封建把持制度暂行处理办法》等。据此，全国各煤矿、纺织工厂、搬运行业及其他工矿企业都掀起民主改革的浪潮。他们揭露和控诉包工把头制的罪恶，取缔和废除包工把头制，并根据不同情况，一般不再允许把头、包工头继续担任生产班组长。对其中恶迹斑斑并为工人痛恨者，则经过群众斗争，予以严惩。然后，整顿劳动组织，民主选举生产小组长，建立工厂管理委员会和职工代表会议。同时，积极发展党团员，建立党支部、团支部。这样做，就把一批有觉悟、有技术经验、有威信的工人和职员提拔到生产和管理岗位上来，把各个厂矿经由党团组织整合到国家政权中来。据统计，在华南、华北地区的8个煤矿，共有2000多名把头受到处理，1.2 万多名工人被提拔为组长、井长，矿长和技术员。①

【教师点评】　民主改革过程中，各工矿企业大多建立了工人管理委员会和职工代表会，成立了基层劳动组织——生产小组，民主选举了小组长，工人干部逐渐代替了封建把头。

各地区各行业的民主改革，打垮了城市的封建残余势力，调整了企业内部的生产关系，提高了工人的政治地位，为生产的发展开辟了道路。通过民主改革，激发了工人群众的劳动热情，推动了企业的生产和管理工作，为以后大规模经济建设奠定了群众基础，为顺利实现从新民主主义向社会主义的过渡，创造了必要的条件。

2. 改革封建婚姻制度

改革封建婚姻制度，是党推进民主改革和社会改造的又一个重要方面。

1950 年 5 月 1 日，中央人民政府颁布《中华人民共和国婚姻法》，这是新中国制定的第一部法律。它明确规定："废除包办强迫、男尊女卑、漠视子女利益的封建主义婚姻制度。实行男女婚姻自由、一夫一妻、男女权利平等、保护妇女和子女合法利益的新民主主义婚姻制度。"这是几千年来中国社会家庭生活的一个伟大变革。

经过贯彻《中华人民共和国婚姻法》运动，广大群众普遍树立起婚姻自由、男女平等的思想，开始形成新的社会风气。占全国人口半数的广大妇女从封建婚姻制度的束缚下获得解放，社会地位有了很大提高。

3. 扫荡娼、毒、赌等旧社会的污泥浊水

取缔旧社会遗留的卖淫嫖娼、贩毒吸毒、聚众赌博等丑恶现象的斗争，也是扫除社会弊病、进行社会改造的一个重要组成部分。

人民政府明令废除娼妓制度、取缔卖淫嫖娼，在全国查封 8400 多所妓院，

---

① 《工矿企业的民主改革》，https://www.dswxyjy.org.cn/n/2015/1124/c244520-27850428.html，2015-11-24。

惩治了一批黑心作恶的妓院老板。

【案例】 废除娼妓制度

在旧中国，娼妓现象的存在有着深刻的社会历史根源，妓女经受着人间地狱般的苦难。集中于全国各个角落的妓院娼馆，不仅是进行淫秽活动的场所，而且是社会上偷盗抢劫、吸毒贩毒、拐卖人口、敲诈勒索等犯罪活动的藏纳之地，它致使道德沦丧，性病蔓延，为祸社会，殃及后代。因此，中华人民共和国成立后，罪恶的娼妓制度绝不容许继续存在下去。

废除娼妓制度，是在首都北京市率先采取重大行动的。1949 年 11 月 21 日，北京市第二届各界人民代表会议通过决议：根据全市人民的意志，决定立即封闭一切妓院，没收妓院财产，集中所有妓院老板、领家、鸨儿等加以审讯和处理，并把妓女集中起来，改造其思想，医治其性病，有家者送其回家，有结婚对象者助其结婚，无家可归、无偶可配者组织学艺，从事生产。

当天下午，北京市公安局在民政局、妇联、卫生局等部门的配合下，出动 2400 余名干部和民警，封闭了分布在全市的 224 家妓院。将老鸨、领家 400 余人集中审查，按其罪行轻重分别依法惩处。北京市政府专门成立妇女生产教养院，共收容妓女 1200 余名。

继北京之后，上海、天津、武汉、南京等大中城市及全国乡村，也陆续开始了取缔卖淫嫖娼的活动。经过几年的工作，取得了巨大成果，全国共查封妓院 8400 余所，惩治了一批作恶多端的妓院老板，使一大批被迫为娼的妇女脱离苦海。至 1952 年下半年，娼妓这个困扰旧中国多年的社会痼疾终于被清扫干净了。

对妓女的教育与改造。旧社会的妓女，是那个时代的不幸者，人民政府给予了她们最大的关心、教育。各地妇联、民政部门对这些饱受摧残、心灵扭曲的妇女进行耐心细致的思想工作，帮助她们医治性病，组织她们学文化，学生产技术，学自立的本领，使她们中的绝大多数后来成为了自食其力的劳动妇女，不少还择偶成家，过上了和正常人一样的幸福生活。

【教师点评】 查禁封闭妓院、取缔卖淫嫖娼的斗争，使旧中国长期以来严重摧残妇女的社会丑恶现象，在短短几年内基本绝迹。广大人民群众拍手称快，特别是妇女群众反映强烈。许多社会人士对共产党表示称赞。这一重要举措立见成效，使人民政府一开始就树立了良好的社会形象。

1950年2月24日，政务院发布严禁鸦片烟毒的禁令，全国禁毒运动在此指导下逐渐展开。到1952年年底种植、制造、贩卖、吸食烟毒活动基本禁绝。党和政府还动员人民群众开展严禁赌博的斗争。

经过三年左右的努力，曾在旧中国屡禁不绝、在西方国家也被视为顽症的娼、赌、毒等社会痼疾，在中国共产党的领导下被基本禁绝。扫除旧社会痼疾的民主改革运动，对于改善社会风气、澄净社会环境、振奋精神意志有着积极作用。中国的社会面貌、社会风气和社会生活呈现积极向上的态势。

抗美援朝战争是中国人民民主革命反帝斗争的继续，土地改革和其他各项民主改革是中国人民民主革命反封建斗争的完成。革命的洪流荡涤着旧社会的污泥浊水，中国的社会面貌、社会风尚起了极大变化。这些历史性变化，使人民民主专政的政权更加巩固，使恢复和发展经济的工作有了必要的社会政治条件。

（三）开展"三反""五反"运动

1. "三反"运动

在全国人民努力增加生产、厉行节约的过程中，各地党政机关内部暴露出贪污、浪费现象和官僚主义问题。根据东北、华北地区所反映的严重情况，1951年12月1日，中共中央作出《关于实行精兵简政、增产节约、反对贪污、反对浪费和反对官僚主义的决定》，要求采取群众运动的方式，大张旗鼓，雷厉风行，彻底揭露一切大中小贪污事件，开展"三反"斗争。斗争中抓住典型重大案件，加以处理，以引起全党的警惕和全社会的重视。刘青山、张子善在任天津地委书记、天津行署专员期间，因利用职权盗用公款，从事非法经营活动，生活腐化堕落，蜕变为大贪污犯，被判处死刑。这向全国人民表明，中国共产党绝不容忍利用执政党地位牟取私利的腐败现象，贪污腐败分子一经发现，不管资格多老、职务多高，一律严惩不贷。

【案例】 新中国第一场反腐风暴

中华人民共和国成立之初，全国满目疮痍，百废待兴。为弥补国家的财政不足，中共中央和各级党组织号召党政机关开展生产运动。这是一项在特定历史时期为解决国家财政困难而实行的应急措施，但刘青山、张子善却把它当成了敛财之道。1950年春至1951年11月，刘青山、张子善凭借职权，假借经营机关生产的名义，以盗窃国家救灾粮、治河专款、干部家属救济粮、地方粮，克扣民工资、机场建筑款，骗取国家银行贷款等方式，窃取国家财产总计达171.6亿元(按当时的币制标准和市场物价指数，171亿元可以购买将近一吨黄金)。同时，他们还勾结奸商投机倒把，以牟取暴利供个人挥霍，使国家财产损失达21亿元，影响极为恶劣。

1951年11月，河北省委派出检查组，由省委组织部部长、省纪检委副书记亲自带队到天津地委立案调查，很快便掌握了刘青山、张子善在"机关生产"中违法乱纪的事实和生活中的腐化堕落行为。11月29日，作为党代会代表和天津地区代表团团长的张子善在会上被捕；12月2日，随中国青年友好代表团出访刚刚回国的刘青山被逮捕。12月20日，华北局经研究后向中央提出了对刘、张的处理意见："为了维护国家法纪，教育党和人民，我们原则上同意将刘青山、张子善二贪污犯处以死刑(或缓期二年执行)，由省人民政府请示政务院批准后执行。"刘青山、张子善将被处决的消息传开之后，在河北省干部群众中引起了极大的震动。

虽然广大干部群众，尤其是天津地区的干部群众，无不拍手称快，但也有相当一部分人有"刀下留情"的想法。特别是一些曾和刘青山、张子善一起出生入死过的干部感到惋惜，认为"三十多岁正是好年华，说杀就杀了，实在可惜，应该给他们一个立功赎罪的机会"，"希望中央能刀下留情"。公审大会前，有人提出是否可以向毛泽东主席说说，不要枪毙，给他们一个改过的机会。意见反映到毛泽东那里，毛泽东说："是要他们俩，还是要中国？正因为他们两个的地位高、功劳大、影响大，所以才要下决心处决他们。只有处决他们，才可能挽救 20 个、200 个、2000 个、20000 个犯有各种不同程度错误的干部。"刘青山、张子善案作为"三反"运动中发现和处理的一起大案要案，对这场运动的深入开展产生了具有巨大的推动作用，掀起了共和国历史上第一场反腐肃贪风暴。①

到 1952 年 10 月，"三反""五反"运动宣告结束。在"三反"运动中被判处有期徒刑的贪污犯 9942 人，判处无期徒刑的 67 人，判处死刑的 42 人。这场斗争惩处了大量贪污分子，纯洁了党和政府机关，奠定了 20 世纪 50 年代良好社会风气的基础。同年 4 月 21 日，《中华人民共和国惩治贪污条例》公布施行，这是新中国第一部专门惩治贪污腐败的条例。

"三反"运动历时半年多，于 1952 年 10 月结束。这场斗争，是党在执政情况下保持共产党人和领导干部清廉、惩治腐败的初战，清除了干部队伍里的蛀虫，教育了干部的大多数，对抵制旧社会的恶习和资产阶级腐朽思想的侵蚀，形成清正廉洁的党风政风和健康的社会风气，起了很大作用。

2. "五反"运动

"三反"运动中发现，党政机关内部的贪污行为，往往是与不法商人勾结而来的。大量事实表明，少数资本家以各种非法手段牟取超额利润，甚至用废棉烂棉制造急救包卖给志愿军，使受伤的战士致残致死，激起全民公愤。

【案例】　　　　不法资本家严重的"五毒"行为

2 月 16 日，《人民日报》登载《奸商王康年骗取志愿军购药巨款》一文。揭露上海大康药房经理王康年大量盗窃国家财产，骗取订货款 11 亿元(旧人民币)，骗取志愿军的购药巨款做投机生意的丑恶行径。王康年还用各种卑鄙的手段勾引、腐蚀干部，先后向 25 个机关的 65 名干部行贿 1 亿多元(旧

①　温远灏：《掀起共和国第一场反腐肃贪风暴》，https://www.toutiao.com/article/6970864793536332324/，2021-06-07。

人民币)。"五反"运动中,还揭露出武汉、上海、北京、天津、济南、沈阳等地的一些奸商,从尸体上和垃圾堆里拾取腐烂的棉花,做成含有大量化脓菌、破伤风菌的"救急包",用坏牛肉做成罐头,用发霉的面粉做成饼干,用坏鸡蛋做成蛋粉,以高价卖给志愿军。这些奸商用志愿军的鲜血喂肥了自己,在几乎使人不能置信的强盗式的交易中,获得暴利。上海市市长陈毅指出,上海的不法资本家是"五毒俱全""毒气熏天",并号召全市人民投入"五反"斗争。

1952年1月,中央决定在私营工商界开展一场反对行贿、反对偷税漏税、反对盗骗国家财产、反对偷工减料和反对盗窃国家经济情报的"五反"运动。运动中,党和政府广泛发动群众进行说理斗争,揭露不法商人的违法事实。同时中央又指示不能否认民族资产阶级仍有其积极的一面,《中国人民政治协商会议共同纲领》规定的其应有的政治、经济地位没有改变,必须注意维持经济生活的正常进行。

"五反"运动于1952年10月结束,有力打击了不法资本家严重的"五毒"行为,在工商业者中普遍进行了一次守法经营教育,推动了在私营企业中建立工人监督制度和进行民主改革,为后来用和平方式逐步改造资本主义工商业作了重要铺垫。

五、国民经济的恢复和各项建设的展开

(一)国民经济的恢复和初步发展

旧中国经济本来极其落后,日本帝国主义侵华战争和国民党反动派反人民战争更使它遭到严重的破坏,集中力量恢复国民经济成为摆在党和人民面前的紧迫任务。党和政府按照"公私兼顾、劳资两利、城乡互助、内外交流"的基本方针,全力恢复国民经济。

在农业方面,党在发扬农民个体经济积极性的同时,逐步推动个体农民之间

的劳动互助。国家对农业的投入逐年增加，并集中力量治理了淮河和修建了荆江分洪、黄河下游防洪工程等骨干项目，初步改变了旧中国江河堤岸年久失修、水患频繁的状况。各地还大力整修水渠塘堰，扩大农田灌溉面积。这些基础设施建设，促进了农业生产的迅速恢复和发展。1952 年，全国粮食总产量由 1949 年的 11318.4 万吨增加到 16393.1 万吨，增长 44.8%。

在工业方面，重点放在恢复国计民生急需的矿山、钢铁、动力、机器制造等行业和主要化学工业，同时恢复和增加纺织及其他轻工业生产。在地区分布上，以恢复东北工业基地为主，同时兼顾内地工业，有计划地新建了一批骨干企业。到 1952 年年底，主要工业产品和轻工业产品的产量均超过历史最高水平。

在交通运输业方面，国家用于交通运输业的投资共 17.7 亿元，占全国基建投资总额的 22.6%。基本恢复了原有的铁路网，重新连接华北和华南。完成了穿越大西南腹地的成(成都)渝(重庆)铁路和西北地区的天(水)兰(州)铁路的修建。成渝铁路是清末就筹款准备兴修的川汉铁路的一段，拖了近半个世纪未能完成，新中国成立后仅用两年就建成通车。国家还新建和改建了一些主要干线及县、乡级公路，全国公路通车里程比中华人民共和国成立初期增长了 50% 以上。通往"世界屋脊"的康藏公路(今川藏公路)、青藏公路，于 1950 年开始兴建。

贸易的恢复和发展，是促进城乡物资交流，恢复整个国民经济的重要环节。经过几年的努力，国营商业和合作社商业逐步发展壮大，成为流通领域的主渠道。到 1952 年年底，在全国范围内，基本形成了从上到下的包括各种门类的统一的国营商业体系。稳定物价、统一财经后，为解决因通货膨胀而形成的虚假购买力消失导致的问题，政府采取扩大对私营工厂加工订货、大量收购农副产品以提高农村购买力、调整税收负担、适当收缩国营商业、教育私营企业工人努力完成生产任务等措施，合理调整公私关系、劳资关系和产销关系，使私营工商业得到很大发展。

经过全国人民三年多的艰苦奋斗，新中国成立前遭到严重破坏的国民经济得到全面恢复，并有了初步发展。1952 年年底，工农业总产值 810 亿元，比 1949 年增长 77% 以上。国家财政收入成倍增加，收支平衡。城乡居民收入逐年增多，生活普遍得到改善。同 1949 年相比，全国职工平均工资提高了 70%，农民收入一般增长 30% 以上。在经济恢复过程中，国民经济结构也发生了深刻变化。国营经济比重上升，私人资本主义经济比重逐年下降。工业生产力的地位得到加强，现代工业的比重有所上升，为我国开始由农业国逐步转变为工业国打下了基础，进而确保了整个国家从新民主主义稳步地向社会主义迈进。

（二）教育科学文化卫生事业的除旧布新

随着经济建设高潮的到来，一个文化建设的高潮也在到来，其他各方面的建设都有相应的发展。

文化建设，一是要适应和推进政治变革，二是要适应和推进经济建设。为建设民族的、科学的、大众的文化，党领导了对旧有学校教育事业和社会文化事业有步骤地进行改革，争取一切爱国的知识分子为人民服务。

1. 掌握舆论工具，确立马克思主义在全国的指导地位

在接管城市中，把作为舆论宣传、大众传播重要工具的报纸、刊物、电台、通讯社等文化事业，完全置于党和国家的统一领导之下。

为系统学习、宣传马克思列宁主义、毛泽东思想，1951—1953年出版了《毛泽东选集》第一至第三卷，1955年开始翻译出版《列宁全集》，1956年开始翻译出版《马克思恩格斯全集》。

2. 进行教育改革

在教育方面，党和政府逐步改革旧有教育文化事业。第一，确立国家对学校的领导，废除反动政治教育，在各级学校发展马列主义教育。第二，确定"教育必须为生产建设服务，为工农服务，学校向工农开门"的教育方针，生产运动中涌现的全国劳动模范马恒昌、苏长有、赵桂兰、郝建秀等，即是通过工农速成中学学习基础文化知识的。第三，党和政府重视提高工农群众的教育水平，在全国城乡开展大规模扫盲运动。从1949年到1953年年底，新中国扫除文盲701万人。第四，为了适应新中国建设需要特别是加快培养建设急需人才，1951年年底至1953年，教育部对全国高等学校进行院系调整，一定程度上改变我国高等学校布局不合理的状况，适应了工业化建设对专业人才的急迫需要。

3. 发展文艺和科学

在文艺工作方面，继续提倡文艺为人民服务、为工农兵服务，还提出了"百花齐放，推陈出新"的方针，为繁荣我国文艺事业指明了方向。广大文艺工作者深入社会生活，创作出一批以革命战争、社会改造为题材，启发人民政治觉悟，鼓励人民劳动热情的优秀文艺作品。

在科学工作方面，党和政府十分重视科学技术在建设事业中的重要作用。中华人民共和国成立之初就成立了中国科学院，以中国科学院作为全国科学研究的中心，指导建立地方科研机构，同时发展高等学校和产业部门的科研机构，逐步形成比较完整的科研体系。到1955年年底，全国科学技术人员已达40余万人，专业科研机构超过800个。这支力量在国家各项建设中发挥了重要作用。

4. 发展医疗卫生事业

提出卫生工作要"面向工农兵""预防为主"和"团结中西医"的方针。在农村、城市街区和工矿企业，普遍建立起基层卫生组织，以及各种专业防疫机构和防疫队伍。同时，在全国开展大规模的爱国卫生运动，使城乡落后的卫生面貌大为改观。

5. 开展知识分子思想改造

党十分重视对知识分子的团结、教育和改造工作。1951年9月，京、津高校开展了比较集中的知识分子思想改造学习运动。周恩来向北京、天津高校教师学习会的教师作《关于知识分子的改造问题》的报告，勉励一切有爱国思想的知识分子努力站到人民的立场，站到工人阶级的立场。学习运动逐渐扩展到整个知识界。大多数知识分子通过学习毛泽东著作，联系思想和工作实际进行批评与自我批评，通过肃清封建买办思想影响，批判资产阶级和小资产阶级思想，掌握了马克思主义基础知识，从而由民族的、爱国的立场前进到人民的立场，满腔热情地投身到新中国的建设事业中。

（三）军队和国防的现代化建设

建立巩固的现代化国防，建设一支强大的正规化、现代化的革命军队，是党在新中国成立后提出的一项重大任务。特别是经历了抗美援朝战争，中央军委系统总结了同装备高度现代化的美军作战的经验，推动人民解放军适应现代化战争的要求，逐步实现由单一军种向诸军兵种合成军队的战略转变。

1. 建设正规化、现代化的革命军队

实行"五统一"制度。实行统一的指挥、统一的制度、统一的编制、统一的纪律、统一的训练，实现诸军兵种密切的协同动作，是建设现代化国防不可缺少的一项重要条件。遵照中央军委指令，人民解放军进行大幅度精简整编。同时，对军队领导机关的组织编制进行调整，在原有陆军的基础上先后组建空军、海军、防空军、公安军等军种，以及炮兵、装甲兵等各兵种领导机关及其所属部队，人民解放军初步发展成为军兵种较为齐全的军队。

2. 加强国防工业建设，提高人民解放军武器装备的现代化水平

1953 年 8 月，中共中央政治局讨论并审定了国防工业"一五"建设计划的安排。1955 年 1 月，中共中央、毛泽东作出发展原子能事业、研制原子弹的决定。毛泽东说："在今天的世界上，我们要不受人家欺负，就不能没有这个东西。"①历史证明，重点突出尖端技术的发展，是一项很有远见、很有胆略的战略决策，对于中国国防科技事业发展和国防现代化建设具有重大而深远的意义。

（四）争取有利于建设的国际和平环境

1. 和平共处五项原则的提出

为了给国内建设创造有利的国际和平环境，新中国在外交方面展开了积极的工作和斗争。

为发展同新兴民族独立国家尤其是邻近的民族独立国家的关系，1953 年 12

---

① 本书编写组：《中国共产党简史》，人民出版社、中共党史出版社 2021 年版，第 167 页。

月，我国政府在同印度就两国间存在的问题特别是印度与中国西藏地方关系问题的谈判中，首次提出和平共处五项原则，其表述后来确定为：互相尊重主权和领土完整、互不侵犯、互不干涉内政、平等互利、和平共处。

【案例】　　　　　　　　和平共处五项原则的提出

1953 年 12 月 31 日，周恩来在与印度政府代表团谈判关于西藏地方与印度之间的通商和交通问题时，第一次提出了和平共处五项原则。他指出："新中国成立后就确立了处理中印两国关系的原则，那就是互相尊重领土主权、互不侵犯、互不干涉内政、平等互惠和和平共处的原则。"①

1954 年 6 月，周恩来在日内瓦会议休会期间访问了印度和缅甸，同印度总理尼赫鲁、缅甸总理吴努发表联合声明，共同向全世界倡导和平共处五项原则：互相尊重主权和领土完整、互不侵犯、互不干涉内政、平等互利、和平共处。

同年 10 月 19 日，毛泽东在同印度总理尼赫鲁谈话中讲道："应当把五项原则推广到所有国家关系中去。"②毛泽东对这五项原则的国际适用范围作了进一步说明。

1955 年 4 月，在印度尼西亚万隆召开的亚非会议上，通过了《亚非会议最后公报》，公报中关于处理国际关系的十项原则是和平共处五项原则的引申和发展。

【教师点评】　和平共处五项原则的提出，具有重大的战略意义。它是新中国在国际舞台上开展活动，突破美国的孤立和遏制政策，扩大对外交往的有力武器，不仅成为我国对外政策的基石，也逐渐在国际社会中被普遍接受，为推动建立公正合理的新型国际关系作出了历史性贡献。

---

① 《周恩来选集》(下卷)，人民出版社 1984 年版，第 118 页。
② 中共中央文献研究室：《毛泽东年谱(一九四九——一九七六)》(第 2 卷)，中央文献出版社 2013 年版，第 303 页。

2. 日内瓦会议

朝鲜战争停战以后，亚洲的紧张局势有所缓和。但是，美国不仅不想从朝鲜半岛撤军，和平解决朝鲜问题，而且其海军舰队继续盘踞在台湾海峡，干涉中国内政，并企图从印度支那地区扼制中国。这种保持国际紧张局势的做法，是不得人心的。1954 年 4 月，由中国、美国、苏联、英国、法国及有关国家外长参加的讨论朝鲜问题和印度支那问题的会议在瑞士日内瓦召开。这是中华人民共和国首次以五大国之一的身份参加讨论国际问题的重要会议。会议期间，周恩来率领的中国代表团进行了卓越的外交斡旋，促使会议达成恢复印度支那和平的协议，法国从越南、老挝、柬埔寨撤军，并确认三国的民族独立地位。日内瓦会议的成功，使亚洲局势和国际局势进一步缓和，增强了我国南部边境的安全。

3. 万隆会议

在亚洲、非洲民族解放运动高涨的形势下，1955 年 4 月，亚非 29 个国家政府首脑在印度尼西亚万隆举行会议。周恩来率中国代表团出席会议，在会上鲜明提出"求同存异"的方针，呼吁各国撇开分歧，为反对殖民主义的共同利益而加强团结合作，受到与会各国的赞同，打开了中国与亚非国家广泛交往的大门。会议通过的《亚非会议最后公报》接受了中国代表团的建议，形成和平共处、友好合作的十项原则。会议期间，周恩来还发表声明：中国政府愿意同美国政府坐下来谈判，讨论和缓远东紧张局势的问题，特别是和缓台湾地区的紧张局势问题。这个声明促使中美两国于 1955 年 8 月开始大使级会谈。

这些卓有成效的外交工作和外交斗争，促进了国际紧张局势的缓和，扩大了我国在国际上的联系，显示出我国在国际事务中的重要作用，也为我国的社会主义建设争取到了较为有利的国际和平环境。

六、加强党在全国执政后的自身建设

中华人民共和国成立后，党十分重视在执政条件下党组织自身的建设。1950

年 5 月，针对在全国革命胜利的形势下党内一部分人滋长的以功臣自居的骄傲自满情绪和官僚主义、命令主义作风，党中央发出《关于在全党全军开展整风运动的指示》，要求严格地整顿全党的作风，首先是整顿干部作风。

1951 年 3 月 28 日至 4 月 9 日，中共中央召开第一次全国组织工作会议，决定对全党的基层组织进行一次普遍整顿，在全体党员中进行一次关于共产党员必须具备的八项条件的教育，特别是关于社会主义、共产主义前途的教育。

【案例】　　　　共产党员标准的八项条件

1951 年 3 月 28 日至 4 月 9 日，刘少奇主持召开中国共产党第一次全国组织工作会议，研究贯彻中央政治局扩大会议关于整党建党的决定。之前，为准备大会报告，刘少奇根据党章并结合当时的实际情况，亲笔撰写了一份手稿，提出了"共产党员标准的八项条件"。在 3 月 28 日的大会报告中，刘少奇根据手稿讲的这八条，经过整理和修改，写进了这次会议通过的《关于整顿党的基层组织的决议》。1985 年，这份手稿被整理成《共产党员标准的八项条件》一文，正式收入《刘少奇选集》下卷。

刘少奇在会上提出的共产党员标准的八项条件是：

(一)必须承认中国共产党是中国工人阶级的党，是工人阶级的先进部分。

(二)中国共产党的最终目的，是要在中国实现共产主义制度。它现在为巩固新民主主义制度而斗争，在将来要为转变到社会主义制度而斗争，最后要为实现共产主义制度而斗争。党员必须具有为这些目的坚持奋斗的决心。

(三)必须是一辈子都要坚持革命斗争。

(四)必须在党的统一领导之下去进行斗争和工作。

(五)必须把人民群众的公共的利益，即党的利益，摆在自己的私人利益之上。

(六)必须勇敢坚决，不能在严重的艰苦的环境中退缩，不能向敌人投降，不能叛变共产党与共产主义。

（七）必须为人民群众服务，使党与人民群众建立很好的关系。

（八）必须努力地学习，使自己懂得更多的马克思列宁主义、毛泽东思想，使自己的党悟更加提高。①

【教师点评】 党员问题，是党的建设的基本问题。刘少奇关于共产党员标准八项条件的论述，是在中华人民共和国成立初期中国共产党成为执政党后提出的对党员政治素质的要求。尽管当时的历史条件和党面临的任务与今天不同，但重温共产党员标准的这八项条件，对我们加强面向新世纪的党的建设仍具有重大的现实意义。

在此基础上，应对每一个党员进行认真的审查和登记，对犯有严重错误的和不够党员条件的党员进行组织处理。整党工作从 1951 年下半年开始，到 1954 年春基本结束。经过整党，共有 41 万人被开除出党或被劝告退党，增强了党组织的纯洁性。同时，各级党组织积极而又谨慎地发展新党员，党员人数由整党前的 580 万人发展到 636.9 余万人，为党的队伍增添了新的血液。

总的来说，在中华人民共和国成立初期，全党的精神面貌是比较好的，继续保持了革命战争年代的艰苦奋斗作风和同人民群众的密切联系。党中央从延安整风和党的七大以来形成的坚强团结，在执掌全国政权的条件下继续保持下来。一个坚强团结的党，一个为正确目标而一致行动、努力奋斗的党，是中华人民共和国成立初期我们各项工作取得顺利进展的最重要的保证。

本章总结

1949 年中华人民共和国成立，开创了中国历史发展的新纪元。1949 年至 1952 年，中国人民在中国共产党领导下继续完成民主革命遗留任务，在全国建立新民主主义社会制度，进而为实现新民主主义向社会主义转变作准备。在短短

---

① 《中国共产党历史第二卷（1949—1978）上册》，中共党史出版社 2011 版，第 170-171 页。

的三年中，实现了祖国大陆统一，建立和巩固了各级人民民主政权，没收官僚资本，取缔帝国主义在华特权，稳定了物价，使国民经济得以迅速恢复。在实行政治变革和社会改革过程中，进行了抗美援朝、土地改革、镇压反革命运动。新民主主义国家内部无产阶级与资产阶级之间限制和反限制的斗争也初步展开，进行了"三反""五反"运动。科技、思想文化、教育方面的革故鼎新开始起步。对外关系取得初步进展，新中国开始以崭新的面貌屹立于世界民族之林。中国人民站起来了！

🔲 思考题

1. 如何认识中华人民共和国成立的历史意义？

2. 新中国为什么能在很短时间内全面恢复国民经济？

3. 为什么说抗美援朝战争被称为新中国的"立国之战"？

4. 新中国成立初期中国共产党是如何加强执政党建设的？

第二章

伟大变革：社会主义基本制度的确立

📋 教学要求

通过本章的学习，引导学生深入了解从 1953 年过渡时期总路线颁布到 1956 年社会主义改造基本完成的历史。要使学生深刻认识中国选择社会主义道路的历史必然性，深入了解中国共产党领导人民完成社会主义改造、建立社会主义基本制度的历史进程。使学生深刻认识到"三大改造"的完成，奠定了我国社会主义制度的基础，使中国发生了前所未有的社会变革，从而增强对社会主义的认同。

📋 教学重点

1. 新民主主义社会的建立及其过渡性
2. 中国选择社会主义道路的历史必然性
3. 大规模工业建设和社会主义改造的实施
4. 社会主义基本制度的确立及其伟大意义

📋 教学难点

1. 中国选择社会主义道路的历史必然性
2. 社会主义改造的历史意义及历史局限

国民经济恢复任务完成后，中国从 1953 年开始实施发展国民经济的第一个五年计划，掀起大规模经济建设高潮。这一年，中国共产党提出过渡时期总路线，并把这条总路线作为党和国家一切工作的指针。在开展大规模经济建设的同时，开展了对农业、手工业和资本主义工商业的社会主义改造。到 1956 年，基本完成对生产资料私有制的社会主义改造，初步建立起社会主义基本经济制度，成功实现了中国历史上最深刻最伟大的社会变革。

一、新民主主义社会的建立及其过渡性

中华人民共和国的成立，标志着新民主主义社会在全国范围内建立，标志着我国由一个半殖民地半封建的国家变成了一个新民主主义国家。

（一）新民主主义社会的建立

中华人民共和国成立前夕，中国人民政治协商会议第一次会议讨论通过的《中国人民政治协商会议共同纲领》，以临时宪法的形式规定了新中国是一个无产阶级领导的人民民主专政的新民主主义国家。新民主主义社会是以工人阶级领导的、以工农联盟为基础的、团结各民主阶级和国内各民族的人民民主专政的国家。

新民主主义社会是一个属于社会主义范畴的过渡性质的社会。中国共产党在领导人民推翻三座大山的过程中，开创了适合中国国情的新民主主义革命道路，创立了新民主主义革命理论，提出了中国革命第一阶段是"要建立以中国无产阶级为首领的中国各个革命阶级联合专政的新民主主义的社会"[1]。然后，"再使之发展到第二阶段，以建立中国社会主义的社会"[2]的两步走战略。这说明，新民主主义社会并不是一个独立的社会形态，而是一个过渡性质的社会，是一个由新

---

[1] 《毛泽东选集》（第 2 卷），人民出版社 1991 年版，第 672 页。
[2] 《毛泽东选集》（第 2 卷），人民出版社 1991 年版，第 672 页。

民主主义向社会主义过渡的社会。

中华人民共和国的成立，标志着新民主主义社会在全国范围内建立，也标志着新民主主义革命阶段的基本结束和社会主义革命阶段的开始，我国新民主主义社会发展由此进入第二阶段，即进入由新民主主义到社会主义的过渡时期。中华人民共和国成立后，构建的新民主主义社会在政治、经济、文化等方面的特点，也决定了新民主主义向社会主义过渡的特性。

(二)新民主主义社会的基本矛盾与任务

第一，新民主主义社会基本矛盾。新民主主义五种经济成分中，半社会主义性质的合作社经济是个体经济向社会主义集体经济过渡的形式，国家资本主义经济是私人资本主义经济向国营经济过渡的形式，所以，主要的经济成分是三种，即社会主义经济、个体经济和私人资本主义经济。其中的个体经济是处于十字路口的经济，它既可以被引导着走向社会主义，也可以自发地走向资本主义。这样三种基本经济成分及与之相应的三种基本的阶级力量：工人阶级、农民及其他小资产阶级、资产阶级之间的矛盾，就集中表现为无产阶级与资产阶级的矛盾、社会主义与资本主义的矛盾。也就是说，新民主主义的基本矛盾是无产阶级与资产阶级的这种斗争，也就是"社会主义与资本主义的两条路线的斗争"。

第二，新民主主义社会主要任务。新民主主义社会的基本矛盾决定了新民主主义社会要进行社会主义革命的主要任务。关于过渡的条件，毛泽东指出"要努力发展经济，由发展新民主主义经济过渡到社会主义"①，在将来国家的经济文化都大为兴盛，各种条件具备了以后，"就可以从容地和妥善地走进社会主义的新时期"②。这样就不仅确立了新民主主义社会历史地位，同时也对新民主主义向社会主义的过渡作了明确的规定。

---

① 《毛泽东文集》(第5卷)，人民出版社1996年版，第146页。
② 《毛泽东文集》(第6卷)，人民出版社1999年版，第80页。

二、中国选择社会主义道路的历史必然性

社会主义道路是历史和人民的选择，向社会主义过渡，是新民主主义革命的题中应有之义。随着新民主主义国家政权的巩固与国民经济的恢复，一个历史性课题摆在了中国人民面前：如何实现国家工业化，实现国家富强和人民富裕？正是伴随着加快国家工业化建设这一任务的凸显，根本动摇私有制，采取向社会主义过渡的步骤，迅速成为历史和人民的选择。

（一）实现国家工业化的任务决定了中国只能走社会主义发展道路

推动国家工业化，实现国家富强和人民富裕，是中国近代第二大历史任务。随着新中国成立，国民经济逐步恢复和发展，国家工业化任务开始提上历史日程。

1. 国家工业化任务的提出

当时的中国是一个工业极其落后的国家，工业基础极为薄弱。毛泽东说："现在我们能造什么？能造桌子椅子，能造茶碗茶壶，能种粮食，还能磨成面粉，还能造纸，但是，一辆汽车、一架飞机、一辆坦克、一辆拖拉机都不能造。"①

1952 年国民经济恢复工作完成时，中国工业发展的水平仍然是很低的。现代工业在工农业总产值中的比重只有 26.6%，重工业在工业总产值中的比重只有 35.5%。苏联在第一个五年计划开始前的 1928 年，这两个比重已经分别达到 45.2%和 39.5%。1952 年，中国许多重要工业产品的人均产量不仅远远落后于美国，甚至落后于印度。如钢产量，美国为 538.3 公斤，印度为 4 公斤，中国为 2.37 公斤；发电量，美国为 2949 度，印度为 10.9 度，中国为 2.76 度。在这样薄弱的底子上，如何实现国家工业化，成为中国共产党必须回答的问题，而在当

---

① 《毛泽东文集》(第 6 卷)，人民出版社 1999 年版，第 329 页。

时，这一问题，首先是选择什么样的社会模式实现国家工业化的问题。

2. 选择社会主义工业化道路是历史的必然

从世界历史上看，实现工业化主要有两条道路：一条是资本主义工业化的道路，这是英、德、法等欧洲国家和美国、日本走过的道路，而且走通了；另一条是社会主义工业化的道路，这是苏联走过的，也走通了。选择怎样的道路是由中国近代社会历史课题和基本国情决定的。

首先，近代中国的历史证明了资本主义工业化道路在中国走不通。欧美式资本主义工业化道路，是建立在血腥的资本原始积累与对内残酷压榨工人阶级，对外掠夺殖民地半殖民地人民基础上的。这种工业化道路虽然创造了人类生产力呈几何倍数增长的奇迹，但"从头到脚都滴着肮脏的血"，并伴随严重的贫富不均。进入 20 世纪，资本主义国家内部工人运动风起云涌；亚非拉人民也走向觉醒，掀起了波澜壮阔的民族解放运动。与此同时，一次比一次严重的经济危机席卷西方资本主义世界，西方文明发生前所未有的动摇。历史的巨大变迁、时代的巨大变化，已表明中国既没有条件也不能复制、重走西方资本主义工业化的老路。资本主义工业化道路在中国失去了历史与现实的基础。

近代以来的中国历史实际也表明，资本主义工业化的道路在中国是走不通的。从 19 世纪 60 年代末、70 年代初中国民族资本主义工业产生以来，由于受到外国垄断资本的压迫和本国封建生产关系的束缚，始终处于举步维艰的境地。经过七八十年的发展，到 1949 年，整个民族工业资本不过只有 20.08 亿元（按 1952 年的人民币币值计算）。独立以后的中国如果不搞社会主义，而走资本主义道路，它就仍然不可能摆脱对于外国垄断资本的依赖。

其次，苏联的社会主义工业化道路对中国产生了强烈示范作用。从世界范围来看，除资本主义工业化道路外，还有一条社会主义的工业化道路，这就是苏俄走过的路。俄国曾经是欧洲落后的国家，十月革命后，在苏联共产党的领导下，依托社会主义公有制经济，集中全国的力量，仅仅用了两个五年计划亦即 10 年的时间，就走完了西方资本主义 100 年的路程，使苏联成为欧洲第一、世界第二的工业强国。这为中国的工业化道路指明了新的方向。

(二) 中华人民共和国成立后党已经积累了向社会主义过渡的实践经验

中华人民共和国成立后的最初三年, 即 1949—1952 年, 在着重完成民主革命的遗留任务的同时, 社会主义革命的任务实际上也开始实行了。这主要表现在以下三个方面:

第一, 没收官僚资本, 确立社会主义性质的国营经济的领导地位。中华人民共和国成立以后, 没收官僚资本的工作即在全国范围展开, 并于 1952 年基本完成。中国的官僚资本是封建的买办的国家垄断资本。到 1949 年, 官僚资本拥有全国工矿和交通运输业固定资产的 80%, 垄断了有色金属和石油的 100%, 钢产量的 90%, 电力的 67%, 水泥的 45%, 煤炭的 33%, 还控制了全国的金融、铁路、公路、邮电、航空运输、对外贸易等。没收官僚资本归人民的国家所有, 是《中国人民政治协商会议共同纲领》规定的一项历史任务。到 1950 年年初, 人民政府共接管官僚资本的工矿企业 2800 余家, 金融企业 2400 余家, 成为新中国成立初期国营经济的主要组成部分。通过没收官僚资本, 中国资本主义经济的主体部分被改造为社会主义性质的国营经济了, 中国的大资产阶级被消灭了。随着没收官僚资本工作的完成, 社会主义性质的国营经济确立了自己在国民经济中的领导地位, 这就为全面进行社会主义改造奠定了重要的物质基础。

第二, 开始将资本主义纳入国家资本主义轨道。新中国在利用资本主义工商业的过程中, 已经开始对它进行适当的限制, 并把其中的大部分引上了初级形式的国家资本主义的道路。1952 年, 私营工业产值的 56%, 已属于加工、订货、统购、包销部分。私营经济中不利于国计民生的部分被削弱以致淘汰。私营经济在数量上是明显上升的, 但在国民经济中的比重却下降了。

第三, 引导个体农民在土地改革后逐步走上互助合作的道路。1952 年, 全国已有 40% 的农户参加了互助组, 少数农户还参加了半社会主义及全社会主义性质的农业生产合作社。

这些事实表明, 新民主主义社会不是一个凝固不变、相对独立的社会形态。它本身具有过渡性, 它是处在很深刻的变动之中的。新民主主义建立之时, 我国就开始了向社会主义的过渡。不过这个时期，中国共产党有关新民主主义过渡的思想还不是十分成熟。其中一个主要的问题是：何时开始从根本上动摇和消灭新民主主义经济中的私有制？这个时期党内普遍的理解是，私有制还将有一个相当长的存在和发展时期，实行严重的即根本动摇私有制地向社会主义过渡步骤，还是很遥远的事。

(三)过渡时期总路线为中国走社会主义道路指明了方向

1. 过渡时期总路线明确了走社会主义道路的任务和途径

中国应当建立社会主义社会，是中国共产党在成立之初就确定了的。中国到底什么时候搞社会主义？中华人民共和国成立之初，中共领导人多次讲过，要10年到20年。当时党内普遍认为，社会主义制度需要建立在机械化也就是工业化的基础之上，由于中国工业基础极为薄弱，民主革命胜利后，还不能立刻建立社会主义制度，这就要经过一个相当长的新民主主义建设阶段，这个时期还不能根本动摇私有制。待到国家工业发展了，国营经济壮大了，社会主义因素逐步增加了，全国人民自己在实践中认识到社会主义是唯一的最好的前途，愿意全心全意为它而奋斗，也就是说，待到条件基本成熟了，再向社会主义过渡。当时预计这个过渡时期，需要10年到20年。正因为如此，《中国人民政治协商会议共同纲领》未将社会主义前途写入。从某种程度上可以说，党最初形成的是走"新民主主义工业化道路"的思想。

不过，随着国民经济基本恢复和发展，随着新民主主义社会内部社会主义因素的增长，特别是国家工业化任务的提出，围绕"什么时候开始向社会主义转变"，中国共产党在认识上有了新的发展。中华人民共和国成立以后，党领导人民经过短短三年时间，就医治了战争创伤，实现了政治、经济、社会的稳定，各方面都取得了超出预期的成绩。为了加快国家工业化建设，中共中央决定从1953年开始执行国民经济第一个五年计划。也就是在这个时候，1952年9月，毛泽东在中共中央书记处会议上讲道：我们现在就要开始用10到15年的时间基本完成到社会主义的过渡，而不是10年或者以后才过渡到社会主义。随后，党内开始形成"现在"就向社会主义过渡，工业化与社会化同时并举的思想。

中共中央在 1952 年年底开始酝酿并于 1953 年正式提出了党在过渡时期的总路线。总路线明确规定："党在这个过渡时期的总路线和总任务，是要在一个相当长的时期内，逐步实现国家的社会主义工业化，并逐步实现国家对农业、对手工业和对资本主义工商业的社会主义改造。"①当时，中央设想用三个五年计划的时间实现国家的工业化，同时完成对农业、手工业和资本主义工商业的社会主义改造，使中国过渡到社会主义社会。这条过渡时期总路线包括两个方面的内容，即工业化建设和社会主义改造，当时被称为"一体两翼"。1954 年 1 月 1 日的《人民日报》社论有一个形象的解释，"好比一只鸟，它要有一个主体，这就是发展社会主义工业；它又要有一双翅膀，这就是对农业、手工业的改造和对私营工商业的改造。要过渡到社会主义，没有主体当然不行，没有翅膀也不行"。过渡时期的中心任务是实现国家的工业化，而为了实现国家的工业化，就必须进行社会主义改造，变革旧有生产关系，建立起新的社会制度，从而为工业化插上翅膀，两翼丰满，主体才能腾飞。

2. 历史表明，党提出的过渡时期总路线是完全正确的

当时中国之所以要着力进行社会主义改造，主要是因为：

第一，社会主义工业化是国家富强的首要条件。

国家的社会主义工业化，是国家独立和富强的当然要求和必要条件。发展工业，一方面要充分利用原有的工业，另一方面要建设新的工业。随着没收官僚资本工作的完成和工业建设的初步开展，中国已经有了比较强大的社会主义性质的国营经济。

与私营工业相比，国营工业规模大，技术设备先进，不仅有轻工业，而且有重工业。在劳动生产率等方面，国营企业也优于私营企业。在这种情况下，所谓充分利用原有的工业，首先和主要的，就是要办好原有的国营工业，并依据需要和可能改建、扩建这些工业。

---

① 中共中央文献研究室：《建国以来重要文献选编》(第 4 册)，中央文献出版社 1993 年版，第 548 页。

建设新的工业，首先和主要的，也是要发展国营工业。因为在当时的中国，私人是没有能力投资兴建新的、足以为国家的工业化奠定基础的那种大型工业骨干企业的。只有国家才有能力来做这件事。中国的经济虽然落后，但它是一个大国，全国财政经济统一后，国家掌握了一笔相当可观的资金，可以用来投资搞建设。从1953年开始的第一个五年计划规定的大型工业建设项目，基本上是由国营经济来承担的。这就是说，那时工业建设的发展，就意味着社会主义性质的国营经济的发展和它在整个国民经济中比重的增加。这是中国选择社会主义的基本原因。

第二，对资本主义工商业进行社会主义改造是迅速实现国家工业化、建设社会主义强大国家的迫切需要。

中国资本主义经济力量弱小，发展困难，不可能成为中国工业起飞的基础。而且，它对国家和国营经济有很强的依赖性，不可避免地要向国家资本主义的方向发展。在帝国主义对华封锁的情况下，民族资本由于向外发展的渠道被阻断，就更加重了它对国家和国营经济的这种依赖性。

中国的民族资本主要是商业资本和金融资本，工业资本只占1/5。民族资本主义工业主要是轻纺工业和食品工业，缺少重工业的基础。这些工业企业，大多规模小，技术设备落后，劳动生产率很低。据新中国成立初期的统计，69.7%的工厂只有不到10个工人，79.1%的工厂是工场手工业。虽然也有一些规模比较大、技术设备比较先进的资本主义工业企业，但为数不多。不能设想，在这个基础上，通过一个时期资本主义自身的独立发展，中国就可能成为先进的工业国。原有的资本主义工业企业也是中国工业建设中的一个重要的、不可忽视的力量。但是这些企业的设备利用率和劳动生产率低、成本高、资金不足，扩大再生产的能力十分有限。为了改变这种情况，就必须在这些企业中改善经营管理，提高产品的质量，并且按照国家的需要增加生产，培养技术人才，积累资金。而要如此，就必须对这些企业逐步实行社会主义改造。

第三，对个体农业进行社会主义改造，是保证工业发展、实现国家工业化的一个必要条件。

土地改革以后，农业生产摆脱了封建生产关系的束缚，一个时期有过相当大的发展。但是，由于实行在土地私有基础上的个体经营，这种发展又受到很大的限制。个体农户耕地很少，经营规模十分狭小；生产工具严重不足，贫雇农每户平均仅占有耕畜 0.47 头，犁 0.41 部；资金十分短缺。在这种情况下，农民要兴修农田水利设施，平整土地和改良土壤，使用改良农具以及机器来进行耕作、播种、收获，实行分工制度来发展多种经营等，都有很大的困难，更缺少抵御自然灾害的能力。许多农户不仅无力进行扩大再生产，就连简单再生产也难以维持。1949 年至 1952 年，农业生产发展较快。但在 1953 年至 1954 年，发展速度明显减慢了。这说明，如果不引导个体农民走组织起来的道路，不仅广大农民不能进一步改善自己的生活，而且农业生产力的发展会受到很大限制，农村也不可能为工业的发展提供必要的商品粮食、轻工业原料、工业品市场和积累工业发展的资金等条件，从而成为工业发展严重的制约因素。

第四，当时的国际环境也促使中国选择社会主义。

中华人民共和国成立以后，长期受到美国等西方资本主义国家经济上、外交上和军事上的严密封锁和遏制。中国不但不可能从资本主义大国得到什么援助，而且连进行普通的贸易和交往都很困难。当时只有社会主义国家和第二次世界大战后为争取民族独立而斗争的国家同情中国，只有苏联能够援助中国。这种国际环境，也是中国选择社会主义的基本因素之一。

总之，中国经济在 20 世纪 50 年代的最重要事件就是选择了社会主义。这是十分必要的，也是完全正确的。

三、大规模工业建设和社会主义改造的实施

建设与改造并举的有中国特点的向社会主义过渡道路在实践中是怎样展开的？取得了怎样的成效？这需要从两方面予以考察，即"一五"的顺利实施及所取得的巨大成就与三大改造的进行及所取得的成果。

（一）社会主义工业化建设的开始

在提出有系统地进行社会主义改造的 1953 年，中国即开始进行有计划的社

会主义建设。1953 年元旦，党和政府通过《人民日报》社论向全国人民宣布，我国开始执行国民经济第一个五年计划。实现国家工业化的理想从此起步。

1. "一五"计划的制定及主要内容

"一五"计划是在苏联的指导帮助下制订的。从 1951 年到 1954 年前后历时四年，五易其稿，直到 1954 年 9 月基本确定下来。1955 年 7 月召开的第一届全国人大第二次会议正式通过了"一五"计划。

"一五"计划的指导方针和基本任务是：集中主要力量发展重工业，建立国家工业化和国防现代化的初步基础；相应地发展交通运输业、轻工业、农业和商业；培养建设人才；促进农业、手工业的合作化；保证在发展生产的基础上逐步提高人民的物质生活和文化生活水平。

"一五"计划之所以确立优先发展重工业的指导方针，一是受学习苏联经验的影响；二是因为我国工业化建设起点非常低，工业基础特别是重工业基础非常薄弱，这种落后状况只有靠优先发展重工业才能改变。另外当时的国际环境也急需我们尽快建立强大的军事工业，以增强国防力量。优先发展重工业，的确一定程度上牺牲了农业和轻工业，使人民生活受到一定影响，但这一方针符合人民的长远利益，毛泽东称之为"大仁政"。

【案例】　　　　"一五"计划的核心："156 项目"

新中国工业化建设得到了苏联政府和人民的大力帮助。"156 项目"就是"一五"前后苏联援助中国的涵盖军工、能源、冶金、机械制造、医药等工业部门的以重工业为中心的大型工程项目，是"一五"计划的核心。其间还争取到苏联对华 3 亿美元的低息贷款。"156 项目"后来经过项目增减拆并，最后施工的为 150 项，但为了方便，还是习惯地称为"156 项目"。

这些项目的构成是：军事工业企业 44 个；冶金工业企业 20 个，其中包括钢铁工业 7 个、有色金属工业 11 个；化学工业企业 7 个；机械加工企业 24 个；能源工业企业 52 个，其中煤炭工业和电力工业各 25 个、石油工业 2 个；轻工业和医药工业 3 个。在 156 项目实施过程中，苏联向中国派出了大批专家，到 20 世纪 50 年代末，苏联和东欧各国到中国工作的技术专家共达 1.6 万多人。同时苏联向中国提供了大量机器设备、设计图纸、技术资料等。我国派往苏联的留学生和实习生达 12000 人。

【教师点评】　20 世纪 50 时代，可谓中苏关系蜜月期，苏联服装、苏联歌曲、苏联电影成为中国"时尚"。总的来说，苏联的帮助为新中国工业建设提供了极为重要的支持，特别是"156 项目"，作为"一五"计划工业建设的中心，起到了奠定我国工业化基础的重大作用。当然，苏联在为我国提供支援和帮助的同时，也提出了一些交换条件，其中不乏较为苛刻的要求。可见，我国在争取外援中，要始终注意维护国家主权的独立与完整，并实行自力更生为主，争取外援为辅的方针。

2. "一五"计划取得辉煌建设成就

(1) 工业建设以前所未有的规模和速度展开。以"156 项"建设为中心，加上我国自行投资建设项目，"一五"期间我国施工的工矿企业达 1 万个以上，平均每两天就有一个限额以上工矿建设单位开工，平均每周就有两个限额以上工矿建设单位投入生产。1953 年到 1957 年五年内新增加的工业固定资产价值达 197 亿元，为旧中国原有全部工业固定资产的 154%。国家用于建设的投资总额为 766.4 亿元，折合黄金 7 亿余两。这在中国历史上是空前的。"一五"时期的工业发展赢得了高速度，工农业总产值平均每年递增 11.9%。

(2) 工农业总产值大幅提高，国民经济结构明显改善。国内生产总值从 1952 年"一五"计划实施前的 679 亿元，跃升到 1957 年的 1068 亿元，其中工业产值增长一倍多。财政收入从 1952 年的 183.7 亿元增长到 1957 年的 310.2 亿元。这一期间的主要工农业产品产量，也有大幅度提高。粮食从 1.6392 亿吨增至 1.9505 亿吨；钢从 135 万吨增至 535 万吨；发电量从 73 亿度增至 193.4 亿度。

(3) 国民经济结构明显改善。1952 年，现代工业在我国工农业总产值中的比重只有 26.6%，重工业在工业总产值中的比重只有 35.5%。经过"一五"计划的实施，这种情况发生明显改变。1956 年工业总产值占工农业总产值 54.7%，生产资料产值占工业总产值的 45.5%，现代工业产值占工业总产值的 71.6%。

(4)中国在工业建设上接连实现了许多项具有历史意义的零的突破。第一座生产载重汽车的长春汽车制造厂建成投产，第一座飞机制造厂试制成功第一架喷气式飞机，第一座制造机床的沈阳机床厂建成投产，第一座大批量生产电子管的北京电子管厂建成投产。1957年，武汉长江大桥通车，从此铁路贯通中国南北。青藏、康藏、新藏公路建成通车，结束了西藏没有公路的历史，沟通了西藏和内地的联系，等等。

【教师点评】 这一时期是一个激情燃烧的年代，对工业化的无限憧憬，激发出工人、农民、知识分子从未有过的劳动热情。"每一秒钟都为创造社会主义社会而劳动"——这种充满时代精神的号召，生动反映了工业化目标所激发的建设热情。新中国每一天都在发生改变。工业建设战线喜报频传。1953年12月，鞍山钢铁公司的三大工程——大型轧钢厂、无缝钢管厂、七号炼铁炉举行开工生产典礼。包头、武汉的大型钢铁企业先后开始施工。限额以上的较大项目，平均每天都有一个开工或竣工。一大批旧中国没有的基础工业部门一个个建立起来，一大批工矿企业在内地兴办。旧中国重工业过分落后的面貌和不合理布局大大改观。5年间工业生产取得的成就，远远超过了旧中国的100年。新中国迅速从废墟上站起，为我国建立独立完整的工业体系奠定了基础，为社会主义建设积累了宝贵经验。

(二)对农业、手工业的社会主义改造

1. 农业社会主义改造

【案例】 王国藩与"三条驴腿的穷棒子社"

中华人民共和国成立以后，面对落后的生产力与恶劣自然条件之间的矛盾。在远离城市的乡村，我国农民也正在自己的土地上，创造着一种新的生产方式，那就是组织起来，依靠集体的力量改造自然，这就是农业合作化运

动。在这场运动中，燕山山脉脚下、原河北省唐山地区遵化县一个叫西铺的村落里传出了一个有趣的故事，故事的主角是一个叫王国藩的普通农民。

刚刚成立的王国藩合作社，面临着一系列困难，其中最主要的，就是生产资料的严重缺乏。当时，全社共有230亩土地，83口人，其中，男劳动力19人，女劳动力9人，没有一件像样的大农具，23户只拥有一头驴的不到四分之三的股份，因此叫作"三条驴腿"，这头驴，社里用3天，社外用1天，过个把月再给社外补1天。

这样的经济现状，使王国藩合作社被讥笑为"穷棒子社"。但是，广大社员人穷志不穷，他们相信"困难纵有九成九，难不住'穷棒子'一双手"，抱定"争一口气"的决心，开始用自己的双手，改变"穷棒子社"的面貌。这年冬天，"穷棒子社"改变了西铺村多年来"冬闲"的习惯，从冬天开始，悄悄为春耕积蓄力量。他们兵分两路：少部分壮劳力带领妇女老少做好春耕准备，三条驴腿不够用，就肩不离担，手不离锹，送粪、搂石、整地；大部分壮劳力，组成一支19人的队伍，不顾天寒地冻，顶风冒雪，远出30里外的王寺峪山上打柴，解决生产资料缺乏问题。经过20多天的战斗，凭着38只手，他们打回了4万多斤柴，卖得430多元。

钱挣回来了，也快到春节了。那个时候，中国农民还有"过肥年"的思想，但是，"穷棒子社"的成员没有为"过肥年"而动用打柴得来的一分钱，他们将这430多元钱，全部用于购买急需的生产资料，包括1头骡子、1头牛、19只羊、1辆铁轮车，还有一部分零星农具。此后一段时期，他们又多次上山打柴，为集体更新了生产工具。

转眼间1953年到来了，"穷棒子社"全体成员齐心协力，翻地春播，犁地追肥，凭借一股不畏困难、艰苦奋斗、自力更生的精神，取得了骄人的成绩。这一年，粮食亩产达到254斤，超过互助组上年平均产量将近1倍；粮食总产量45800多斤，扣除集体留粮以后，平均每户可分粮1400多斤；总收入6800多元，去掉各项开支，平均每户分配的收入达190多元。"穷棒子社"以其创造的铁一样的事实，回击了创社初期的流言蜚语，并且以其所展示出来的优越性，吸引了越来越多的农民参加。1954年秋收后，除个别几户没有被吸收入社以外，148户农民全部参加了合作社。

毛泽东被这样的创业之举深深感动了。他说："遵化县的合作化运动中，有一个王国藩合作社，二十三户贫农只有三条驴腿，被人称为'穷棒子社'。他们用自己的努力，在 3 年时间内，从山上取来了大批的生产资料，使得有些参观的人感动得下泪。我看这就是我们整个国家的形象。难道六万万穷棒子不能在几十年内，由于自己的努力，变成一个社会主义的又富又强的国家吗？"[1]

1957 年 2 月，王国藩出席了全国农业劳动模范代表大会。被中央人民政府授予"全国首届农业劳动模范代表会议"金质奖章。大会闭幕式上，当毛泽东把一面鲜艳的奖旗送到王国藩手中时，王国藩拿着奖旗，激动得热泪盈眶。毛泽东满面笑容地指着奖旗上的字，亲切地说：你是劳模，是建设共和国的功臣！这是表彰你们在全国起了率先作用。[2]

【教师点评】　本篇案例主要介绍了西铺村农民通过兴办初级社成功脱贫致富的成功典范。初级社刚刚创立时一穷二白，被称为"穷棒子社"，但他们人穷志不穷，通过努力制定社章、订立方案、打柴赚资金，最后不但添置了牲口、农具，还解决了短粮户的缺粮问题。而后初级社以巨大的优越性吸引了社外的农民，通过两次扩增后改名为"建明农林牧生产合作社"。高级社人员、财产众多，通过整顿解决了资金管理混乱、铺张浪费的问题，促进了生产力的发展，社员水平显著提高，吸引人们来此参观学习。河北遵化建明农业生产合作社的成长，反映出农业合作化的伟大意义，勤俭办社方针的正确性和合作化后农村日新月异的新面貌。

西铺村的"穷棒子"精神，随着《中国农村的社会主义高潮》（1956 年由中共中央办公厅编辑出版）一书的出版发行传遍全中国，成为那个火红时代的一个标志性符号。其实，《中国农村的社会主义高潮》中收入的 176 篇文章，篇篇都是合作化或集体化运动的典型，正是在这些典型的带动下，中国农村掀起了社会主义高潮。

---

[1]　中共中央文献研究室：《毛泽东年谱（一九四九——一九七六）》（第 2 卷），中央文献出版社 2013 年版，第 481 页。

[2]　《中国共产党人的精神谱系 30：穷棒子精神》，https://mp.weixin.qq.com/s/pZm4f_6bsyRAS1DuUY-4Mw，2021-07-16。

　　1953 年 12 月，中共中央作出《中国共产党中央委员会关于发展农业生产合作社的决议》，总结农业互助合作运动的经验，提出了引导农民走向社会主义的几种过渡性经济组织形式。第一是互助组，这具有社会主义的萌芽性质。第二是初级农业生产合作社，即在土地及牲畜、大农具私有的基础上实行土地入股、统一经营，有较多的公共财产，并实行土地分红和按劳分配相结合的原则。这具有半社会主义的性质。第三是高级农业生产合作社，即将土地及其他主要生产资料归集体所有，统一经营、集体劳动，并实行各尽所能、按劳分配的原则。这种逐步过渡的办法，是中国农业合作化运动中的一项重要的创造。实践证明，中国共产党对农业合作化运动的指导方针是正确的，由此开创了一条有中国特点的农业合作化道路。

　　我国农业社会主义改造的发展过程，大体经历了三个阶段。

　　第一阶段：从新中国成立到 1953 年年底，以发展互助组为中心，同时试办初级社。这个时期，合作化运动由于基本遵循了正确方针，发展是健康的。参加互助合作的农户，从 1951 年年底的 2100 万户增加到 1954 年年底的 7000 万户，在全国农户总数中的比重从 19.2% 增加到 60.3%。当时 80% 以上的合作社都做到了增产增收。

　　第二阶段：从 1954 年到 1955 年春，是初级社在全国普遍建立阶段。在互助合作运动推进中，互助合作与单干的矛盾再次凸显出来。对生产经营感到困难的贫农、新贫农一般积极参加互助合作，但有能力扩大再生产的部分中农、富农则对互助合作表现出某种不情愿和抵触情绪。结果是，初级社迅速发展时期，农村中出现大量宰杀牲畜、砍伐树木、不热心积肥和备耕等破坏生产力与消极怠工情况。

　　针对农村"生产力暴动"情况，1955 年 3 月，毛泽东提出对农村合作化运动实行"停、缩、发"方针。根据毛泽东的指示，邓子恢等人负责的中共中央农村工作部要求各地调整步伐。随后各地开始停止发展合作社，到 7 月底，全国共收缩初级社 2 万个。农业合作化运动保持了发展、巩固、再发展、再巩固的稳步前进的势头。

　　第三阶段：从 1955 年夏到 1956 年，是农业合作化运动的高潮阶段。1955 年夏季，党内对农业合作化发展速度发生争论。一方以邓子恢为代表，主张慢速巩固；另一方以毛泽东为代表，当时他从南方考察回来，对合作化发展做出了新的判断，主张加快发展。

【案例】　　　毛泽东与邓子恢关于合作化发展速度问题的争论

　　1955 年 7 月 11 日，毛泽东约见邓子恢等，对其思想进行了较严厉的批评，但邓子恢仍然坚持自己的意见，谈话持续 5 个多小时。1955 年 7 月 31 日，毛泽东在省、市、自治区党委书记会议上作《关于农业合作化问题》的报告。他说："在全国农村中，新的社会主义群众运动的高潮就要到来，我们的某些同志却像一个小脚女人，东摇西摆地在那里走路，老是埋怨旁人说：走快了，走快了。过多的评头品足，不适当的埋怨，无穷的忧虑，数不尽的清规和戒律，以为这是指导农村中社会主义群众运动的正确方针。否，这不是正确的方针，这是错误的方针。"[①]

　　不久中共中央通过了《关于农业合作化问题的决议》，毛泽东主编了《中国农村的社会主义高潮》一书，赞扬贫下中农走社会主义道路的积极性，继续批判"右倾机会主义"。1955 年夏季以后，农业合作化运动加速发展，出现了农业合作化高潮。到 1956 年年底，农业合作化基本完成。加入合作社的农户占全国农户总数的 96.3%，其中参加高级社的农户达到 87.8%，富农经济被消灭。

　　【教师点评】　　毛泽东和邓子恢争论的焦点在于农业合作化的规模和速度，毛泽东对邓子恢的批评，推动了农业合作化高潮的到来。

　　大家可以思考一下，农业合作化的教训有没有呢？

　　中国农业合作化的成就是巨大的，经验是丰富的，但也存在着缺点和偏差。主要是 1955 年以后，对农业合作化要求过急、改变过快、工作过粗、形式过于简单划一，工作上出现了强迫命令、违反自愿互利原则，以及经营管理跟不上等缺点。出现这些缺点的原因，既有对农民社会主义积极性、对个体经济的作用与倾向估计不准确的问题，也有生产关系改造越快越能发展生产力的认识偏差，还有批判"右倾机会主义"造成的政治压力的因素，等

---

① 《毛泽东文集》(第 6 卷)，人民出版社 1999 年版，第 418 页。

等。另外，从今天的认识高度上看，当时人们把所有制形式(生产资料集体化)与经营方式(劳动集体化)混为一谈，把集体化与大规模社会化生产混为一谈，误认为集体经济必须集体劳动，才能显示出优越性；误认为有了大型合作社，就有了大规模的社会化生产。因而，改造后建立起来的农村合作经济组织，在模式上、体制上和运行机制上存在缺陷。

尽管如此，农业合作化在总体上仍是成功的，5亿多农民在中国共产党领导下走上了社会主义道路，这是一个伟大胜利。

2. 手工业合作化的实现

我国手工业在国民经济中占有相当重要的地位。1952年手工业产值在工农业总产值中占13%左右。在农民所需要的生产和生活资料中，手工业品占80%左右。但个体手工业分散落后、规模小，很不稳定。因此需要对其进行社会主义改造，引导个体手工业者走合作化道路。

在推进手工业合作化的过程中，中国共产党采取的是积极领导、稳步前进的方针。手工业合作化的组织形式，是由手工业生产合作小组、手工业供销合作社到手工业生产合作社，步骤是从供销入手，由小到大，由低到高，逐步实行社会主义改造和生产改造。

农业合作化的迅猛发展，极大地加快了手工业合作化的步伐。1955年年底，党和国家提出要在两年内基本完成手工业合作化。实际上，由于改变了过去按行业分期、分批、分片改造的办法，而采取手工业全行业一起合作化的办法，到1956年年底，参加合作社的手工业者已占全体手工业者的91.7%。手工业合作化基本完成了。

(三)对资本主义工商业的社会主义改造

1. 资本主义工商业改造方针

党中央从中国实际出发，确立了实行资本主义工商业改造的正确方针：

第一，实行和平改造。在苏联，社会主义革命是通过无产阶级对资产阶级的暴力镇压完成的。而在中国，则是实现了对资产阶级和平改造的方针。其原因是：

①我国民族资产阶级具有两面性。中国近代社会的特殊性决定了在中国，无产阶级与资产阶级的矛盾也有着特殊性。中国资产阶级有两个部分即官僚资产阶级和民族资产阶级，前者是革命的敌人，后者则是革命中可以争取的朋友。中国共产党对他们采取了不同的政策。在新民主主义过渡时期，民族资产阶级仍然具有两面性。他们既有剥削工人取得利润的一面，又有拥护宪法、愿意接受社会主义改造的一面。因此无产阶级可以把他们作为朋友，在团结他们的同时，用和平的方法逐步地改造他们。

②在阶级对比上，人民民主专政政权已经巩固，无产阶级的绝对优势地位与工农联盟使资本家不能不接受改造。

③强大的国营经济，为社会主义改造奠定了物质基础。

④政府通过加工订货、统购包销政策，使私营工商业客观上已经形成对国营经济的依赖，不得不接受改造。

⑤农业与手工业社会主义改造的顺利进行，使资本主义工商业进退两难。

⑥中国共产党对民族资产阶级采取了正确的政策，大大减少了民族资产阶级接受社会主义改造的阻力。这些政策包括政治上团结、教育、改造，经济上利用、限制、改造，逐步过渡，并在政治待遇、生活、工作等方面作出妥善安排等。而其中最重要的就是采取了国家资本主义的和平赎买政策。

第二，改造的途径：国家资本主义。我国对资本主义工商业和平改造的具体形式，是国家资本主义。1953年春，中央统战部部长李维汉经过深入调查，向党中央和毛泽东同志报送了《资本主义工业中的公私关系问题》的报告，提出国家资本主义"是我们利用和限制工业资本主义的主要形式……是我们改造资本主义工业使它逐步过渡到社会主义的主要形式"①。1953年6月，中共中央确定了经过国家资本主义改造资本主义工业的方针。同年9月，毛泽东在同民主党派和工商界人士谈话时明确指出：国家资本主义是改造资本主义工商业和逐步完成社

_____

① 《李维汉选集》，人民出版社1987年版，第266页。

会主义过渡的必经之路。

第三，和平赎买。国家资本主义的改造途径，是与和平赎买政策紧密联系在一起的。即党在将私人资本主义工商业引导到各种形式的国家资本主义轨道的过程中，贯彻了有偿赎买政策。对资产阶级实行赎买，这是马克思、恩格斯提出的设想。十月革命后，列宁打算在俄国对"文明的资本家"采取这种做法，但俄国资产阶级不接受。中国共产党把和平赎买设想付诸实施并取得了成功。

2. 资本主义工商业改造的三个阶段

第一阶段：1949 年至 1953 年年底，是国家资本主义开始实行阶段，主要是发展加工订货、统购包销、经销代销等国家资本主义的初级形式。

【案例】　　　　　　　　初级形式的国家资本主义

　　初级形式的国家资本主义，在工业方面有委托加工、计划订货、统购包销等形式，而委托加工、计划订货是主要形式。所谓委托加工，就是我国国营企业出原料，私营企业按规定的规格、质量、数量加工。交货以后，给予加工费。所谓计划订货，就是我国营企业向私营工厂订购其所需要的产品，交货后，给予货价(货价包括产品的成本、税金和一些利润)。统购，就是国家对关系国计民生的重要产品，如棉纱、棉布，指定国营商业按规定价格向私营工厂统一收购，私营工厂不得到市场自行销售这些东西。包销，就是由国营企业和私营企业订立合同，只要产品合乎要求的规格和质量，产品就全部包下来销售。这是工业方面国家资本主义的一些初级形式。

　　在商业方面，主要是经销、代销，所谓经销，就是私商用现款向国营批发公司按批发价买进商品，然后他再按规定的零售价卖出，私商从批零差价中取得利润(现在摆小摊的就是这样)。代销，就是国营商业把商品委托私商代销，私商按规定价格出售，国营商业给私商一定的代销手续费。

　　【教师点评】　从上面的介绍中可以看到，这种初级形式的国家资本主义的特点是社会主义经济同资本主义经济的联系是在企业外部进行的，也就是在流通领域内进行的，而不是在生产领域里进行的。只是在原料来源、产品销售两头限制它，对中间的生产过程不干涉。但资本主义私有制已经受到很大程度的限制，表现在哪儿呢？主要表现在资本家的生产资料和货币资本已不是完全由资本家任意使用，不能像以前那样啥赚钱多就生产啥，也不能随便地提高成本、降低质量、提高价格，所以这种生产已不是完全意义上的资本主义生产，里面已经有若干社会主义的因素。

到 1952 年年底，各种形式的国家资本主义工业产值占私营工业总产值的 56%。1953 年春夏，党对资本主义工商业改造形式和政策的确定，大大促进了对私营工商业的改造进程。1956 年下半年，国家有计划、有步骤地扩大加工订货范围。1954 年开始，商业中的经销代销也发展起来。在这个阶段，政府在推行初级国家资本主义制度时，保证资本家获得 10% ~ 30% 的利润，以此作为赎买代价。这种低级形式的国家资本主义，使国家不同程度控制了资本主义企业的原料供应和产品销售，限制了资本主义剥削，促进了生产力发展。

第二阶段：1954 年年初至 1955 年冬，是国家资本主义的发展阶段。这一阶段除继续推行初级形式的国家资本主义以外，重点转入发展个别企业的公私合营，同时在天津、北京、上海等大城市开展全行业公私合营的试点。到 1955 年年底，全国公私合营的工业户增加到 3000 多户，产值已占全部私营工业总产值的 50%。

【案例】　　　　　　　　　　个别企业的公私合营

国家资本主义的高级形式是公私合营，公私合营又分个别企业的公私合营和全行业的公私合营两种。所谓个别企业的公私合营，就是对 10 个人以上的比较大的工商企业，一个一个地合营，当时叫"吃苹果"式的合营。在个别企业公私合营阶段，由于国家向这些企业投资入股，企业中有了公股，这个企业的生产资料就不是资本家一家所有了，而是国家和资本家共同占有，即公、私共有，由于国营企业派出公方代表参加了企业管理，所以，企业的领导权也主要是掌握在国家手里。这样社会主义成分和资本主义成分的联系，就由企业外部进入了企业内部，由流通领域进入了生产领域，资本主义私有制受到更大限制。

对私营工商业的赎买政策是指，企业利润分配采取"四马分肥"办法，即在企业利润分配中，国家税收占 34.5%，职工福利占 15%，企业公积金占 30%，资本家红利占 20.5%。工人劳动地位有所变化，由为资本家生产转变成为国家生产，工人生产积极性增强，劳动生产率提高。

第三阶段：从 1955 年冬开始，国家资本主义进入高潮阶段，开始由个别企业公私合营转变成全行业公私合营。

【案例】   **全行业公私合营**

全行业公私合营是国家资本主义的最高形式，这种形式不是一户一户合营，而是按行业，不分大中小同时进行合营，当时叫"吃葡萄式"的合营，一吃一串，一合营就是一个行业。全行业公私合营以后，这个企业的生产关系就起了根本性的变化。这时，资本家除了按照他的股份吃定息外，企业的生产资料已完全归国家支配，资本家本身也变成了企业的一般工作人员，不能再像以前那样以企业主的身份管理企业，这个企业就基本上归我们社会主义的国家所有了。

【教师点评】   在高级形式的国家资本主义企业中，资本家只能以私股持股人的身份领取相当于年息 5% 的股息（即定息），其剥削量不仅进一步受到限制，而且私股也不再是生息资本，而是向全民财产转化的形式。这样中国就在很短的时间内，基本上完成了对资本主义工商业的社会主义改造。

北京从 1956 年 1 月 1—10 日就基本上完成了全行业公私合营，10 日一天，彭真市长在群众大会上宣布：我们首都进入社会主义社会了。上海也用 2 周的时间完成了全行业公私合营。到 1956 年 3 月底，全国 50 多个大中城市全部实现了全行业公私合营，当时各大城市都是敲锣打鼓，扭秧歌、游行，欢呼"跑步进入社会主义"。当然，也有资本家是"白天敲锣打鼓，晚上抱头痛哭"的，有的还写诗表达自己对自己财产的依恋心情："多年心血，一旦付诸东流，几声锣鼓，断送万贯家财。"

当然，大多数资本家在党的教育下，还是愿意走社会主义的光明大道的。到1956年年底，对资本主义工商业的社会主义改造就取得了完全胜利。

【教师点评】　当时的民族资本家为什么愿意接受社会主义改造呢？除了资本家认识到社会主义是大势所趋以外，还与党所采取的正确赎买政策和妥善安置政策有关。

全行业公私合营的赎买政策是：对私股采取定息办法，即把资本家的利润限制在一定的息率上，统一规定年息为五厘，当时国家决定付息7年，后来又延长3年，共计10年。同时资本家原有工资不降低。按照1956年全行业公私合营时核定的资本家所有的资产，总数为24.2亿元人民币。在进行社会主义改造的过程中，资本家先后共获得人民币32.5亿元，超过了其原来所有的资产总额。资本家所得包括：1949—1955年的利润13亿元，1955—1968年的定息11亿元，高薪8.5亿元。此外，给资本家及其代理人经理等安排工作，对于有代表性的大资本家，还在政治上给予安排。如被陈毅誉为"红色资本家"的荣毅仁，1957年任上海市副市长，1959年任纺织工业部副部长。

【案例】　　　　　　　　北京同仁堂的公私合营历程

提起同仁堂，家喻户晓，它是我国久负盛名的中医药企业，始创于清康熙八年(1669年)，距今已有300多年的历史。

北京解放前夕，同仁堂的经营状况十分危急，只能勉强度日。1949年3月，同仁堂成立国药业基金工会，乐松生任总经理，通过不断学习，他对中国共产党的民族工商业政策有了基本认识，坚信个人在政治上、企业经营管理上必须紧紧依靠共产党和人民政府，重要决策听取职工意见。

在党的关怀下，同仁堂在解放后有了很大发展，工人生活稳定，而且质量有了很大提高。1953年，同仁堂盈利按国家所得税、企业公积金、职工福利奖、资方股息分红四部分分配。随着国民经济的恢复，党适时地提出了过渡时期的总路线和总任务。北京市积极响应，很快制定了利用、限制、改造资本主义工商业的具体措施，并召集在京民族工商业者召开工商业联合大会。会上，同仁堂总经理乐松生积极发言，拥护总路线。市地方工业局拟选同仁堂这个国药大户首先进行试点，为全行业合营扩展影响，奠定基础，积累经验。

这一变革引起同仁堂乐氏家族的震动，他们因此将失掉生产资料占有权、企业、现统治权和企业利润分配权。乐松生先生作为当时民族资产阶级的代表，其家族已经经营了200多年的同仁堂药店面临着抉择。经过反复思考，他深感这是大势所趋，人心所向，历史潮流不可违背。同时也看到，共产党和职工群众仍让自己做同仁堂的总经理，生活待遇不薄，这是对自己的信任和期望，因此必须听党的话，走社会主义道路。于是他毅然决定同仁堂带头实行公私合营。在这次代表大会上，乐松生当选为工商联执行委员，推动了同仁堂实行公私合营的进程。

1954年2月16日，中共北京市委统战部关于北京市工业公私合营工作计划中明确提出同仁堂是第一批合营的单位。同年8月9日，同仁堂成立了公私合营筹备工作委员会。27日，同仁堂彩旗高挂，在庆乐戏院召开了庆祝公私合营大会，锣鼓喧天，鞭炮齐鸣。全体员工欢欣鼓舞，这家古老的私营企业在风雨飘摇258个春秋之后，迈进了社会主义大门，开辟了同仁堂历史上的新纪元。

同仁堂率先实现公私合营，对其他国药店、行、栈影响很大，而且影响到全市的私营工商业者。中央和市委领导对同仁堂非常关怀，1955年年初，彭真同志亲自到同仁堂会见乐松生经理，听取合营后的工作情况汇报，并对各方面的工作给予了肯定。

在同仁堂的影响下，全行业公私合营迅速完成。1956年1月15日，在天安门广场举行了庆祝社会主义改造胜利联欢大会，毛泽东、刘少奇、周恩来等党和国家领导人在天安门城楼接见了农业、手工业、资本主义工商业的代表。乐松生代表工商界登上天安门，手捧巨大报喜信向党中央、毛泽东主席报喜。

【教师点评】 本案例讲述了同仁堂药店在资本主义工商业改造前后所发生的变化。由于民族资本主义的两重作用和民族资产阶级的两面性，我党对资本主义工商业实施了和平改造的方针。企业在公私合营前后所发生的巨大变化证明了改造方针的正确性。中国共产党采取了"改造企业和改造人同时并举"的方针，和平赎买政策最终也得到了民族资本家的拥护。事实证明，中国共产党对资本主义工商业的改造符合中国的特点，同时极大地推动了"三大改造"的完成和社会主义制度的确立。

【案例】 "红色资本家"荣毅仁的转变之路

荣毅仁，1916 年 5 月 1 日出生于江苏无锡一个著名的工商业家族。伯父荣宗敬、父亲荣德生，是旧中国最大的民族资本家。1915 年，荣氏兄弟创办申新纺织公司，被称为"棉纱大王"。荣毅仁早年接受中西方文化的启蒙教育，1937 年毕业于上海圣约翰大学历史系，当时正值日本全面侵华。荣宗敬自上海避居香港，次年 2 月不幸病逝。年仅弱冠的荣毅仁开始辅佐父亲经营庞大的家族企业。他先后任无锡茂新面粉公司助理、经理，上海合丰企业公司董事，上海三新银行董事、经理，逐渐成为荣氏 20 多间家族企业的代表。

中华人民共和国成立前夕，荣氏家族其他成员和上海的其他资本家一样，纷纷离开大陆，而荣毅仁决定留下来。1950 年 6 月，荣毅仁受到了毛泽东主席的亲切接见，聆听了毛泽东主席的教诲，使他深受鼓舞。他坚决拥护并自觉接受中国共产党的领导，拥护社会主义。在国家发行公债时，他主动认购 650 万份。他积极支持抗美援朝，捐献七架飞机和大量物资。

1954 年 5 月，荣毅仁响应党和政府号召，提出对申新纺织公司等荣氏企业实行公私合营，在完成对资本主义工商业的社会主义改造中起了带头作用。荣毅仁在被问到为什么选择社会主义道路时说：解放前夕，我们一家对于共产党的到来是感到惶恐的，我们几个兄弟中，有的跑到泰国去办工厂，有的躲到香港去了。我的父亲因为恨透了帝国主义和国民党，坚决不愿离开祖国。我和他一道留下来了。新中国成立以来，国家强盛了，这是每一个从旧中国过来的中国人最感骄傲的。荣毅仁还指着他的孩子们说：他们有的要做音乐家，有的要做工程师。他们的前途用不着我拿钱去买。谁都认识到，只有实行社会主义，走人人富裕的道路，中国才能够强盛繁荣。

1956 年，他经过深思熟虑后，把自己的商业帝国无偿交给国家，为新中国的工业振兴作出了重要贡献，赢得了普遍尊重，被称为"红色资本家"。当时的国务院副总理陈毅以老市长身份，推举荣毅仁担任上海副市长。1957年后，荣毅仁出任上海市副市长，之后又调任纺织工业部副部长。

1985 年 7 月 1 日，荣毅仁加入中国共产党。1993 年 3 月，当选中华人民共和国副主席。2005 年 10 月 26 日因病在北京逝世，享年 89 岁。

党的正确的方针政策，对社会主义的真诚信仰，农业和手工业社会主义改造运动的巨大声势，推动私营工商业社会主义改造迅速完成。从 1956 年 1 月起，北京市资本主义工商业全部实行公私合营，接着上海、天津、武汉、广州等 118个大中城市也先后实行公私合营。到 1956 年年底全国私营工商业户中的 99%，私营商业中的 82.2%实现了公私合营。这标志着资本主义工商业的社会主义改造已基本完成。

【教师点评】 资本主义工商业的社会主义改造有没有教训呢？中国对资本主义工商业改造的成绩是巨大的，经验是丰富的。当然，在改造的过程中，也有要求过急、步子太快、工作粗糙等缺点和偏差。主要是公私合营的面过宽，改组过多，对原来私营企业的产品特色、经营特点没有吸取，对有些原工商业者的使用处理也不很适当，特别是对私方的技术人员和经营管理人员的知识和经验不够重视，没有充分发挥他们的作用。另外，从今天的认识高度上看，当时受纯而又纯的社会主义模式的影响，片面强调私营经济的落后性，把私营经济与社会主义对立起来，忽视了其对社会主义经济的有益作用，因而在指导思想上和实践中都出现了一些失误。

四、社会主义基本制度的确立及其伟大意义

（一）社会主义改造的完成与社会主义基本经济制度的建立

1956 年，随着社会主义改造的基本完成，基本实现了改变生产资料私有制为社会主义公有制这个极其复杂和困难的历史任务，社会主义的基本经济制度在中国全面地建立起来了。这是中国进入社会主义社会的最主要的标志。

1952 年，个体经济和资本主义经济合计为 79%，占国民收入的绝大部分。到 1957 年，社会主义性质的国营经济、合作社经济和基本上属于社会主义性质的公私合营经济合计为 97%，占到国民收入的绝大多数。中国已经胜利地完成了从新民主主义到社会主义的过渡。

社会主义改造是在生产关系方面由私有制到公有制的一场伟大的变革，它对生产力的发展直接起到了促进作用。社会主义改造的基本完成，使人民民主政权获得了自己的牢固的经济基础。这是人民民主政权得以长期坚持、巩固和发展的重要条件。社会主义的最大优越性，是能够集中力量办大事。如果离开了占主体地位的生产资料公有制经济，国家不掌握主要的经济命脉，没有可供调动的战略物资和其他物质条件，是不可能做到这一点的。还应当看到，只有坚持公有制的主体地位，走共同富裕的道路，中国的经济才能得到持续发展，社会政治局面才能保持稳定，广大群众才能安居乐业，过上幸福富裕的生活。

1981 年 6 月中共十一届六中全会通过的《关于建国以来党的若干历史问题的决议》针对社会主义"三大改造"指出："在过渡时期中，我们党创造性地开辟了一条适合中国特点的社会主义改造的道路。对资本主义工商业，我们创造了委托加工、计划订货、统购包销、委托经销代销、公私合营、全行业公私合营等一系列从低级到高级的国家资本主义的过渡形式，最后实现了马克思和列宁曾经设想过的对资产阶级的和平赎买。对个体农业，我们遵循自愿互利、典型示范和国家帮助的原则，创造了从临时互助组和常年互助组，发展到半社会主义性质的初级农业生产合作社，再发展到社会主义性质的高级农业生产合作社的过渡形式。对

于个体手工业的改造，也采取了类似的方法。在改造过程中，国家资本主义经济和合作经济表现了明显的优越性。到一九五六年，全国绝大部分地区基本上完成了对生产资料私有制的社会主义改造。这项工作中也有缺点和偏差。在一九五五年夏季以后，农业合作化以及对手工业和个体商业的改造要求过急，工作过粗，改变过快，形式也过于简单划一，以致在长期间遗留了一些问题。一九五六年资本主义工商业改造基本完成以后，对于一部分原工商业者的使用和处理也不很适当。但整个来说，在一个几亿人口的大国中比较顺利地实现了如此复杂、困难和深刻的社会变革，促进了工农业和整个国民经济的发展，这的确是伟大的历史性胜利。"①这个评价在今天仍然是适用的，这也是我们评价社会主义改造运动应当遵循的一个基本原则。

(二)社会主义基本政治制度的确立

在逐步推进社会主义改造的同时，中国的社会主义基本政治制度得到了全面确立和进一步发展。

1. 人民代表大会制度的建立

1954 年 9 月，中华人民共和国第一届全国人民代表大会第一次会议在北京召开。

【案例】　　　　　第一届全国人民代表大会第一次会议

中华人民共和国成立之时，人民代表大会制度就被确立为我国的根本政治制度。但在当时，由于解放战争还没有结束，各种社会政治改革还没有在全国范围内进行，经济也需要一个恢复时期，用普选方法产生人大代表、召开全国人民代表大会的条件尚不成熟，因而国家采取了由中国人民政治协商会议代行全国人民代表大会职权的过渡办法，《中国人民政治协商会议共同

① 《关于建国以来党的若干历史问题的决议》，《人民日报》1981 年 7 月 1 日。

纲领》则具有临时宪法的作用。纲领规定，在地方由地方各级各界人民代表会议逐步代行地方各级人民代表大会的职权。

当历史的车轮滚滚行驶到 1953 年，各方面条件日渐成熟。这年 3 月，《中华人民共和国全国人民代表大会和地方各级人民代表大会选举法》公布，全国基层开始普选。到 1954 年 8 月，除个别地方外，地方各级人民代表大会已先后召开。1954 年 9 月 15 日，终于迎来了中华人民共和国第一届全国人民代表大会第一次会议。这次代表总人数 1226 人。他们包括了当时中国所有的民主阶级和民主党派的代表人物，包括了工农业劳动模范，武装部队的英雄人物，著名的文学、艺术、科学、教育工作者，工商界、宗教界的代表人物，包括了中国各民族各阶层人民的代表，其中女代表 147 人，少数民族代表 178 人。

会议在北京中南海怀仁堂开幕，由中央人民政府主席毛泽东致开幕词。会议听取了中华人民共和国宪法起草委员会委员刘少奇的《关于中华人民共和国宪法草案的报告》，中央人民政府政务院总理周恩来的《1954 年政府工作报告》。《政府工作报告》提出："我国伟大的人民革命的根本目的，是在于从帝国主义、封建主义和官僚资本主义的压迫下面，最后也从资本主义的束缚和小生产的限制下面，解放我国的生产力，使我国国民经济能够沿着社会主义的道路而得到有计划的迅速的发展，以便提高人民的物质生活和文化生活的水平，并且巩固我们国家的独立和安全。"①

会议制定并颁布了中国历史上第一部人民的宪法——《中华人民共和国宪法》。这是中国第一部社会主义宪法。该宪法对中国的国家性质、建设社会主义的总目标和步骤、人民代表大会的政治制度和人民的权利和义务等都作了明确的规定。

会议通过了《关于政府工作报告的决议》《中华人民共和国全国人民代表大会组织法》《中华人民共和国国务院组织法》《中华人民共和国人民法院组织法》《中华人民共和国人民检察院组织法》《中华人民共和国地方各级人民代表大会和地方各级人民委员会组织法》《关于中华人民共和国现行法律、

---

① 《1954 年政府工作报告》，《人民日报》1954 年 9 月 24 日。

法令继续有效的决议》。

会议选举毛泽东为中华人民共和国主席、朱德为副主席，刘少奇为第一届全国人民代表大会常务委员会委员长，董必武为最高人民法院院长，张鼎丞为最高人民检察院检察长。大会根据毛泽东主席的提名，决定周恩来为国务院总理。

第一次全国人民代表大会的召开正如毛主席所言，具有伟大的历史意义。这次会议是标志着我国人民从1949年中华人民共和国成立以来的新胜利和新发展的里程碑，这次会议所制定的宪法大大地促进了我国的社会主义事业。

【教师点评】 半殖民地半封建社会的中国，中国人民受到封建主义、官僚资本主义和帝国主义的压迫，人民的权益无法得到保障。中华人民共和国成立后，我们建立了工人阶级领导的、以功能联盟为基础的人民民主专政的社会主义国家，国家的一切权力属于人民。中华人民共和国成立时，我们就确立了人民代表大会制度是保证人民当家作主的根本政治制度和最高实现形式。第一次全国人民代表大会有来自全国各民族各阶层的1000多名代表，是中国人民历史上第一次真正做到当家作主，是新中国人民民主政治建设发展历程中具有标志性的事件。

大会讨论并通过了《中华人民共和国宪法》。这是一部社会主义类型的宪法，体现了人民民主原则和社会主义原则，以根本法的形式确认了近代100多年来中国人民为反对内外敌人、争取民族独立和人民自由幸福进行的英勇斗争，确认了中国共产党领导中国人民夺取新民主主义革命胜利、中国人民掌握国家权力的历史变革，确定了中国人民行使当家作主权利的政治制度，指明了为建立社会主义社会继续奋斗的正确道路。

1954年宪法进一步确立了我国的根本政治制度，明确规定："中华人民共和国是工人阶级领导的、以工农联盟为基础的人民民主国家。""中华人民共和国的一切权力属于人民。人民行使权力的机关是全国人民代表大会和地方各级人民代表大会。""全国人民代表大会、地方各级人民代表大会和其他国家机关，一律实行民主集中制。"宪法还确立了国家体制的格局：全国人民代表大会是最高国家权力机关；国务院即中央人民政府，是最高国家行政机关。

人民代表大会制度是我国的根本政治制度。全国人民代表大会的召开，标志着人民代表大会制度的确立。在中国实行人民代表大会制度，是中国人民在人类政治制度史上的伟大创造，是深刻总结近代以后中国政治生活惨痛教训得出的基本结论，是中国社会 100 多年激越变革、激荡发展的历史结果，是中国人民翻身作主、掌握自己命运的必然选择。在中国这样一个有 5000 多年文明史、几亿人口的国家建立起人民当家作主的新型政治制度，在中国政治发展史乃至世界政治发展史上都具有划时代意义。

2. 中国共产党领导的多党合作和政治协商制度的确立

中国共产党领导的多党合作和政治协商制度是我国的一项基本政治制度，是从中国土壤中生长出来的新型政党制度。

1954 年《中华人民共和国宪法》明确指出："我国人民在建立中华人民共和国的伟大斗争中已经结成以中国共产党为领导的各民主阶级、各民主党派、各人民团体的广泛的人民民主统一战线。"今后，"我国的人民民主统一战线将继续发挥它的作用。"

一届全国人大一次会议召开后，中国人民政治协商会议执行全国人民代表大会职权的任务宣告结束。1954 年 12 月，中国人民政治协商会议举行第二届全国委员会第一次会议。会议通过《中国人民政治协商会议章程》，肯定人民政协作为人民民主统一战线的组织仍然需要存在。会议明确了全国人民代表大会召开后人民政协的性质、地位、作用和任务，以及政协与人大、政府之间的关系等，进一步巩固了人民民主统一战线，为我国长期坚持中国共产党领导的多党合作和政治协商制度奠定了基础。

人民政协是中国共产党把马克思列宁主义统一战线理论、政党理论、民主政治理论同中国实际相结合的伟大成果，是中国共产党领导各民主党派、无党派人士、人民团体和各族各界人士在政治制度上进行的伟大创造。

3. 民族区域自治制度的建立

1954 年《中华人民共和国宪法》的一项重要内容，是从根本大法上确立中国国内各民族间平等友爱互助的关系，保障各少数民族的自治权利。宪法明确规定："中华人民共和国是统一的多民族的国家。""各少数民族聚居的地方实行区域自治。各民族自治地方都是中华人民共和国不可分离的部分。"

民族区域自治制度是我国一项基本政治制度，是中国特色解决民族问题的正确道路的重要内容，是党根据中国历史和现实的特点，运用马克思主义民族理论解决中国民族问题的一项重大创造。1949 年 9 月，《中国人民政治协商会议共同纲领》确定实行民族区域自治制度。1952 年 8 月，中央人民政府公布施行《中华人民共和国民族区域自治实施纲要》。1954 年宪法将民族自治地方规范为自治区、自治州、自治县三级，县以下的少数民族聚居区设民族乡。民族区域自治制度的实行，对于中国在任何复杂的国际国内环境下，始终保持国家完整统一、促进各民族团结互助和发展进步，具有重大而长远的意义。

继内蒙古自治区成立（1947 年 5 月）之后，新疆维吾尔自治区（1955 年 8 月）、广西壮族自治区（1958 年 3 月）、宁夏回族自治区（1958 年 10 月）和西藏自治区（1965 年 9 月）先后成立。中华民族实现了空前的团结和统一。

人民代表大会的根本政治制度、中国共产党领导的多党合作和政治协商制度、民族区域自治的基本政治制度的确立，构成了我国社会主义的政治制度体系，为我国确立社会主义经济基础和相应的经济制度提供了政治保障。

（三）社会主义基本制度确立的意义

近代以来，为了追求现代化目标，世界各国采取了两种不同的制度体系。一种是资本主义的制度体系，另一种是社会主义的制度体系。可以说，社会主义的兴起，其目的就是要解决资本主义发展的弊病，克服资本逻辑和发展的自发性。中华人民共和国成立后，我们党创造性地运用马克思主义国家学说，确立了社会主义国家的国体政体、根本政治制度、基本政治制度、基本经济制度和各方面的重要制度，构建了社会主义国家治理体系，为实现中华民族伟大复兴奠定了根本的政治前提和制度基础。

习近平总书记高度评价我们党完成社会主义革命、建立社会主义制度的伟大意义，指出它"完成了中华民族有史以来最为广泛而深刻的社会变革，为当代中国一切发展进步奠定了根本政治前提和制度基础，为中国发展富强、中国人民生活富裕奠定了坚实基础，实现了中华民族由不断衰落到根本扭转命运、持续走向繁荣富强的伟大飞跃"①。党的十九大报告指出："我们党团结带领人民完成社会主义革命，确立社会主义基本制度，推进社会主义建设，完成了中华民族有史以来最为广泛而深刻的社会变革，为当代中国一切发展进步奠定了根本政治前提和制度基础，实现了中华民族由近代不断衰落到根本扭转命运、持续走向繁荣富强的伟大飞跃。"②

　　首先，社会主义基本制度的确立是中国历史上最深刻最伟大的社会变革。自有文字记载以来，我国经历了多次朝代的更替，以及社会的变革，但每一次都是以一种私有制代替另一种私有制，以一种剥削制度代替另一种剥削制度。而社会主义"三大改造"最突出的特点，就是第一次以公有制代替私有制，顺利实现了生产关系的根本变革，把农民、手工业者的个体经济转变为社会主义集体经济，将资本主义私有制转变为社会主义公有制，消灭了剥削制度和剥削阶级，建立起以生产资料公有制和按劳分配为主要形式与特点的社会主义经济制度。这种经济制度与之前建立起来的人民代表大会制度、中国共产党领导的多党合作和政治协商制度一起，构成了社会主义的基本制度，实现了中国共产党领导中国革命的基本目标。正如党的八大所指出的，"这就表明，我国的无产阶级同资产阶级之间的矛盾已经基本上解决，几千年来的阶级剥削制度的历史已经基本上结束，社会主义的社会制度在我国已经基本上建立起来了"③。

　　其次，社会主义基本制度的确立为当代中国一切发展奠定了制度基础。社会主义制度从根本上保证了工人、农民、知识分子和一切爱国人士管理国家、社会事务的权力和他们的民主权利，使广大劳动人民真正成为国家的主人和社会生产资料的主人，因而极大地提高了工人阶级和广大劳动人民的积极性和创造性，巩固和扩大了工人阶级领导的，以工农联盟为基础的人民民主专政的国家政权的阶

---

　　①　习近平：《在庆祝中国共产党成立 95 周年大会上的讲话》，《人民日报》2016 年 7 月 2 日。

　　②　习近平：《习近平著作选读》（第 2 卷），人民出版社 2023 年版，第 12 页。

　　③　中共中央文献研究室：《建国以来重要文献选编》（第九册），中央文献出版社 1994 年版，第 341 页。

级基础和经济基础。对于中国这样一个经济文化落后的发展中大国来说，选择社会主义制度来推动国家的工业化和现代化，能够提高社会的组织化程度，比较有效地兼顾政治与经济的国家治理方案，尽可能地集中力量办大事的优势。所谓大事，就是在中国现代化进程中最重要的经济社会工程，或者那些"卡脖子"的关键环节，为发展社会生产力开辟广阔的道路。中国社会主义制度建立后，我们就是凭借社会主义"大道理"来推进国家现代化和民族复兴的。在中国共产党的领导下，从工业发展到农业发展，从普及教育到基本医疗保障，我国用一个接一个的五年计划来规划部署现代化的重点任务，从而为中国渐进式发展和可持续发展铺平了道路。经过艰苦卓绝的社会主义建设和波澜壮阔的改革开放，中国已经从"一穷二白"变成了"全面小康"，古老的中华民族以崭新的姿态走近世界舞台中央。这些基本事实告诉人们，中国社会主义基本制度符合中国的国情实际和广大人民的切身利益，具有伟大的生命力。今天中国现代化建设取得的辉煌成就，都离不开选择并且走上了社会主义道路这个基本前提条件。

再次，社会主义基本制度的确立，使占世界人口 1/4 的东方大国进入社会主义社会，这是世界社会主义运动史上又一个历史性的伟大胜利。资本主义的发展建立在对内剥削、对外掠夺的基础上，并用低价商品摧毁弱小国家的民族企业，用坚船利炮把它们变为自己的附属，尤其是对第三世界国家实行不等价交换。而我们的社会主义，则主要是靠自力更生、艰苦奋斗，实行对内改革、对外开放，通过充分利用本土资源，不断完善和发展自己。凭借社会主义的制度优势，为中国发展富强、中国人民生活富裕奠定了坚实基础。中华民族由不断衰落到根本扭转命运、持续走向繁荣富强，中华民族和中国人民在中国共产党的领导下实现了从站起来到富起来并走向强起来的伟大飞跃。中国社会主义制度的确立，进一步改变了世界政治经济格局，增强了社会主义的力量，对维护世界和平产生了积极影响。占世界人口 1/4 的东方大国进入了社会主义社会，这是世界社会主义运动历史上又一个历史性的伟大胜利，为其他相对落后的国家探索民族独立、人民解放和走符合本国国情的现代化发展道路提供了重要经验，对这些国家的人民也是一个巨大的鼓舞。

新中国 75 年的历史发展也证明，社会主义基本制度符合中国的实际情况和广大人民的根本利益，具有伟大的生命力，"只有社会主义才能救中国"是颠扑不破的真理。

本章总结

中华人民共和国成立后，在中国共产党的坚强领导下，我国完成了民主革命的遗留任务，建立和巩固了各级人民民主政权，迅速恢复了国民经济并开展了有计划的经济建设。同时，党领导人民制定了过渡时期总路线，用四年时间完成了对生产资料私有制的社会主义改造，确立了社会主义基本制度，实现了从新民主主义到社会主义的转变。这是历史和人民的正确选择。社会主义制度的建立，成功实现了中国历史上最深刻最伟大的社会变革，为当代中国一切发展进步奠定了根本政治前提和制度基础。

▦ 思考题

1. 谈谈过渡时期总路线提出的历史必然性。
2. 简述中国社会主义改造完成的历史经验。
3. 为什么说社会主义改造的完成是中国历史上最深刻最伟大的社会变革？

第三章

发愤图强：社会主义建设的艰辛探索和曲折发展

📋 教学要求

　　通过本章的学习，引导学生深入了解从 1956 年社会主义制度确立后党领导人民独立探索中国社会主义道路 20 年的历史。通过本章内容的学习，在知识层面上，引导学生了解全面建设社会主义时期的时代背景，在此基础上，学习并掌握中国共产党领导人民建设社会主义道路上的艰辛探索历程，总结党在如何建设社会主义过程中的伟大成绩和经验教训。在价值层面，强化学生对社会主义的政治认同，使其坚定马克思主义信仰，把握毛泽东思想的精髓和基本立场方法，深入理解中国国情，树立正确的历史观，消除历史虚无主义和民族虚无主义倾向。

📋 教学重点

1. 探索社会主义建设道路开局良好
2. 从"大跃进"到"文化大革命"
3. 全面建设社会主义取得的伟大成就
4. 深刻总结社会主义建设中的历史教训

📋 教学难点

1. "文化大革命"发生的原因
2. 党在探索中犯过错误却还能得到人民支持的原因

从 1956 年至 1978 年，是新中国在曲折中艰辛探索社会主义建设的时期。为了尽快实现国家现代化，中国共产党领导全国各族人民，艰苦奋斗，发愤图强，不断探索中国的社会主义建设道路。其中，既有伟大的成就，也有严重的挫折，走过了一条曲折艰辛的探索之路，终于建立起独立的比较完整的工业体系，发展了国防尖端科技，培养了一大批建设人才，为 1978 年以后的发展奠定了基础。

一、社会主义建设的良好开局

随着"三大改造"的基本完成，中国走上了社会主义道路，但是如何建设社会主义呢？这是中国共产党和全国人民必须思考的问题。中国共产党正视中国的国情，提出了马克思主义和中国实际的"第二次结合"，试图找寻一条适合中国的建设道路。在探索的初期，取得了较好的成就，为进一步探索打下了良好的开局。

（一）提出马克思主义和中国实际的"第二次结合"

新民主主义革命的胜利、社会主义改造的完成，是毛泽东为核心的第一代领导集体把马克思列宁主义同中国具体实际相结合的结果。现在，要建设社会主义了，怎样找到一条适合自己情况的社会主义建设道路呢？1956 年 4 月初，在中共中央书记处会议上，鉴于苏联在建设社会主义过程中发生过一些缺点和错误，毛泽东提出：最重要的教训是独立自主，调查研究，摸清本国国情，把马克思列宁主义的基本原理同我国革命和建设的具体实际结合起来，制定我们的路线、方针、政策。现在是社会主义革命和建设时期，我们要进行第二次结合，找出在中国进行社会主义革命和建设的正确道路。他说，现在我们应当"更加强调从中国的国情出发，强调开动脑筋，强调创造性，在结合上下功夫"①。这样在探索中国社会主义建设道路一开始，毛泽东就向全党提出关于实行马克思主义同中国实

---

① 吴冷西：《忆毛主席》，新华出版社 1995 年版，第 9 页。

际的"第二次结合"的任务，为探索适合中国情况的社会主义建设道路提供了基本的指导原则。

【案例】　　毛泽东谈马克思主义与中国具体实际"第二次结合"

1956 年 4 月 4 日中午，毛泽东在中南海颐年堂召集刘少奇、周恩来、彭真、邓小平等开会，最后一次讨论修改《关于无产阶级专政的历史经验》。会上，毛泽东指出：发表这篇文章，我们对苏共二十大表示了明确的但也是初步的态度。议论以后还会有，问题在于我们自己从中得到什么教益。最重要的是要独立思考，把马列主义的基本原理同中国革命和建设的具体实际相结合。民主革命时期，我们吃了大亏之后才成功地实现了这种结合，取得了新民主主义革命的胜利。现在是社会主义革命和建设时期，我们要进行第二次结合，找出在中国怎样建设社会主义的道路。这个问题，我几年前就开始考虑。先在农业合作化问题上考虑怎样把合作社办得又多又快又好，后来又在建设上考虑能否不用或者少用苏联的拐杖，不像第一个五年计划那样搬苏联的一套，自己根据中国的国情，建设得又多又快又好又省。现在感谢赫鲁晓夫揭开了盖子，我们应该从各方面考虑如何按照中国的情况办事，不要再像过去那样迷信了。其实，我们过去也不是完全迷信，有自己的独创。现在更要努力找到中国建设社会主义的具体道路。①

(二)《论十大关系》的发表

为准备召开中国共产党第八次全国代表大会，毛泽东等领导人进行了大规模的调查研究工作。从 1956 年 2 月到 4 月，毛泽东等先后听取了国务院工业、农业、运输业、商业、财政、计划等 34 个部门的工作汇报。在听取汇报的基础上，

① 参见中共中央文献研究室：《毛泽东年谱(一九四九——一九七六)》(第 2 卷)，中央文献出版社 2013 年版。

毛泽东先后在 1956 年 4 月 25 日中央政治局扩大会议和 5 月 2 日最高国务会议上作阐释了十大关系。《论十大关系》报告中，涉及经济方面的有"重工业和轻工业、农业的关系""沿海工业和内地工业的关系""经济建设和国防建设的关系""国家、生产单位和生产者个人的关系""中央和地方的关系"等，涉及政治方面的有"汉族和少数民族的关系""党和非党的关系""革命和反革命的关系""是非关系""中国和外国的关系"等。毛泽东说："提出这十个问题，都是围绕着一个基本方针，就是要把国内外一切积极因素调动起来，为社会主义事业服务"①。刘少奇、周恩来等领导同志也进行了大规模的调查研究工作。

【案例】　　　　　刘少奇为准备中共八大报告做调查研究

刘少奇同志的这次调查研究，是跨年度的，从 1955 年 12 月 7 日开始，一直进行到 1956 年 3 月上旬。刘少奇同志是下了决心的，一个部门一个部门地听汇报、讨论，连续听了三十几个部门负责同志的汇报。这些部门有国家建委、城建总局、一机部、二机部、三机部、农村工作部、煤炭部、电力部、地质部、石油部、建筑工程部、重工业部、国家计委、地方工业部、纺织工业部、轻工业部、手工业管理局、财政部、粮食部、商业部、全国供销合作总社、外贸部、农产品采购部、劳动部、全国总工会、铁道部、交通部、邮电部、民航局、高等教育部、教育部、卫生部、文化部和国家体委等。座谈会基本上是一个部门谈一天，个别部门也有谈上两天的，经常从白天一直开到午夜后。这样一天连着一天谈，进行七八天、十来天，算告一个段落，然后间隔个把星期的样子，再谈七八个部门。总之，刘少奇同志是集中心思来进行这项调查研究工作的，安排得很紧凑，搞得相当紧张。我记得第一次开始谈的是薄一波和万里，薄一波当时是国家建委主任，万里是城建总局的局长。②

---

① 《毛泽东文集》(第 7 卷)，人民出版社 1999 年版，第 23 页。
② 参见邓力群：《我所知道的党的八大的一些历史事实》，载杨胜群、陈晋：《五十年的回望：中共八大纪实》，生活·读书·新知三联书店 2006 年版。

《论十大关系》在指导思想上为召开党的八大做了准备，成为探索社会主义建设道路的起点和初步重大成果。

（三）中共八大路线的制定

1956 年 9 月 15—27 日，中国共产党第八次全国代表大会在北京举行。这次大会是探索我国社会主义建设道路的一个重要里程碑。

第一，八大对社会主义改造完成后国内主要矛盾和主要任务的探索。会议指出，在社会主义制度在我国已经基本建立的背景下，国内的主要矛盾，已经不再是工人阶级和资产阶级的矛盾，而是人民对于经济文化迅速发展的需要同当前经济文化不能满足人民需要状况之间的矛盾；全国人民的主要任务是集中力量发展生产力，实现国家工业化，逐步满足人民日益增长的物质和文化需要；虽然还有阶级斗争，还要加强人民民主专政，但是根本已经由解放生产力变为在新的生产关系下保护和发展生产力。

第二，在经济建设上，八大制定了既反保守又反冒进，在综合平衡中稳步前进的经济建设发展方针，反映了对我国经济发展规律的正确认识。陈云提出的"三个主体、三个补充"的建议，对探索中国经济体制改革有着突破性的指导意义。该建议具体指："在工商业生产经营上，国家经营和集体经营是主体，附有一定数量的个体经营为补充；在生产计划性方面，计划生产是主体，按市场变化在国家计划许可范围内的自由生产是补充；在社会主义统一市场里，国家市场是主体，附有一定范围内的国家领导的自由市场为补充"。毛泽东还提出"新经济政策"设想。这是打破苏联高度集中的计划经济体制模式，探索适合中国特点的经济体制的重要步骤。

【案例】　　　　毛泽东提出"新经济政策"设想

1956 年 12 月 7 日晚上，毛泽东在中南海颐年堂邀集全国工商联和民主建国会在京的主任委员和副主任委员座谈，陈叔通、黄炎培、李烛尘、胡厥文、荣毅仁、盛丕华、黄长水、巩天民、施复亮、孙起孟、南汉宸、许涤新、陈经畬出席，刘少奇、陈云、陆定一、薄一波、徐冰等参加。荣毅仁说：现在供、产、销三项计划对不起头，要搞到中央部里才能解决。陈云说：计划要分批。重要产品要有计划，日用产品要自由主义。毛泽东认为：现在我国的自由市场，基本性质仍是资本主义的，虽然已经没有资本家。它与国家市场成双成对。上海的地下工厂同合营国有企业也是对立物。因为社会有需要，就发展起来。要使它成为地上，合法化，可以雇工。现在做衣服要三个月，合作工厂做的衣服裤腿一长一短，扣子没眼，质量差。最好开私营工厂，同地上的作对，还可以开夫妻店，请工也可以，这叫新经济政策。我怀疑俄国新经济政策结束得早了，只搞了两年退却就转为进攻，到现在社会物资还不充足。还可以考虑，只要社会需要，地下工厂还可以增加。可以开私营大厂，订个协议，十年、二十年不没收。华侨投资的，二十年、一百年不要没收。可以搞国营，也可以搞私营。可以消灭了资本主义，又搞资本主义。现在国营、合营企业不能满足社会需要，如果有原料，国家投资又有困难，社会有需要，私人可以开厂。定息时间要相当长，急于国有化，不利于生产。韩愈有一篇文章叫《送穷文》，我们要写送穷文。中国要几十年才能将穷鬼送走。①

第三，在政治上，八大确定了扩大社会主义民主，健全社会主义法治，党和政府的活动要有法可依、有法必依的方针。在执政党建设方面，八大强调要提高全党的马克思列宁主义思想水平，健全民主集中制，坚持集体领导，反对个人崇拜，发展党内民主和人民民主，加强党同人民群众的联系等。

随后的八届一中全会，选举毛泽东为主席，刘少奇、周恩来、朱德、陈云为副主席，邓小平为总书记，组成中央政治局常务委员会。

中共八大路线是正确的。它标志着中国共产党在探索社会主义建设道路上前进了一大步。它明确了社会主义改造任务完成后，党的工作重心将转移到社会主义经济建设方面去，并将在经济体制、政治体制等方面进行必要的改革，它为社

① 中共中央文献研究室：《毛泽东年谱(一九四九——一九七六)》(第3卷)，中央文献出版社2013年版，第45-47页。

会主义事业的发展和党的建设指明了方向。

(四)《关于正确处理人民内部矛盾的问题》的发表

社会主义改造基本完成后，不少人对新的社会制度还不能马上适应，再加上党和政府的一些工作部门存在着主观主义、官僚主义作风，引起一些群众的不满。1956年下半年，一些地区出现了工人罢工、学生罢课、农民退社等情况。与此同时，国际上出现的波兰、匈牙利事件，也在国内引起一些人的思想波动。各级领导干部对此缺乏思想准备，或者束手无策，或者习惯把一些闹事问题作为敌我矛盾来处理。研究如何处理人民内部矛盾成为突出的重大课题。

1957年2月，毛泽东在最高国务会议上发表《如何处理人民内部的矛盾》(后改为《关于正确处理人民内部矛盾的问题》)的讲话。他指出：矛盾是普遍存在的，社会主义社会也充满着矛盾，正是这些矛盾推动着社会主义社会不断地向前发展。社会主义社会的基本矛盾仍然是生产力和生产关系、经济基础和上层建筑之间的矛盾，这些矛盾可以经过社会主义制度本身的自我调整和完善，不断得到解决。这一论断第一次科学揭示了社会主义社会发展的动力，也为后来的社会主义改革奠定了理论基础。

毛泽东还指出：社会主义社会存在着敌我矛盾和人民内部矛盾两类性质根本不同的矛盾。前者需要用强制的、专政的方法去解决，后者只能用民主的、说服教育的、"团结—批评—团结"的方法去解决。他把正确处理人民内部矛盾提升到国家政治生活主题的高度，强调革命时期大规模的疾风暴雨式的群众阶级斗争基本结束，我们的根本任务已经由解放生产力变为在新的生产关系下面保护和发展生产力。

《关于正确处理人民内部矛盾的问题》在马克思主义发展史上具有开创性意义。毛泽东深入研究社会主义社会的矛盾问题，形成一套系统的关于社会主义社会矛盾的学说，丰富和发展了科学社会主义理论，对党和社会主义建设事业具有长远的指导意义。

（五）全党整风和反右派斗争

根据党的八大精神和党内外出现的新情况、新问题，中央决定从整顿党的作风入手，克服官僚主义、宗派主义和主观主义，正确处理人民内部矛盾。1957年4月27日，中共中央发出《关于整风运动的指示》。毛泽东后来指出，党希望通过整风，形成又有集中又有民主，又有纪律又有自由，又有统一意志、又有个人心情舒畅生动活泼的政治局面。广大干部群众包括许多有影响的党外人士积极响应号召，对党和政府的工作以及党政干部的思想作风提出大量批评和建议。绝大多数意见比较中肯，富有建设性，对我党整风、改正缺点错误大有益处。

然而，随着整风运动的开展，许多复杂情况出现了。极少数人乘机向党和新生的社会主义制度发动进攻。他们把共产党在国家政治生活中的领导地位攻击为"党天下"，要求"轮流坐庄"，把人民民主专政的制度说成是产生官僚主义、宗派主义和主观主义的根源。这种异常现象引起毛泽东的警觉。

6月，毛泽东及党中央要求组织力量反击右派分子进攻。对极少数右派分子的进攻进行反击，对反对党的领导、反对社会主义道路的思潮进行批判，是完全必要的，也是正确的。但是，由于对阶级斗争的形势作了过于严重的估计，把大量人民内部矛盾当作敌我矛盾，把大量思想认识问题当作政治问题，反右派斗争被严重地扩大化了。这是党的历史上的一大教训，使党探索中国社会主义建设道路的良好开端遭受挫折。

尽管有反右派斗争的一些失误，但从全局看，实际上我国在这时期取得了社会主义改造的基本胜利，"一五"计划超额完成；理论上我国对社会主义建设道路进行了积极的探索，取得了一些初步的但又非常重要的理论成果。因此，这两年也就成为全面建设社会主义时期的良好开局。

二、社会主义道路的艰辛探索

为了尽快改变中国贫穷落后的面貌，党力图在探索社会主义建设道路中打开一个崭新的局面。"大跃进"和人民公社化运动由此发生。

（一）"大跃进"和人民公社化运动的发动

1. 总路线的提出

1957 年"一五"计划提前完成，增强了中国共产党人领导经济建设的自信心。中共中央认为，经济建设可以搞得多一些、快一些、好一些、省一些。为了实现工作重心的转移，完成经济建设的伟大任务，1958 年 5 月，在北京召开了八大二次会议，会议提出了"鼓足干劲，力争上游，多快好省地建设社会主义"的社会主义建设总路线。

总路线反映了广大人民群众迫切要求改变国家经济文化落后状况的普遍愿望，但又不可避免地存在着忽视客观的经济规律，否定国民经济的综合平衡，夸大主观意志和主观努力作用的错误。总路线提出的"多快好省"这四个字，本来是相互制约的，但在宣传中片面地突出了一个"快"字，提出"速度是总路线的灵魂"，致使在执行总路线的过程中出现了片面强调多、快，忽视好、省，严重违反了经济发展规律。人们的头脑开始发热，中央和地方许多同志，特别是毛泽东在胜利面前滋长了骄傲自满情绪，急于求成，因而在总路线提出不久，未经过调查研究和试点，就在全国发动了"大跃进"运动和农村人民公社化运动。

2. "大跃进"运动

1958 年 8 月，中共中央在北戴河召开政治局扩大会议，讨论并批准了 1959 年的国民经济计划和第二个五年计划的主要指标，提出了"超英赶美"计划，规定了与实际不相符的粮食产量、钢产量和棉花产量。此后，农业"大跃进"和群众性的大炼钢铁运动由此展开。这场运动，违背了科学规律，不但造成了人力和财力的极大浪费，而且打乱了国民经济的正常秩序，导致国民经济比例严重失调。"大跃进"还导致虚假风、浮夸风蔓延。

【案例】 "为完成 1070 万吨钢而奋斗"

1958 年，数字 1070 成为年度热词。准确地说，是 1070 万吨钢成为那一年的热词。

1958 年 5 月召开的中共八大二次会议，通过了"鼓足干劲，力争上游，多快好省地建设社会主义"的总路线，通过了 15 年在主要的工业产品产量方面赶超英国的目标，通过了"苦干三年，基本改变面貌"的口号。会后，"大跃进"运动在全国范围内开展起来，其主要标志就是片面追求工农业生产和建设的高速度，不断大幅度提高计划指标和缩短完成时间。1958 年 8 月，北戴河中央政治局扩大会议正式决定，1958 年钢产量要比 1957 年翻一番，达到 1070 万吨。

1958 年 9 月 1 日，《人民日报》刊发题为《立即行动起来，完成把钢产量翻一番的伟大任务》的社论。社论要求，"全力保证实现钢产量翻一番，是全党全民当前最重要的政治任务"。要"采取中央企业和地方企业同时并举、大型企业和中小型企业同时并举、土法冶炼和现代化冶炼同时并举的方针"，"同时间赛跑"，大战苦战 4 个月，哪怕"1 个小时也不能浪费"。

应当说，1958 年钢产量翻一番任务提出来的时候，我国面临的形势是异常严峻的。因为 1958 年前 8 个月，我国钢铁的产量只有 400 多万吨，尚有 600 多万吨的任务等待完成。为了在余下的短短 4 个月时间里完成钢铁产量翻番任务，一场前所未有的全民大炼钢铁运动，在全国各地轰轰烈烈地开展起来。

各级党委第一书记挂帅，动员 9000 多万人上山，砍树挖煤，找矿炼铁，建起几百万座小土高炉、小土焦炉，用土法炼钢。有的地方，甚至动员人们把家里做饭用的铁锅砸碎，用作炼钢炼铁的原料。一些大中型钢铁企业，也打破各种规章制度，大搞群众运动。同时，电力、煤炭、运输等行业掀起了"全民大办"热潮，形成所谓"以钢为纲，全面跃进"的局面。

高指标带来高估产，引发严重的浮夸风。10 月 19 日，新华社发布一条新闻，震动全国。新闻说，"广西鹿寨县放出了一颗极为振奋人心的全国最大的生铁卫星，这个县在 17 日下午 2 时到 18 日下午 2 时的一天内，生产出生铁二十万零七千二百四十三吨；另外生产出烧结铁二十八万八千一百三十九吨。这个县一天的产量，就等于今年国家分配给广西壮族自治区的全年任务"。如果新闻中所报道的内容是真实的，意味着这个县若能全年无休地"跃进"，生铁年产量将达到 7564 万吨。实际上，直到 1992 年，全国的生铁年产量才达到 7561 万吨。

经过几个月的蛮干，再加上一定程度的虚报浮夸，到 1958 年年底，全国共生产钢 1108 万吨，生铁 1369 万吨。但由于生产工艺达不到标准，合格的钢只有 800 万吨，合格的铁只有 900 多万吨。

【教师点评】 群众运动式的大炼钢铁运动，打乱了正常的生产秩序，致使工业和农业、工业和交通运输业以及工业内部之间的比例严重失调。同时，由于大量农村劳动力被抽走，大量运输工具和牲畜被征用支援炼钢，大量秋季农作物因无人收割而烂在地里，许多地方冬小麦没能及时播种。此外，将各类家用铁具投入炼铁生产，造成了大量生活资料的损失；一些地方为大炼钢铁，滥采滥挖煤炭和铁矿石，乱砍滥伐林木，严重破坏了生态环境，留下了深刻的历史教训。

【案例】　　　　农业生产"大跃进"与虚假风、浮夸风

为了实现农业生产的"大跃进"，人们不断地提高和修改粮食生产计划指标。而为了实现生产计划，人们开始弄虚作假。1958 年 6 月 8 日，报纸率先报道了河南省遂平县放出的小麦亩产 1052.5 公斤的"卫星"，随后"卫星"越放越大，小麦亩产高达 4292.5 公斤，水稻亩产高达 65217 公斤。《人民日报》还曾报道了一个高产典型——河北省徐水人民公社，计划发射"高产卫星"，一亩红薯 60 万公斤，一颗白菜 250 公斤，小麦一亩 10 万公斤，亩产皮棉 2500 公斤。7 月 23 日，《人民日报》社论《今年夏季丰收说明了什么》宣称，"只要我们需要，要生产多少就可以生产出多少粮食来"。

【教师点评】 应当肯定，"大跃进"的出发点是好的，就是希望在较短时间内，使国家富强起来。从理论上讲，社会主义要巩固和发展，并最终战胜资本主义，就必须大力发展生产力。但是"大跃进"运动不但没有加速发

展我国的生产力，相反却极大地破坏了我国生产力的发展。

由于违背经济发展的客观规律，"大跃进"的直接后果不仅没有加速我国生产力的发展，相反还造成了我国国民经济比例的严重失调及人民生活水平的严重下降。据统计，我国农业、轻工业生产1959年、1960年连续大幅度下降，只有重工业在冒进。1960年与1957年比，农业比重由43.3%下降到21.8%，轻工业由31.2%下降到26.1%，而重工业则由25.5%增至52.1%，人民生活则出现连续三年的严重困难。

3. 人民公社化运动

"大跃进"起来后，由于人们思想的狂热而认为现有的生产关系难以容纳飞速发展的生产力。于是毛泽东提出了建立人民公社的设想，就是逐步地、有秩序地把工、农、商、学、兵组成一个大公社，以这种公社作为中国社会的基层单位。人民公社运动很快在全国兴起。

人民公社的基本特点是"一大二公"。所谓大，就是规模大，职能多。一个公社少则四五千户，多则上万户人家，一乡范围内的工、农、商、学、兵，农、林、牧、副、渔，以至党、政、军等方面的工作全部集中到公社统一管理。所谓公，就是公有化程度高。农民原有的财产全部上交公社统一核算、统一分配；社员的自留地、自养牲畜、自营的果树林以及一些较大的农具等被收归集体所有；家庭副业、小商小贩和集市贸易等都被当作"资本主义尾巴"取缔。公社内部实行供给制和工资制度相结合的分配制度，要求逐步缩小按劳分配，扩大按需分配。同时人民公社在组织形式上，实行"政社合一"的体制，实行组织军事化，行动战斗化，生活集体化等。可见，人民公社制度初创时带有浓厚的平均主义和军事共产主义色彩。

【教师点评】 人民公社运动的实质，是试图在生产力不发达的基础上，建立一个平等、平均、公平合理的社会。但无情的事实很快证明，人民公社并没有把人民引入共产主义"天堂"，相反却造成对农民利益的损害，严重影响了农村生产力的发展。

人民公社化运动严重地脱离了农村的生产力水平，致使"一平二调"之风泛滥，损害了广大的社员和小集体的利益。

随着"大跃进"和人民公社化运动的展开，以高指标、"共产风"、"浮夸风"、"瞎指挥"为标志的"左"的错误迅速泛滥开来，严重背离了毛泽东在《论十大关系》中提出的正确原则，把我国的经济几乎推向崩溃的边缘。

(二)纠"左"的努力及波折

1. 纠"左"的努力

毛泽东是"大跃进"和人民公社化运动的积极倡导者和推动者，又是中央领导集体中较早地觉察并实际纠正"左"倾错误的领导人。1958年秋冬之间，党中央及毛泽东开始发现"大跃进"和人民公社化运动中出了不少乱子。从1958年11月第一次郑州会议到1959年7月庐山会议前期，党中央领导整顿人民公社，调整高指标，作了初步纠正"左"倾错误的努力，"共产风"、浮夸风、高指标和瞎指挥得到初步遏制，形势开始有所好转。

这期间，党中央和毛泽东对社会主义建设规律得到一些新的认识。主要包括：生产关系一定要适合生产力的性质；价值法则是一个伟大的学校，必须利用价值规律为社会主义服务；要以"农、轻、重"为序进行社会主义建设；综合平衡是整个经济工作的根本问题，国民经济应当有计划按比例发展。这些认识是纠"左"取得初步成效的重要原因，也是党探索中国社会主义建设道路的重要成果。但是，纠"左"是在肯定"大跃进"和人民公社的前提下和框架内进行的，初步好转的形势还很不巩固。

【案例】 **毛泽东在第一次郑州会议上的发言**

1958年11月6日晚上，在郑州河南省委第二招待所主持第一次郑州会议，讨论人民公社和新四十条。刘少奇、邓小平、李井泉、谭震林、陶铸、杨尚昆、胡绳第一次出席会议，出席的还有李富春、柯庆施、陈伯达、欧阳钦、林铁、王任重、张德生、曾希圣、陶鲁笳、舒同、周小舟、张仲良、吴芝圃、张承先、史向生、吴冷西、张春桥、李友九。会议一开始，毛泽东提出由邓小平更替吴芝圃主持社会主义建设纲要四十条的起草工作。接着，毛泽东讲话。他说：现在他们搞了一个新四十条的草案，这次会我原来的目的不是搞这个，是搞人民公社的性质问题。我派了陈伯达、张春桥、李友九，还有田家英、吴冷西，分别到遂平县、修武县和七里营乡去作调查，又请来几个省委书记想研究这个问题。但是一来，他们的题目变了，许多人说是不是搞一个新四十条。共产党搞了这么多年，就不晓得搞工业要以钢铁为纲。一个钢铁，一个粮食，一个机械，这是三大元帅，还有两个先行，电力和铁路。什么叫建成社会主义？什么叫过渡到共产主义？我昨天晚上跟河南同志商量，他们说由集体所有制过渡到全民所有制只要四年。我们在北戴河写了少者三四年，多者五六年或者更多一点时间，这个东西我总是动摇着，究竟能不能办到？能不能把农业办得跟工厂一样？产品能够调拨，积累能够调拨。河南说四年，我看四年比较困难一些，我给你们加一倍，八年。山东范县说两年过渡到共产主义，我看它那个时间太短。有两个过渡，第一个是由集体所有制过渡到全民所有制，大体需要多少时间？这次我们不要作决议案，交换一点意见。当邓小平说应有一个标准，有高标准、低标准时，毛泽东说：标准就是鞍钢、郑州的砂轮厂。第二个是从社会主义过渡到共产主义，从全民所有制到各取所需。现在我们先讲第一个过渡。现在我们对共产主义，只是吹，苏联也还没有实现。这第二个过渡，我们不要冒险，但是凡可以做的，我们就做，如吃饭不要钱和别的公共福利，这些你不能不说是共产主义的因素。什么叫由集体所有制过渡到全民所有制，什么叫从社会主义过渡到共产主义，你们去议一个标准。毛泽东说：现在必须搞工业。不能说两三年以农业为主，两三年以后再搞工业。要提倡每一个公社生产商品，不要忌讳"商品"这两个字。它现在有作用。你不生产商品，就只有饭吃，生活不能富裕，没有工资或工资很少。当邓小平说我们现在的供给制还是有共产主义因素时，毛泽东说：是呀，还是讲因素，要扫除障碍，为准备过渡到共产主义奠定基础。至于哪一年准备好，到时候再看。现在许多地方宣布公社为全民所有制，徐水已经宣布了，登了报的。我提出了一个问题，他就答不出来。恐怕河南也有很多公社宣布了。它是大集体所有制，就它那个公社范围以内来说，某一些主要之点可以说是全民所有制，不能就全部来说。至于从省的范围，它还不是。所以，斯大林这本书要再看一遍，以便比较。此外，我们还印了一本关于破除资产阶级法权问题的材料，要看几遍，以便研究这个问题。还有两个问题，一个是钢的指标；一个是城市人民公社如何搞法，现在是人心惶惶，不可终日。资本家、演员、教授、工程师，还有我们的干部，是不是原则上不降低生活标准。我们党内可以略为调整一下，实际上降低一点，但是不要宣布。毛泽东说：明年一月一号就开始，农民一定要睡八小时觉，四小时吃饭、休息，二小时学习。搞一个农民的作息时间表，否则不能持久。至于工人，十二小时工作是不能持久的。今年这一年，好事多得很，开辟了道路，有好多是过去不敢设想的。[1]

2. 庐山会议与纠"左"进程的中断

1959 年 7 月 2 日至 8 月 1 日，中共中央在江西庐山召开政治局扩大会议。毛泽东提出 18 个问题，要求与会者讨论。其出发点是统一全党的认识，巩固纠"左"成果。但是党内的高层领导对 1958 年以来的工作和当前形势的估计存在着严重分歧。7 月 14 日，彭德怀给毛泽东写信，着重指出"大跃进"存在的严重问题和突出矛盾，认为这些矛盾的性质"是具有政治性的"；犯错误的主观原因，一是"犯了不够实事求是的毛病"，二是"小资产阶级的狂热性"。7 月 23 日，毛泽东在会上发表讲话，错误地对彭德怀的信提出尖锐批评，会议转向反右倾，造成了彭德怀等人的冤案、错案。随后，"反右倾"斗争在全国展开。

庐山会议在经济建设上打断了纠"左"的进程，使错误延续了更长时间，造成了更加严重的国民经济比例失调，尤其是使农业生产遭到了极大破坏；加上当时的自然灾害和苏联政府背信弃义地撕毁合同、撤走全部专家，中国国民经济在 1959 年到 1961 年发生严重困难，国家和人民遭受了不应有的灾难。

---

[1]　参见中共中央文献研究室：《毛泽东年谱（一九四九——一九七六）》（第 3 卷），中央文献出版社 2013 年版。

(三)国民经济的调整

1. "调整、巩固、充实、提高"八字方针的制定

面对严重经济困难,党中央和毛泽东决心认真调查研究,纠正错误,调整政策。1960年11月,中央发出《关于农村人民公社当前政策问题的紧急指示信》,要求全党用最大努力坚决纠正"共产风";1961年1月,党的八届九中全会决定对国民经济实行"调整、巩固、充实、提高"的八字方针。

【案例】 "调整、巩固、充实、提高"八字方针的由来

1960年7月5日至8月10日,中共中央在北戴河召开工作会议,研究国际问题和国内农业等问题。会议期间,突然接到苏联撕毁合同、撤走专家的消息,议题遂转向压缩基本建设战线,对经济进行调整。

8月10日,毛泽东在会上作了重要讲话,特别强调了农业问题。他说:民以食为天,第一条是吃饭,请同志们注意。要搞好夏季秋季的田间管理、追肥。秋收要力争多打粮食。无论哪一个省、哪一个县、哪一个公社,多打粮食、多搞菜、多搞代食品(野生的)。总而言之,韩信将兵,多多益善。为此,他主张多给农民自由,农村在以集体所有制占优势的前提下,要有部分的个人所有制,只有大集体、没有小自由不行。个人所有制的部分一定还是要的,就是讲,田边屋后总要给他一点自留地。

这次工作会议通过了《中共中央关于全党动手,大办农业,大办粮食的指示》,以及《中共中央关于开展以保粮、保钢为中心的增产节约运动的指示》。同时,会议还初步讨论了对国民经济进行调整的问题。

8月13日,周恩来在政协形势报告会上,讲了这次北戴河会议的基本精神。他首先讲农业问题:中国是一个很大的农业国,经济上是落后的,为了摆脱落后,必须使农业这个基础过关。两年来城市人口增加3000万,农业人口流入城市的现象还未很好扭转过来。这不利于农业生产。城市的劳动

力有一部分要坚决回农村去，工业支援农业，首先要在劳动力上支援。接着，他讲了经济调整问题：由于大跃进，各方面都想搞些建设，使我们各方面都能得到发展，这个愿望是好的，但不论计划内的或计划外的，都常常突破原来的指标，影响设备、器材等不够分配，工作上显得百废俱兴，人力物力分散了，搞得很紧张，使我们不能很好地集中力量，因此我们不能不在计划上加以调整，所以要缩短基本建设战线。缩短基本建设战线，不仅在经济战线上要缩短，而且在文教战线上也要缩短。战线太长，不能集中力量打歼灭战。我们要缩短战线，集中力量打歼灭战，不能分散力量，这才会使我们的建设更快。周恩来的讲话，明确提出了对国民经济进行调整，强调要缩短基本建设战线。

根据北戴河会议提出的要对国民经济进行整顿和调整的精神，国家计委从8月中旬开始讨论重新编制1961年的国民经济计划控制数字。李富春在讨论中提出"应以整顿、巩固、提高为主，增加新的生产能力为辅，着重解决配套、补缺门、前后左右和品种质量问题，以便取得主动"。8月底，国家计委在向国务院汇报时，提出对国民经济进行"整顿、巩固、提高"。周恩来加了"充实"两个字，并将"整顿"改为"调整"。这就是"调整、巩固、充实、提高"八字方针的由来。

1960年9月30日，中共中央批转国家计委党组《关于1961年国民经济计划控制数字的报告》，批语中说：1961年，我们要"把农业放在首位，使各项生产、建设事业在发展中得到调整、巩固、充实和提高"。中央文件中第一次出现了调整国民经济的八字方针。

以这两件事为标志，"大跃进"运动实际上已被停止，国民经济开始转入调整的新轨道。

毛泽东在八届九中全会以及为准备这次全会而召开的中央工作会议上，号召全党恢复实事求是、调查研究的作风。之后，毛泽东、刘少奇、周恩来、朱德、陈云、邓小平等中央领导人带头深入基层调查研究。为系统解决农村人民公社存在的问题，毛泽东于1961年3月主持起草《农村人民公社工作条例（修正草案）》（农业六十条）。在条例起草和修订期间，全党的认识不断深化，开始逐步解决农民强烈反映的公共食堂等问题。

全党大兴调查研究之风，为各领域的调整提供了重要的思想基础。工业领域调整围绕降低钢产量等指标和整顿企业秩序展开。1961 年 9 月，中央作出《关于当前工业问题的指示》，强调必须当机立断，把工业生产和基本建设的指标降到确实可靠、留有余地的水平上。同时，中央发布试行《国营工业企业工作条例（草案）》（工业七十条），对于恢复和建立企业正常生产秩序发挥了积极作用。

同经济工作调整相配合，科学、教育、文化等领域也进行了调整。其中心内容是调整党和知识分子的关系，落实知识分子政策；坚持"百花齐放、百家争鸣"的方针；健全必要的规章制度，以恢复正常秩序，保证各方面工作的顺利进行。为进一步调动知识分子积极性，1962 年 3 月，周恩来在《论知识分子问题》报告中，肯定我国知识分子的绝大多数已经是属于劳动人民的知识分子，强调在社会主义建设中要发挥科学和科学家的作用，使知识分子受到很大鼓舞。

2. 七千人大会的召开

为进一步总结"大跃进"以来的经验教训，统一认识，增强团结，1962 年 1 月 11 日至 2 月 7 日，党中央在北京召开扩大的中央工作会议（七千人大会）。

刘少奇代表中央提出的书面报告草稿，总结了"大跃进"以来经济建设工作的经验教训，分析了产生缺点错误的原因。1962 年 1 月 30 日，毛泽东在大会上发表讲话，作了自我批评，强调在社会主义建设上，我们还有很大的盲目性，今后要下苦功夫调查研究，弄清楚社会主义经济的规律。要使中国赶上和超过世界上最先进的资本主义国家，没有一百多年的时间是不行的。这是党中央和毛泽东对社会主义建设长期性的进一步认识。邓小平、周恩来分别代表中央书记处和国务院在大会上作自我批评，并提出了恢复党的优良传统和克服目前困难的主要办法。

【案例】　　　　毛泽东等中央领导带头做自我批评

1962 年 1 月 30 日，毛泽东在大会上讲话，针对困难局面，他主动承担了责任：凡是中央犯的错误，直接的归我负责，间接的我也有份，因为我是中央主席。我不是要别人推卸责任，其他一些同志也有责任，但是第一个负责的应当是我。……不负责任，怕负责任，不许人讲话，老虎屁股摸不得，凡是采取这种态度的人，十个就有十个要失败。人家总是要讲的，你老虎屁股摸不得吗？偏要摸！说到这里，毛泽东大手一伸，非常形象地作了一个"摸"的动作。顿时，会场里笑声一片。中央政治局几位常委分别在会上讲了话。

2月3日，周恩来在福建组会议上讲话。他说，唐代皇帝李世民，能听魏徵的反对意见，"兼听则明"，把唐朝搞得兴盛起来。他们是君臣关系，还能做到这样，我们是同志关系，就更应该这样了。我们要提倡讲真话，即使是讲过了火的也要听。总之，就是要恢复"说真话，鼓真劲，做实事，收实效。这四句话归纳起来就是：实事求是"。

同日，朱德在山东组会议上发言。他指出：解决党内问题还是要和风细雨，正确地开展批评和自我批评。领导工作发生了错误，只要上面肯做自我批评，下面怨气就容易消。他提出要很好地爱护干部，尊重党员的权利。对犯了错误的同志，应当治病救人，不能搞惩办主义，无情打击。作为领导者应当注意。反"左"容易出右，反右容易出"左"。这种情况，有"左"反"左"，有右反右，有啥反啥，没有就不反。不要一说反什么就自上而下地来个普遍化。

2月6日，邓小平在大会上发言。针对过去几年的工作，他评价说：最近几年，我们党的领导，党的工作，是有严重缺点的。特别重要的是实事求是、说老实话，群众路线，民主集中制这三个方面的党的优良传统受到了相当程度的削弱，有些地方甚至是严重的削弱。被削弱的原因有两条：一是忽视调查研究，因而所提出的一些任务往往不是实事求是的，所提的一些口号，也有许多不是切合实际的；二是这几年运动中斗争过火，伤害了一大批党内外干部，因而在党内滋长了一种不如实反映情况，不讲老实话，怕讲老实话的坏风气。现在必须把党的优良传统恢复起来，加强起来，发扬起来。我们现在是执政党，执政党也不是很容易当的。同志们不要以为建设社会主义没有问题了，也不要以为有了权就好办事，有了权就可以为所欲为，那样就非坏事情不可。

在中央主要领导的带动下，各省、直辖市、自治区召开动员会和小组会议，号召大家打消顾虑，趁热打铁，把"气"出完，重点是对省、市、自治区党委，各中央局，中央与国家机关及同级的负责同志提出批评意见。与此同时，这些负责同志对几年来工作的失误进行认真检讨和自我批评。①

【教师点评】 七千人大会总的来说是一次成功的会议。首先，进一步总结新中国成立以来的工作经验，特别是近4年的工作，纠正了错误，切实做好国民经济的调整、巩固、充实和提高，扭转国民经济的困难局面；其次，加强民主集中制，加强集中统一，起到了团结和动员全党，齐心协力为战胜严重困难而斗争的作用；最后，会议发扬党内民主，倡导批评与自我批评，克服不良作风，在党的建设上影响深远。

七千人大会之后，调整国民经济采取的主要措施是：

一是大力精简职工，减少城镇人口。中共中央决定，在1961年减少城镇人口1000万人、精简职工870万人的基础上，用两年的时间，再减少城镇人口2000万，精简职工1000万人以上。这样既减少了工资开支和粮食销量，稳定了物价，又加强了农业第一线。据统计，从1961年1月到1963年6月，全国精简职工1887万人，城镇人口减少2800万。这对于改善城乡关系，争取财政经济状况的根本好转，起了很大作用。

二是压缩基本建设规模，停建缓建大批基本建设项目。缩短过长的基本建设战线，使之同工农业生产水平相适应，是改变国民经济比例失调的关键。积累率就从1960年的39.6%降到1961年的19.2%，1962年又降到10.4%。基本建设的大中型项目，从1960年的1815个减少到1961年的1409个，1962年又降到1004个。这样就有可能腾出更多的人力、物力和财力去加强农业、轻工业等薄弱环节，改善人民的生活，使失调的比例关系逐步协调起来。

三是缩短工业战线，实行必要的关、停、并、转。对重工业生产，除了某些薄弱环节如采掘、采伐等部门要加强外，对冶金、机械、煤炭、建材等重工业部门都有计划地降低了发展速度。煤炭、石油、化肥、自行车等14种短线产品和

---

① 张珊珍：《党史必修课》，人民日报出版社2017年版，第188-190页。

拖拉机、内燃机、交通运输车辆的生产能力，都保留下来并在"并转"中得到充实和加强。同时，充实了以工业品为原料的轻工业品和手工业品的生产，发展了塑料、化学纤维、合成洗涤品等新兴工业，保住了石油工业。这对于克服严重的经济困难起了相当重要的作用。

四是从人力、物力、财力各方面加强和支援农业战线，加强农村基层的领导力量。在农业政策的调整中，一些地方进行了包括包产到户在内的各种形式的农业生产责任制尝试，取得了较好效果。

五是加强对国民经济的集中统一领导。中央先后对计划、银行、财政、物资、基本建设等集中管理问题作出严格规定和具体要求，使中央控制的财政收入由 50% 提高到 60%。

3. 调整任务的基本完成

经过七千人大会前后的调整，从 1963 年夏开始，各项建设事业呈现明显的健康发展势头。到 1965 年年底，调整国民经济的任务全面完成。工农业生产总值超过历史最高水平；农轻重的比例关系得到改善；积累与消费的比例关系基本恢复正常；财政收支平衡，市场稳定，人民生活水平有所提高。"大跃进"和人民公社化运动带来的严重困难局面，依靠党和人民艰苦卓绝的努力终于得到改变。

（四）"四个现代化"战略目标的制定

当国民经济调整工作取得巨大成就的时候，党适时提出了新的奋斗目标。

1964 年年底，周恩来在三届全国人大一次会议上郑重提出实现"四个现代化"的历史任务，即"在不太长的历史时期内，把我国建设成为一个具有现代农业、现代工业、现代国防和现代科学技术的社会主义强国，赶上和超过世界先进水平"。

中央还确定分两步走实现现代化的战略构想，即从第三个五年计划开始，第一步，经过三个五年计划时期，建立一个独立的比较完整的工业体系和国民经济体系；第二步，全面实现农业、工业、国防和科学技术的现代化，使中国经济走在世界前列。

"四个现代化"从此成为党和全国各族人民的共同奋斗目标，成为凝聚和团结全国各族人民不懈奋斗的强大精神力量。

"四个现代化"战略目标的提出，有一个历史过程，反映了中国共产党人对中国现代化从内涵到实现时间、实现步骤的不断探索。1954 年 9 月 23 日，周恩来在第一届全国人大一次会议作政府工作报告，代表党中央第一次提出关于"四个现代化"的构想："我国的经济原来是很落后的；如果我们不建设起强大的现代化的工业、现代化的农业、现代化的交通运输业和现代化的国防，我们就不能摆脱落后和贫困，我们的革命就不能达到目的。"①1957 年 8 月，周恩来在主持国务院常务会议时又说明，工业现代化包括交通运输，因而"交通运输现代化"不再被单独作为一个现代化的概念。

1957 年，毛泽东将"现代科学文化"纳入中国现代化的整体构想。他在《关于正确处理人民内部矛盾的问题》和《在中国共产党全国宣传工作会议上的讲话》两份文件中，两次提出要将我国建设成为"一个具有现代工业、现代农业和现代科学文化的社会主义国家"②。1958 年召开的中共八大二次会议沿用了这个提法。

1960 年，毛泽东又提出要把国防现代化加入国家现代化的内容中。他在阅读苏联《政治经济学教科书》时说："建设社会主义，原来要求是工业现代化，农业现代化，科学文化现代化，现在要加上国防现代化。"③周恩来在阅读苏联《政治经济学教科书》的发言中，将"科学文化现代化"改为"科学技术现代化"。这样"四个现代化"的基本内涵已经完整提出。

关于国民经济体系和工业化、现代化的关系。经过"一五"计划和"二五"计划，特别是经过了"大跃进"的挫折，中国共产党开始认识到建立完整的国民经济体系，比单一地建立工业化的基础更为科学和重要。1963 年 8 月，周恩来在中共中央《关于工业发展问题》起草委员会会议上指出：国民经济体系不仅包括工业，而且包括农业、商业、科学技术、文化教育、国防各个方面。工业国的提法

---

① 中共中央文献研究室：《建国以来重要文献选编》（第 5 册），中央文献出版社 1993 年版，第 584 页。

② 《毛泽东文集》（第 7 卷），人民出版社 1999 年版，第 207 页。

③ 《毛泽东文集》（第 8 卷），人民出版社 1999 年版，第 116 页。

不完全，提建立独立的国民经济体系比只提建立独立的工业体系更完整。

"四个现代化"把农业现代化放在最前面，这反映了中国共产党在国家现代化认识中对农业发展的宝贵认识和教训总结。1956 年，中共八大对国家经济建设投资安排的原则是，在适当考虑农业和轻工业的需求前提下，优先发展重工业。但是，在"大跃进"时期出现了重工业严重挤压轻工业、农业的国民经济结构不合理状况。1962 年 9 月，在中共八届十中全会上，毛泽东提出了以农业为基础、以工业为主导的发展国民经济的总方针。以农业为基础，就是一方面要求根据可能来加强农业，使之与现代工业和整个国民经济的发展速度相适应；另一方面，要求工业的发展建立在农业发展的可靠基础之上，不能脱离或超过农业所能提供的农产品和劳动力的承担能力。以工业为主导，就是要求大力发展生产生产资料的重工业，生产先进的技术装备，用以装备农业和国民经济各部门，迅速提高全社会劳动生产率，实现对农业和整个国民经济的技术改造。这一方针在过去的农轻重并举的原则上，更进一步地说明了国民经济发展中工农业的关系，是探索中国式现代化道路的重要成果。

"四个现代化"战略目标，是中国共产党领导全国人民对中国式现代化建设道路进行长期探索所取得的重大成果，是凝聚全党、全国人民力量为现代化奋斗的高扬旗帜。此后，即使党和国家遇到"文化大革命"那样严重的错误，但全国人民为实现现代化目标而奋斗的信心和决心始终没有动摇。

【教师点评】　如何看待 1956—1966 年这十年的全面建设社会主义的探索？

对十年探索要有理性的认识。从总体上看，十年探索取得的成就和经验是这个时期党的工作的主要方面。虽然遭受过严重挫折，但仍取得很大成就。这期间，毛泽东等领导人率先节衣缩食，党和人民团结一致，同甘共苦，对内克服了自己的困难，对外顶住了苏联领导集团施加的压力，还清了对苏联的全部债款。正如在党的十一届六中全会《关于建国以来若干问题的决议》中指出的那样，党在这十年中积累了领导社会主义现代化建设的经验。我们现在赖以进行的社会主义现代化建设的物质技术基础，很大一部分是这个时期建设起来的。

三、"文化大革命"时期的艰难发展

1966 年，正当我国克服了国民经济的严重困难、完成经济调整任务、开始执行发展国民经济第三个五年计划的时候，"文化大革命"发生了。

（一）"文化大革命"的爆发

1. "文化大革命"发生的背景

"文化大革命"的发生，有着复杂的国际国内的社会历史原因。

首先，中华人民共和国成立后，很长一段时间一直面临严峻的外部环境。帝国主义长期敌视、封锁，把"和平演变"的希望寄托在中国第三代、第四代人身上，苏联在中苏关系恶化后给中国施加巨大压力。这样的外部环境对党在科学判断国内政治形势、确定党和国家中心任务和方针政策时产生极大影响。

其次，我们党是经过长期残酷的战争后迅速进入社会主义历史阶段的，对于如何在一个经济文化落后的国家建设社会主义，缺乏科学认识，也没有充分的思想准备。过去革命战争时期积累下来的成功的阶级斗争经验，使人们在观察和处理社会主义建设的许多新矛盾时容易沿用和照搬，把不属于阶级斗争的问题看作阶级斗争，把只在一定范围存在的阶级斗争仍然看作社会的主要矛盾，并运用大规模群众性政治运动的方法来解决。

发动"文化大革命"，毛泽东的主要考虑是，防止资本主义复辟，寻求中国自己的建设社会主义的道路。作为一个执政的无产阶级政党领袖，毛泽东不断观察和思考新兴的社会主义社会现实生活中的问题，极为关注艰难缔造的党和人民政权的巩固，高度警惕资本主义复辟的危险，为消除党和政府中的腐败和特权、官僚主义等现象，进行不断探索和不懈斗争。但是，由于对社会主义社会的建设发展规律认识不清楚，由于"左"的错误在理论和实践上的累积发展，很多关于社会主义建设的正确思想没有得到贯彻落实，最终酿成了内乱。

2. "文化大革命"的爆发

1966 年 5 月，中央政治局扩大会议通过"五一六通知"，指出："混进党里、政府里、军队里和各种文化界的资产阶级代表人物，是一批反革命的修正主义分子，一旦时机成熟，他们就会要夺取政权，由无产阶级专政变为资产阶级专政。"①8 月，党的八届十一中全会通过《中国共产党中央委员会关于无产阶级文化大革命的决定》，提出"这次运动的重点，是整党内那些走资本主义道路的当权派"。

1966 年 5 月中央政治局扩大会议和 8 月党的八届十一中全会的召开，标志着"文化大革命"的全面发动。此后，红卫兵运动迅猛兴起。

从 1967 年 1 月起，"文化大革命"进入"全面夺权"阶段，很快发展为"打倒一切"直至"全面内战"的严重局面。蔓延全国的大动乱使党的领导被削弱，大批革命干部被打倒。2 月前后，谭震林、陈毅、叶剑英、李富春、李先念、徐向前、聂荣臻等老一辈革命家在不同的会议上对"文化大革命"的错误做法提出了强烈批评，但被诬为"二月逆流"（实际上是"二月抗争"），受到压制和打击。

【案例】　　　　　　　　　二月抗争

1967 年 2 月，谭震林、陈毅、叶剑英、李富春、李先念、徐向前、聂荣臻等老一辈无产阶级革命家为了捍卫党的原则，挺身而出，同林彪、江青等人进行了一场大义凛然的英勇斗争。2 月 14 日和 16 日，在周恩来主持的怀仁堂碰头会和稍前召开的军委会议上，围绕着"文化大革命"要不要党的领导、应不应将老干部统统打倒、要不要稳定军队等重大原则问题，展开了针锋相对的斗争。这些老革命家的意见是完全正确的，发表意见的方式也是符合组织原则的。他们的正义行动充分地表现了敢于坚持真理和对党对人民高度负责的革命精神，反映了广大干部和群众的愿望。

---

① 薄一波：《关于重大决策与事件的回顾》（修订本）下卷，人民出版社 1997 年版，第 1280-1281 页。

怀仁堂会议后，张春桥、姚文元等连夜整理出一份所谓《二月十六日怀仁堂会议》材料，并由江青安排，向毛泽东作了汇报。2月18日，毛泽东召集部分政治局委员开会，对怀仁堂会议上提意见的一些老同志进行了严厉的批评，指责他们是搞复辟、搞翻案。于是，江青、康生、陈伯达、谢富治等人利用毛泽东对这些老同志的错误批评，把"二月逆流"的罪名强加在这些老同志身上，并多次对其进行批斗。此后，中央政治局实际上停止了活动，林彪一伙借此又控制了中央和军委的很大一部分权力。①

【教师点评】 "九一三事件"林彪死后，毛泽东对"二月逆流"的态度有了较大改变，认为"二月逆流"是对付林彪、陈伯达、王力、关锋、戚本禹的，并初步为"二月逆流"平反。1979年年初，中共中央作出决定，为"二月逆流"彻底平反。

到1968年9月，全国各地先后成立革命委员会，在一定程度上结束了"文化大革命"前期的无政府状态。10月，在党内生活极不正常的状况下，八届扩大的十二中全会宣布"把刘少奇永远开除出党，撤销其党内外的一切职务"。1969年4月召开的九大使"文化大革命"的理论和实践进一步系统化、合法化。

(二)"九一三事件"和召开四届全国人大

1969年中共九大以后，作为国家最高权力机关的全国人民代表大会及其下设机构地方人民代表大会仍然没有得到恢复。因此，毛泽东考虑筹备召开四届全国人大，使国家政治生活走向正轨。此后5年中，召开四届全国人大的工作历经了4次筹备，其中3次都因林彪、江青集团制造内乱而中断，成为国家继续纠正"极左"错误的一条斗争主线。

1970年3月，毛泽东第一次提出了修改宪法、筹备召开四届全国人大的建议。这时，林彪、江青两个集团开始了争权夺利的斗争。8月，在中共九届二中

---

① 《中国共产党历史第二卷(1949—1978)下册》，中共党史出版社2011年版，第788-789页。

全会上，林彪集团不顾毛泽东此前多次反对，继续鼓吹"天才论"，会议出现了被他们操纵分裂的严重态势。毛泽东觉察到林彪集团的分裂阴谋，写文章批判了投靠林彪集团的陈伯达。林彪集团的主要成员被迫做了检查，但暗中仍然继续顽抗。第一次筹备工作暂时被搁置。

1971 年 9 月，周恩来根据毛泽东指示再次筹备四届全国人大，且工作已经初步就绪，计划在年底召开。但林彪反革命集团的分裂活动也走向极端，竟然铤而走险策划武装政变阴谋。为了使党的高级干部认清形势，毛泽东于 8 月中旬起开始到南方视察，沿路吹风批评林彪集团，打乱了林彪集团的部署。9 月 13 日凌晨，林彪及其妻子叶群、儿子林立果等策划政变阴谋的骨干乘坐飞机从山海关机场仓皇出逃，在蒙古温都尔汗附近机毁人亡。"九一三事件"的突然发生，使第二次筹备工作再度中断。

【教师点评】　"九一三事件"促使人们进行严肃的思考："文化大革命"给党和国家带来的是什么结果？中国究竟有没有面临资本主义复辟的危险？无产阶级专政下要不要这样的"继续革命"？"文化大革命"究竟依靠的是什么社会力量？它所造成的损失和灾难有多大？继续下去还有什么意义？林彪事件促使更多的干部和群众从个人崇拜的狂热中觉醒，加深了对"无产阶级专政下继续革命的理论"及其实践的怀疑，希望以此为契机纠正一些明显的"左"的错误，落实一些党的有关政策。"九一三事件"的尖锐性和突发性是毛泽东始料未及的，他也由此陷入极大的痛苦和失望之中。"九一三"事件客观上宣告了"文化大革命"理论和实践的失败。

"九一三事件"后，周恩来提出批判"极左"思潮，使得各方面工作有了明显起色。1973 年 8 月召开的十大继续肯定九大的政治路线和组织路线。根据毛泽东的指示，周恩来在大会上宣布，近期要召开四届全国人大。这时，全国政协机关已经恢复活动，各地区也陆续重建了工会、妇联、共青团组织，国家政治生活开始在形式上走向正轨。但是，从 1973 年年底起，江青集团利用毛泽东错误发动的"批林批孔"运动，使全国局势再次出现动荡。第三次筹备工作又被中断。

1974年10月，毛泽东第四次提出筹备召开四届全国人大的建议，并且确定周恩来继续负责筹备工作。在毛泽东多次批评王洪文、张春桥、江青、姚文元搞"四人帮"，要求"安定团结"和"把国民经济搞上去"的指示支持下，周恩来、邓小平与江青集团进行了坚决的斗争，挫败了他们的"组阁"阴谋，最后确定了新的全国人大、国务院及各部委领导的人选。

1975年1月，历经坎坷的第四届全国人民代表大会第一次会议终于召开。周恩来抱病在政府工作报告中重申了三届全国人大通过的分两步走、在20世纪末实现国家"四个现代化"的宏伟目标。这反映了全国人民久经内乱人心思治的大势，事实上举起了一面和"文化大革命"内乱作斗争的旗帜。会议选举朱德为全国人大常委会委员长，董必武、宋庆龄、陈云等为副委员长；确立了周恩来为总理、邓小平为第一副总理的国务院领导集体，使国家的主要权力没有被江青集团控制。四届全国人大的召开成为从乱到治的一个转折点。

(三)邓小平主持整顿工作

四届人大后，周恩来病重住院治疗，邓小平在毛泽东支持下主持国务院工作。邓小平根据毛泽东提出的"安定团结""把国民经济搞上去"的指示，针对当时因"四人帮"破坏所造成的混乱局面，采取了一系列果断有力的措施。以问题最多的铁路运输和钢铁工业作为突破口，相继召开了铁路会议、冶金会议、国防工作会议、军委扩大会议和农业、科技等方面的会议，对经济、政治、军事、科学、文化、教育等各条战线进行了全面整顿。

第一，铁路交通的整顿。为了改变铁路交通的堵塞状况，邓小平在1975年2—3月间中央召开的全国工业会议上提出要对铁路交通进行整顿。根据邓小平讲话精神和工业会议讨论的意见，中共中央于3月5日发出《关于加强铁路工作的决定》，决定全国所有的铁路由铁道部统一管理、集中指挥，铁路职工由铁道部统一调配，大力恢复和健全必要的规章制度，确保运输安全正点。要求铁路职工一切活动听指挥，做好本职工作。到4月份，堵塞严重的几个铁路局都疏通了，列车安全正点率也大大提高。

第二，工业企业的整顿。1975年5月，中央召开钢铁工业座谈会。会上，邓小平指出"钢铁生产搞不好，关键是领导班子问题，是领导班子软、懒、散"①。他还强调，必须坚决同派性作斗争，必须认真落实政策问题。邓小平的讲话，对于稳定形势，促使工业生产情况的好转起了很大的作用。为了进一步整顿工业企业，国务院委托国家计委起草了《关于加快工业发展的若干问题》的文件。与此同时，国务院各有关部委还先后起草了企业管理、基本建设管理、物资管理、财政管理、物价管理、劳动管理等条例。这些文件草稿虽然由于江青一伙干扰破坏没能形成正式的文件，但它对实际工作却产生了积极的影响。

第三，农业的整顿。1975 年 9 月，中央在北京召开了农业学大寨会议。邓小平在会上强调了发展农业的重要性，指出农业搞得不好，要拉国家建设的后腿，并提出要落实农村干部政策等正确主张。之后，邓小平在农村工作座谈会上，又讲"农业要整顿"，而整顿的核心是"党的整顿"。② 为了落实党在农村中的经济政策，中央还专门发了文件，强调不能把社员正当的家庭副业当作资本主义来批判。这些重要措施，调动了广大农民的生产积极性。

第四，军队和国防工业的整顿。1975 年 1 月，根据毛泽东提出的"军队要整顿"的指示，邓小平提出：军队的整顿，一是要提高党性，消除派性；一是要加强纪律性。7 月，邓小平在中央军委扩大会议上又指出军队整顿要注意解决"肿、散、骄、奢、惰"，要自上而下整顿好各级领导班子。配备领导班子时，要选党性好、作风好、团结好的干部。与此同时，还进行了国防工业的整顿。经过初步整顿，军队的建设得到加强，军工企业的落后面貌有所改变，这对全国各条战线都产生了积极的推动作用。

第五，科技教育工作的整顿。邓小平主持中央日常工作后，十分重视解决科学、教育、文艺领域存在的严重问题。对科技和教育工作的整顿，当时中央选择以中国科学院作为打开局面的突破口。1975 年 7 月，中央派胡耀邦等去中国科学院主持工作。他们在调查研究的基础上，起草了《中国科学院工作汇报提纲》。邓小平在听取汇报时强调，科研工作必须走在国民经济前面，对有水平的人要爱护，以发挥其作用。要选党性好、组织能力强的人给科技人员搞后勤。他还强调

---

① 《邓小平文选》(第 2 卷)，人民出版社 1994 年版，第 8 页。
② 《邓小平文选》(第 2 卷)，人民出版社 1994 年版，第 35 页。

指出，要使科技事业后继有人，中心是办好教育，要选数理化好的高中生进入科技大学，要调动教师的积极性。科学、教育领域的整顿，使长期以来精神上受压抑、教学和科研无保障的广大知识分子，受到了极大的鼓舞。

通过各个领域的整顿，全国形势明显好转。长期堵塞的铁路干线开始畅通；工业生产改变了停滞下降的局面而迅速回升；农村面貌有了相当好转；军队建设得到加强；科学、教育、文艺领域严重混乱的局面开始扭转。全国各行各业出现了新的气象。总的来看，这一年经济发展状况是比较好的。大部分地区社会秩序趋于稳定，国民经济迅速回升。1975 年的工农业总产值和大多数产品产量指标按照"四五"计划基本完成。

四、结束"文化大革命"和在徘徊中前进

（一）"文化大革命"的结束

在"文化大革命"期间，毛泽东虽然严厉批评过"四人帮"，也批评了"文化大革命""怀疑一切、打倒一切"的错误，但他不允许系统地纠正"文化大革命"错误路线。1975 年秋季，毛泽东在给清华大学两封来信的批示中批评了邓小平，并认为党内出现了否定"文化大革命"的右倾翻案风。由此，全国展开了"批邓、反击右倾翻案风"运动，邓小平主持整顿的大好形势急转直下。

1976 年 1 月 8 日，周恩来逝世引起全国人民的巨大悲痛。但是，江青集团却压制人民群众的悼念活动，加紧开展"批邓、反击右倾翻案风"运动，激起了人民的极大愤慨。北京从 3 月底开始，百万人民群众自发地汇集到天安门广场，张贴传单，朗诵诗词，发表演说，但遭到镇压。这场反对"四人帮"、悼念周恩来、支持邓小平的大规模"四五"群众运动虽然被镇压下去，却为后来中共中央政治局粉碎"四人帮"做了思想准备，奠定了坚实的人民群众基础。

1976 年 9 月 9 日，一代伟人毛泽东逝世。中国人民沉浸在巨大哀痛之中。国家多难之际，"四人帮"却加紧进行争夺党和国家最高领导权的活动。主持中央日常工作的中共中央第一副主席华国锋，认识到与"四人帮"的斗争不可避免，

提出要采取断然措施解决"四人帮"问题，这一意见得到叶剑英、李先念以及中央政治局多数同志的支持。10月6日晚，华国锋、叶剑英代表中央政治局，执行党和人民的意志，对王洪文、张春桥、江青、姚文元实行隔离审查。当晚，中共中央政治局召开会议，决定华国锋任中共中央主席、中央军委主席。10月19日，粉碎"四人帮"的消息向全国传达后，人民群众欢欣鼓舞，奔走相告，各地纷纷举行盛大集会和游行，热烈庆祝这一伟大历史性胜利。

【案例】　　　　　　　　　　**粉碎"四人帮"**

　　有一首脍炙人口的歌曲叫《祝酒歌》，它的曲调欢快奔放，热情洋溢，使人热血沸腾。歌里有几句歌词这样写道：胜利的十月永难忘，杯中洒满幸福泪。十月里响春雷，亿万人民举金杯。手捧美酒啊望北京，豪情啊胜过长江水。歌词里的"十月春雷"指的就是1976年10月6日，中共中央果断逮捕江青、张春桥、姚文元、王洪文，一举粉碎"四人帮"的历史事件。消息传出后，全国上下一片欢腾，该曲的词作者韩伟就是在这样的气氛下，以难以抑制的喜悦心情创作了歌词，形象地描绘出人民欢欣喜悦的心情和对未来的美好期许。

　　中共十大后，王洪文任中共中央政治局常委、中共中央副主席，张春桥任中共中央政治局常委、国务院副总理、解放军总政治部主任，江青与姚文元任中共中央政治局委员。四个人结为政治团体，搞宗派活动，妄图篡党夺权。在"文革"期间互相勾结，倒施逆行。"四人帮"这一称谓最先由毛泽东于1974年1月初在对江青等人借"批林批孔"之机把矛头指向周恩来的批评中提出。1976年9月9日，毛泽东主席逝世。"四人帮"认为时机到了，迫不及待地要篡夺党和国家的最高领导权。他们盗用中共中央办公厅的名义，要求全国各地重大问题及时向他们请示报告，妄图由他们指挥全国。促使一些人写"效忠信"，四处游说，制造谣言，攻击邓小平，反对党中央。他们还秘密串联，策划武装叛乱，甚至伪造所谓"按既定方针办"的毛泽东临终遗嘱，公开发出夺权的信号。

　　在历史发展的重要关头，党中央同"四人帮"篡党夺权的阴谋活动进行了坚决斗争，并提出要解决"四人帮"的问题，得到了政治局多数同志的赞同和支持。1976年10月6日，中共中央政治局，执行党和人民的意志，在中南海怀仁堂对江青、张春桥、王洪文、姚文元实施逮捕，并对其在北京的帮派骨干实行隔离审查，一举粉碎了"四人帮"。1981年1月25日，经过详细调查、认真审理，并让"四人帮"成员充分辩护后，最高人民法院特别法庭做出宣判：江青和张春桥被判处死刑，缓刑两年执行，剥夺政治权利终身；王洪文被判处无期徒刑，剥夺政治权利终身；姚文元被判处有期徒刑20年，剥夺政治权利5年；陈伯达、毛远新、黄永胜、吴法宪、李作鹏、邱会作和江腾蛟，分别被判处有期徒刑16~18年，剥夺政治权利5年。

粉碎"四人帮"，终结了绵延十年、祸及亿众的"文化大革命"。它"从危难中挽救了党，挽救了革命，使我们的国家进入了新的历史发展时期"。"两报一刊"社论用这样的话来形容当时的中国："万里河山红旗展，八亿神州尽开颜。"在那些日子里，"党心大快，军心大快，民心大快"。正如《祝酒歌》中所唱，那时举国欢庆粉碎"四人帮"，家家摆酒、放鞭炮，热闹堪比过年。据新闻报道，当时白酒等副食品一度售罄。为了满足群众买酒庆祝的需求，天津市糖烟酒局曾决定补充供给，消息一发布，群众蜂拥而至，出现了夜间排队抢购，民兵站岗维持秩序的场景。各地群众纷纷敲锣打鼓，上街游行庆祝，部分学校甚至停课一周，举行庆祝粉碎"四人帮"的活动。全国掀起了欢庆之潮，各界热烈庆贺国家的新生。

1979年中央电视台除夕晚会上，李光羲演唱的《祝酒歌》一下子征服了全国观众。在那个电视尚未普及的年代，中央电视台接连收到16万封观众来信，赞叹《祝酒歌》积极欢快、振奋人心。在李光羲看来，《祝酒歌》之所以如此受欢迎，并非他唱得好，而是歌写得好，《祝酒歌》唱出了一个时代的心声。

【教师点评】 十年"文革"的浩劫，使党、国家和人民遭到了中华人民共和国成立以来最严重的挫折和损失，"四人帮"的粉碎，象征着"文化大革命"的终结，中国在吸取教训的基础上，开启建设与发展的新征程。

"文化大革命"使党、国家和人民遭到新中国成立以来的最大挫折。在"文化大革命"中，党组织和国家政权受到削弱，民主和法制被破坏，大批干部和群众遭受打击，教育、科学、文化事业受到摧残，人们的思想和道德伦理陷于混乱。

10 年中，国民经济遭到巨大损失，人民群众生活水平长期没有提高，甚至有所下降。国家一度面临严重的政治、经济和社会危机。当时世界许多国家和地区正处于快速发展期，我国却陷于内乱之中，痛失了宝贵的历史机遇。

（二）在徘徊中前进

粉碎"四人帮"之后，中国共产党和国家的政治生活开始走上正轨。1977 年 7 月，中共十届三中全会召开，决定全部恢复邓小平的领导职务。8 月，中国共产党第十一次全国代表大会在北京召开，正式宣布"文化大革命"结束。1978 年 2—3 月，五届全国人大一次会议在北京举行。1978 年 2—3 月，全国政协五届一次会议在北京举行。这是全国政协会议在 1966 年"文化大革命"初期中止活动后的再次召开。会议选举邓小平为全国政协主席。许多在"文化大革命"中遭到排斥打击的各民主党派、无党派人士和中国共产党的老朋友恢复了参政议政的政治活动。

恢复工作的邓小平，自告奋勇抓教育和科技工作，并做了两件振奋人心的大事。邓小平在复职的第三天，就听取教育和科技工作汇报并指出，中国 20 世纪 70 年代和国际上差距比较大了，科技人员十年接不上茬，重点大学可以从应届高中生中招收。在邓小平的推动下，全国恢复高考。1977 年 11 月 28 日—12 月 25 日，全国约有 570 万青年参加高考，其中 27.3 万人被录取。由于大学多年没有高考招生，报考者来自各行各业，从应届高中毕业生到中学教师甚至校长都有，出现了师生同堂高考的空前盛况。

【案例】 <center>**1977 年恢复高考**</center>

1977 年 8 月 4 日，刚刚复出、主动要求分管教育科学工作的邓小平同志与 30 多位科学家、教育工作者举行了座谈会。在会上，时任武汉大学副教授查全性指出，现行的招生制度难以保证大学教育质量，他建言：应该恢复高考，越快越好。

1977 年科教会亲历者、时任教育部高教司司长刘道玉说：他（查全性）的发言，引起了科学院的吴文俊、汪猷、唐敖庆（等）很多代表的附议，我们都要求,要求恢复(高考)。

与会者的发言深深打动了邓小平,他询问坐在身边的教育部部长刘西尧,今年就恢复高考还来得及吗?刘西尧回答说推迟半年招生还来得及。邓小平一听,当即拍板决定:既然今年还有时间,那现在就改,把原来的招生报告收回来,根据会上大家提的意见重写招生报告。今年就开始改,不能再等了!伴随邓小平掷地有声的话语,全场爆发出热烈的掌声。

1977年科教会亲历者、新华社高级记者顾迈南认为:1977年就要恢复,通过考试招收学生,不要再搞群众推荐,这个话非常重要,教育战线这一片生机勃勃的景象就是从那个时候起来的。

1977年10月12日,国务院正式宣布恢复高考。10月21日,中央人民广播电台等媒体以头条新闻发布了恢复高考的消息,这个振奋人心的消息很快传遍了全国各地。

1977级考生回忆:当时听到这个消息,是从中央人民广播电台的新闻中听到的。

1977年冬天,关闭了11年的高考考场,重新敞开大门,570多万出身不同、年龄悬殊、身份迥异的考生涌进考场。几乎所有考点门口都拉起了这样一条横幅,上面写着:祖国,请您挑选吧!

电影《高考1977》大喇叭广播:凡是符合招生条件的工人、农民、上山下乡和回乡知识青年、复员军人、干部和应届高中毕业生均可自愿报名……

1977年高考从11月28日开始,到12月25日结束,全国各省、自治区、直辖市命题,录取新生27.8万人。1978年高考全国统一命题,录取新生40.2万人。从1977年10月出台恢复高考的决策到1978年,不到一年的时间里,各大高校录取了68万名大学新生。①

【教师点评】 党中央恢复高考的决策,不但从教育领域找到了"全面拨乱反正,酝酿改革开放"的突破口,也为接踵而来的改革开放和现代化建设培养了一大批承前启后、继往开来的高素质人才,成为推动中国社会不断前进的中坚力量。

---

① 《百年瞬间 | 1977年恢复高考》,https://www.12371.cn/2021/10/23/VIDE1634958601
257812.shtml,2021-10-23。

1978 年 3 月 18—31 日，全国科学大会在北京隆重举行。邓小平在大会开幕式上讲话，着重阐述了以下三个重大理论和现实问题："四个现代化"关键是科学技术的现代化；科学技术是生产力；绝大多数知识分子是工人阶级的一部分。

恢复高考和召开全国科学大会这两件大事，在全国激起强烈反响，不仅尊重知识、尊重科学、尊重人才迅速形成了社会风尚，而且对社会主义现代化建设产生了深远影响。

粉碎"四人帮"以后，中共中央和国务院先后召开了农业、铁路、基建、工业、财贸、煤炭、电力、运输、粮食等一系列经济部门会议，部署生产。经过近两年的整顿，到 1978 年，国民经济明显复苏并呈现较快发展态势，同时部分党和国家领导人以及人民群众中也出现了急于求成的倾向。

1977 年 11 月，全国计划会议向中央政治局建议 1981—1985 年展开基本建设的宏大计划，工业方面要建成 120 个大项目。1978 年 3 月，五届全国人大一次会议通过了这个高指标的建设计划。

1978 年春夏，中共中央和国务院先后派出一些主要领导干部率领代表团访问考察欧洲五国、日本、东欧，以及我国香港、澳门地区，他们回来后向中央政治局汇报并提出：许多国家希望向中国提供资金，许多国际经济通行办法我们可以采用。中央政治局同志听后都说：该是下决心采取措施的时候了。积极利用外资，引进外国先进技术设备，开始成为中国经济建设中的一项重大政策，对中国的经济发展和后来的改革开放都起到了重要的促进作用。但是，中国在利用外资、引进技术设备之初也出现了缺乏论证、借贷超过中国偿还能力的急于求成的倾向。

五、伟大的成就　深刻的教训

（一）伟大的成就

在新中国 20 多年的社会主义建设中，尽管中国共产党在社会主义建设道路的探索上经历了反复，遭受了挫折，但毕竟是这一历史时期历史的支流。这一时期，中国人民在以毛泽东同志为核心的中国共产党的带领下，自力更生、发愤图强，创造了我国社会主义建设的伟大成就，实现了中华民族有史以来最为广泛而深刻的社会变革，实现了一穷二白、人口众多的东方大国大步迈进社会主义社会的伟大飞跃。这是这一时期历史的主流。

1. 独立的比较完整的工业体系和国民经济体系的基本建立

这一时期最大的建设成就，是基本建立了独立的、比较完整的工业体系和国民经济体系，从根本上解决了工业化中"从无到有"的问题。

①建成了一批门类比较齐全的基础工业项目，涉及冶金、汽车、机械、煤炭、石油、电力、通信、化学、国防等领域。这为国民经济的进一步发展打下了坚实的基础。

②主要工业品的生产能力有了飞跃式的发展。

主要工业品	1949 年	1976 年	增长倍数
钢(万吨)	15.8	2046	129.49
发电量(亿度)	43	2031	47.23
原油(万吨)	12	8716	726.33
原煤(万吨)	3200	48300	15.09

③铁路、交通运输等基础设施建设方面得到了较快的发展。旧中国交通运输设施相当薄弱，在 73 年间仅修筑铁路 2.18 万千米、公路 8.07 万千米。到 1976 年，中国的铁路达到 4.63 万千米，公路达到 82.34 万千米，初步形成了全国的路网骨架。全国货运总量从 1949 年的 1.6 亿吨增加到 1976 年的 20.17 亿吨。从 20 世纪 70 年代开始，中国具备了自主设计制造万吨级远洋轮船的能力。

④从国防和国家安全的考虑出发，开展了大规模的三线建设。从 1964 年的"三五"时期开始到 1980 年"五五"时期结束，共投资 2052 亿元。这不仅极大地增强了国防力量，而且对改善工业布局和城市布局起了重要的促进作用。

【案例】　　　　　　　　　三线建设

三线建设是中国经济史上一次极大规模的工业迁移过程，发生背景是中苏交恶以及美国在中国东南沿海的攻势。

20世纪60年代初，中共中央根据中国各地区战略位置的不同，将其分为一、二、三线。一线是沿海和边疆的省区市；二线是介于一、三线地区的省区市；三线包括京广线以西、甘肃省的乌鞘岭以东和山西省雁门关以南、贵州南岭以北的广大地区，具体包括四川省、云南省、贵州省、青海省和陕西省的全部，山西省、甘肃省、宁夏回族自治区的大部分和豫西、鄂西、湘西、冀西、桂西北、粤北等地区。

三线建设包括大三线和小三线建设。大三线建设是中国国家战略后方基地的建设，是三线建设的主要部分，建设内容是建立以国防工业和基础工业为主体，包括交通运输、邮电通信的中国国家战略后方基地的建设，三线建设的主要部分燃料动力和农业、轻工业在内的国家战略后方基地。小三线建设是指在各省、直辖市、自治区的战略后方地区建立以迫击炮、火箭筒、无坐力炮、步枪、机枪、冲锋枪及其弹药和地雷、手榴弹等轻武器生产厂为主，包括为武器配套的工业、交通运输业和邮电通信等在内的地区后方基地。主要为满足地区自卫战中地方部队和民兵作战需要，也为野战部队提供武器弹药。

1979年，中共中央和国务院决定按照"军民结合，平战结合"原则，对三线地区国防工业进行调整。三线建设历经3个五年计划时期，涵盖13个省、自治区，共投入2050余亿元资金，几百万人力，安排了数千个建设项目，初步改变了基础工业薄弱，交通落后，资源开发水平低下的工业布局不合理状况。到20世纪70年代末，共形成固定资产原值1400亿元，约占当时全国的1/3。①

【教师点评】　三线建设的实施，为增强我国国防实力，改善生产力布

---

① 《中国共产党历史第二卷（1949—1978）下册》，中共党史出版社2011年版，第689-692页。

局以及中国中西部地区工业化作出了极大贡献。但是也由于三线地区社会经济落后，导致建设起来的企业单位在之后很长一段时期内经营发展都出现困难。

独立的、比较完整的工业体系和国民经济体系的建立，从根本上解决了工业化中"从无到有"的问题，使中国在赢得政治上的独立之后赢得了经济上的独立，为中国以后的发展奠定了牢固的物质技术基础，而且也为中国同包括西方发达国家在内的世界各国在平等互利的原则下发展对外贸易和经济往来创建了前提。

2. 人民生活水平的提高与文化教育医疗科技事业的发展

(1)保障人民的基本生活需要。通过兴修水利、开展农田基本建设、培育推广良种、提倡科学种田，较大幅度地提高了粮食生产水平和抵御自然灾害的能力。粮食总产量从 1949 年的 2263.6 亿市斤增加到 1976 年的 5726.1 市斤，棉花总产量从 1949 年的 888.8 万担增加到 1976 年的 4110.9 万担。全国总人口从 1949 年的 5.4 亿元增长到 1976 年的 9.3 亿元，同期粮食的人均占有量从 418 市斤增加到 615 市斤。初步满足了占世界 1/4 人口的基本生活需求，这在当时被世界公认是一个奇迹。

(2)提高人民的文化素质和健康水平。教育方面，努力扫除文盲、推广普通话，并加大对小学、中学和高等教育的投资。从 1949 年到 1976 年，小学校从 34.7 万所发展到 104.4 万所，在校生从 2439 万人发展到 1.5 亿人；中学校从 4045 所发展到 19.2 万所，在校生从 103.9 万人发展到 5836.5 万人；高等学校从 205 所发展到 434 所，在校生从 11.7 万人发展到 67.4 万人。

在医疗卫生方面，建立了各级各类卫生机构。1949 年全国拥有医院 2600 家，到 1976 年发展到 6.3 万家，其中县以上医院 7952 家。医院床位从 1949 年的 8 万张发展到 1976 年的 168.7 万张。全国人口的平均预期寿命由 1949 年前的 34 岁，上升到 1975 年的 68.18 岁，人口平均预期寿命提高了 30 多岁。

【案例】 毛泽东时代的赤脚医生

"赤脚医生"指农村不脱产的、"半农半医"的初级医疗卫生人员。由于他们活跃于田间地头，同农民一样打赤脚、下农田，因而被形象地称为"赤脚医生"。

"赤脚医生"在20世纪50年代中期已经出现。在农业互助合作化运动中，一些农村地区开始探索互助性质的医疗形式，农村医务人员有病人时行医，无病人则参加农业劳动，农忙时还在田间地头巡诊。一些合作社组织了"保健站"，培训不脱产的卫生员、接生员。从1958年开始，随着人民公社化运动的兴起，很多县、社办起了"合作医疗"。

1965年6月26日，毛泽东提出"把医疗卫生工作的重点放到农村去"。同年，卫生部提出培养"半农半医"人员的要求，经中央同意在一些县进行试点，提高"半农半医"人员的医疗水平。[1]

【教师点评】 这些医务人员一面坚持劳动生产，另一面为农民诊治一些常见病，进行多发病的预防，很受农民欢迎。"赤脚医生"制度以较低成本解决了广大农村的医疗健康问题。

重视体育事业发展，提出了"发展体育运动，增强人民体质"的指导方针。从1956年到1976年，中国运动员先后有123人次打破世界纪录。

(3)取得一批重要的科技成果。在核技术、人造卫星和运载火箭等尖端科技领域，取得了一系列重要成就。1964年10月，中国爆炸了第一颗原子弹。1967年6月，爆炸了第一颗氢弹。1970年1月，第一枚中远程导弹发射成功。同年4月，第一颗人造地球卫星发射成功。1975年，可回收人造卫星试验成功。这些成就奠定了新中国在国际上的大国地位。

---

[1] 中共中央党史研究室第二研究部：《〈中国共产党历史〉第二卷注释集》，中共党史出版社2012年版，第239-240页。

【案例】　　　　　　　　　　"两弹一星"事业

　　残酷的世界大战以及之后的美苏两极争霸促使军事科技高速发展。1945年，美国研发制造并试爆了世界上第一颗原子弹。随后，美国在日本的广岛和长崎投下了两颗原子弹。原子弹的威力不仅摧毁了日本法西斯的抵抗意志，也深深震撼了其他国家。苏联迅速跟进，于1949年8月进行了原子弹试验。美、苏两国还分别研发出氢弹、导弹、人造卫星等全新武器或装备，利用自己强大的军事和科技实力到处威吓讹诈其他国家，谋求世界霸权。

　　新中国成立之初，面对西方国家的围堵和封锁，实行"一边倒"的外交政策，与苏联结盟，并获得了苏联的资金和技术援助。但到了20世纪50年代末，国际形势发生变化，中苏关系迅速恶化。1959年6月，苏联以和美国等国谈判达成禁止核试验的协定为由，单方面撕毁了关于援助中国和平利用原子能项目的协定。刚成立的新中国，不断遭受到美苏等帝国主义的武力威胁和核讹诈，为了保卫国家安全，以毛泽东为核心的第一代党中央领导人根据当时的国际形势，高瞻远瞩，果断地做出独立自主研制"两弹一星"的战略决策。新中国成立之初工业薄弱，财政困难，在党和国家领导人的高度重视下，新中国集中力量展开了"两弹一星"的研制工作。

　　1960年11月5日，中国仿制的第一枚导弹——"东风一号"导弹在酒泉发射基地发射成功，标志着中国在掌握导弹技术的道路上迈出了关键一步。1964年10月16日15时，一朵巨大的蘑菇云在罗布泊的上方腾空出世，中国的第一颗原子弹试爆成功！中国成为继美国、苏联、英国和法国之后，世界上第五个拥有核武器的国家。恰好在这一天，毛泽东、刘少奇、周恩来在人民大会堂接见参加音乐舞蹈史诗《东方红》创作和演出的全体人员，当人们得知我国第一颗原子弹爆炸成功的消息时，全场沸腾了。同一天，中国政府郑重宣布，中国掌握核武器，完全是为了防御，为了保卫中国人民免受核威胁。在任何时候，任何情况下，中国都不会首先使用核武器。

　　1966年10月27日，我国在西部地区成功地进行了原子弹、导弹结合试验，为核武器的实战化奠定了坚实的基础。

　　1967年6月17日上午8时，中国第一颗氢弹在西北核武器研制基地爆炸试验成功，标志着中国核武器的发展进入崭新的阶段。

随着"两弹"事业的蒸蒸日上，我国的"一星"发展也获得了突破。1970年4月24日，在中国的第一个火箭发射实验基地酒泉卫星发射中心，第一颗人造卫星"东方红一号"成功发射升空，标志着中国成为世界上第五个独立研制和发射卫星的国家，就此拉开了中国航天事业的序幕。

在党中央的英明决策和各方面的有力支持下，我国的"两弹一星"事业历经自力更生和艰苦奋斗的岁月，取得了一个又一个优异成果。邓小平曾说："如果六十年代以来中国没有原子弹、氢弹，没有发射卫星，中国就不能叫有重要影响的大国，就没有现在这样的国际地位。"[①]1999年9月18日，在庆祝中华人民共和国成立50周年之际，党中央、国务院、中央军委决定，对当年为研制"两弹一星"作出突出贡献的23位科技专家予以表彰，并授予于敏、王大珩、王希季、朱光亚、孙家栋、任新民、吴自良、陈芳允、陈能宽、杨嘉墀、周光召、钱学森、屠守锷、黄纬禄、程开甲、彭桓武"两弹一星功勋奖章"，追授王淦昌、邓稼先、赵九章、姚桐斌、钱骥、钱三强、郭永怀"两弹一星功勋奖章"。

【教师点评】　如今，中国已具备了海陆空三位一体的核打击能力。中国导弹力量已经覆盖从近程到洲际、从弹道导弹到巡航导弹、从常规导弹到核导弹的全部导弹谱系。中国还实现了载人航天、深空探测和月面探测。这些都源自当年的"两弹一星"事业。

今日的中国已经成为可以独立研发制造航空母舰、四代机等几乎全部先进军事装备的军事技术强国。但中国始终坚持走和平发展道路，不称霸，不恃强凌弱。中国始终奉行不首先使用核武器的政策，坚持自卫防御的核战略，无条件不对无核武器国家和无核武器区使用或威胁使用核武器，不与任何国家进行核军备竞赛，核力量始终维持在维护国家安全需要的最低水平。中国的有限核威慑成为维护世界和平的重要力量。

人民永远不会忘记，第一颗原子弹爆炸成功给所有中华儿女带来的巨大鼓

---

① 《邓小平文选》(第3卷)，人民出版社1993年版，第279页。

舞。第一颗原子弹研制过程中体现出的那种精神力量，也永远成为中华民族的宝贵财富。在新中国的发展历程中，"两弹一星"研制成功，是中华民族为之自豪的伟大成就。

3. 形成历久弥新的时代精神

在面对重重困难艰辛探索适合中国国情的社会主义建设道路过程中，涌现出大量先进典型和英雄模范人物，抒写了无数改天换地的壮丽诗篇，形成跨越时空、历久弥新的时代精神。

【案例】　　　　　　　　　**英雄赞歌**

以"铁人"王进喜为代表的大庆石油工人，为早日甩掉中国"贫油"的帽子，以"宁肯少活 20 年，拼命也要拿下大油田"的豪情，以"有条件要上，没有条件创造条件也要上"的决心，用三年多的时间，建设起我国最大的石油大庆油田，铸就爱国、创业、求实、奉献的大庆精神、铁人精神。

河南兰考县委书记焦裕禄，以"生也沙丘，死也沙丘，父老生死系"的赤诚，以"心中装着全体人民，唯独没有他自己"的公仆情怀，为改变兰考人民贫穷落后面貌，拖着患有慢性肝病的身体带领全县人民封沙、治水、改地，诠释着亲民爱民、艰苦奋斗、科学求实、迎难而上、无私奉献的焦裕禄精神。

河南林县人民在县委领导下，以"林县人民多壮志，誓把河山重安排"的豪迈，用十年时间，在峰峦叠嶂的太行山上逢山凿洞、遇沟架桥，削平1250 座山头，凿通 211 个隧洞，架设 152 座渡槽，建成长达 1500 千米的"人工大河"红旗渠，创造了一代中国农民改天换地的传奇。

人民解放军战士雷锋，在平凡工作岗位上甘当螺丝钉，勇于奉献，乐于助人，表现出崇高的共产主义情操，成为那个年代最响亮的名字。1962 年 8月，他因公殉职时，年仅 22 岁。毛泽东题词："向雷锋同志学习。"雷锋精神，成了新中国社会风尚的一个标志。

钱学森、钱三强、邓稼先等一大批科学家，带着"干惊天动地事，做隐姓埋名人"的决心，把热血洒在戈壁滩，把青春和生命奉献给新中国国防建设事业，将热爱祖国、无私奉献、自力更生、艰苦奋斗、大力协同、勇于登攀的"两弹一星"精神，永久镌刻在中国大地上，成为全国各族人民宝贵的精神财富和不竭的动力源泉。①

【教师点评】　像这样让后人景仰的英模和精神还有许多。为了建设繁荣富强的新中国，翻身做了主人的中国人民与时间赛跑，用生命和鲜血描绘了一幅幅最新最美的图画，用实际行动证明：同困难作斗争，是物质的角力，也是精神的对垒。精神是一个民族赖以长久生存的灵魂，唯有精神上达到一定的高度，这个民族才能在历史的洪流中屹立不倒、奋勇前进。

4. 国际地位的提高与国际环境的改善

新中国从成立之日起，就努力为国内和平建设创造良好的外部环境，在外交领域取得了不小的成就。

(1)新中国国际地位极大提高。新中国成立第二天就得到了苏联的承认，其他社会主义国家也先后和中国建立了外交关系。1950年至1953年的抗美援朝战争，以及随后召开的日内瓦国际会议和万隆会议，极大地提高了新中国的国际地位。中国同印度、缅甸等国共同倡导的和平共处五项原则，更成为处理国与国关系的公认的国际准则。

(2)建立和发展与亚非拉广大发展中国家的关系。中国先后同缅甸、尼泊尔、蒙古、巴基斯坦、阿富汗等国妥善地解决了边界问题。从20世纪50年代到70年代中期，中国长期支持越南人民的民族解放战争，先是支持越南人民赢得了抗法战争的胜利，随后又积极支持越南人民的抗美战争。中国在支持民族解放运动中同广大发展中国家建立了友好关系。这些国家积极争取恢复新中国在联合国的合法席位，并在1971年10月获得成功。从此中国成为维护世界和平、反对霸权主义的一支中坚力量。

(3)发展与美国等西方国家的关系。20世纪70年代初期，毛泽东抓住时机向美国发起了"乒乓外交"，被国际舆论称为"小球转动了大球"。1972年2月，

---

① 《中国共产党简史》，人民出版社、中共党史出版社2021年版，第202-203页。

美国总统尼克松访华，中美双方在上海发表联合公报。同年9月，中日两国发表关于建交的联合声明。

【案例】　　　　　　　　　"改变世界的一周"

20世纪60年代末70年代初，世界格局正处于深刻变化之中。中苏关系破裂，1969年中苏边防部队在黑龙江珍宝岛和新疆塔斯提地区、铁列克提地区发生武装冲突。苏联在中国边境陈兵百万，向中国发出战争威胁，甚至进行核恐吓。为了尽快改变中国在国际上的孤立地位，中共中央开始考虑改善中美关系。而此时的美国，由于深陷越南战争的泥潭，新当选总统尼克松急于结束战争，同样希望尽快改善中美关系。于是中美双方经过沟通，恢复了在华沙的大使级会谈。然而，会谈进展并不顺利。

1970年10月1日，毛泽东邀请自己的老朋友美国记者埃德加·斯诺，在国庆节这个特殊的日子登上了天安门城楼。他希望用这种方式，向美国传递友好的讯息。

美国人也在用自己的方式传递同样友好的信息。1970年10月，尼克松总统在同罗马尼亚总统齐奥塞斯库会谈时，第一次把中国称为"中华人民共和国"。他告诉齐奥塞斯库，希望同中国进行高级别私人代表的互访。

随后，中国先后通过巴基斯坦和罗马尼亚渠道得到了尼克松的"口信儿"。周恩来表示，中国政府欢迎美国总统派特使来北京商谈。

1971年3月，第31届世界乒乓球锦标赛在日本举行，中国和美国都派出了运动员参加比赛。比赛期间，美国乒乓球代表队几次表示，希望赛后能访问中国。毛泽东几经考虑，在世乒赛最后一天作出决定：邀请美国乒乓球队访华。这就是被人们誉为"小球转动大球"的"乒乓外交"。

1971年7月9—11日，美国总统特使、国家安全事务助理基辛格博士秘密访华，同周恩来就尼克松访华一事达成协议。7月16日，中美双方同时发布公告，宣布尼克松将于1972年5月之前的适当时机访问中国。此消息一出，震惊世界。

1972年2月21日上午11：30，美国总统尼克松乘坐的"空军一号"飞机徐徐降落在北京机场，尼克松和夫人快步走下舷梯。尼克松总统向前来迎接的周恩来总理伸出右手，两只大手紧紧地握在一起。简朴而不失庄重的欢迎仪式后，周恩来和尼克松乘车前往钓鱼台国宾馆。离开机场时，周恩来对尼克松说："你的手伸过世界最辽阔的海洋来和我握手——25 年没有交往啊！"

在尼克松访华期间，毛泽东、周恩来分别同他举行了会谈。中美双方经过多次磋商，于 2 月 27 日签订了联合公报。2 月 28 日，《中美联合公报》在上海发表，标志着两国关系正常化进程的开始。

《中美联合公报》指出，双方同意用和平共处五项原则来处理国与国之间的关系，并郑重声明中美两国关系走向正常化符合所有国家的利益，双方都希望减少国际军事冲突的危险；任何一方都不应该在亚洲—太平洋地区谋求霸权。在台湾问题上，中国政府明确指出，台湾问题是中国的内政，用什么方式解决应该由中国自己来决定。美方则表示：认识到在台湾海峡两边的所有中国人都认为只有一个中国，台湾是中国的一部分，美国政府对这一立场不提出异议。《中美联合公报》的发表是中美关系史上的里程碑。此后，两国政府继续就建交问题举行会谈。

2 月 28 日，尼克松离开上海直飞华盛顿。当他回到华盛顿时，受到了英雄般的欢迎。

尼克松访华后不久，中国同英国、荷兰、希腊、联邦德国等国相继建交或实现外交关系升格。随后，中日关系得到改善，中苏关系趋于缓和。

正如尼克松所说，他的中国之行是"改变世界的一周"。1972 年，中国在外交上取得重大突破，先后同 18 个国家建立外交关系或实现外交关系升格，打破了外交孤立的僵局。

【教师点评】　20 世纪 60 年代末 70 年代初，国际形势发生巨大变化。中共中央和毛泽东抓住世界格局转变的历史契机，从国家长远利益出发，及时作出富有远见的外交战略调整，使中国外交工作出现重大转机，打开新的局面。这其中的关键一步，就是打破中美关系僵局，逐步实现双边关系正常化。中美关系从敌对状态走向关系正常化，符合双方的战略利益，这是双边关系改善的基础。但如何走向正常化，却考验着中美领导人的智慧和胆识。在这一过程中，毛泽东邀请美国乒乓球队访华，获得了"小球转动大球"的良好效果；1972 年 2 月，尼克松访华，中美双方在上海发表联合公报，则是具有标志性意义的重大历史事件，标志着中美关系开始走向正常化，对国际局势产生了深远影响。

随着中美关系开始正常化，1972 年出现了西方国家对华建交热潮，中国外交格局发生重大变化。同中国建交的国家，从 1965 年的 49 个增加到 1976 年的 111 个，仅 1970 年以后的新建交国家就有 62 个。中国进入改革开放的新时期后，邓小平曾指出："我们能在今天的国际环境中着手进行四个现代化建设，不能不铭记毛泽东同志的功绩"①。

5. 形成了建设社会主义的若干重要原则

我们党努力探索符合中国国情的社会主义建设道路，逐步形成了一些十分重要的认识：提出把党和国家的工作重点转到社会主义建设和技术革命上来；提出走自己的路，探索适合中国国情的社会主义建设道路；提出社会主义社会的基本矛盾和主要矛盾，发展生产力是根本任务；提出社会主义现代化建设分两个步骤，进而提出中国社会主义的发展分两个阶段；提出社会主义社会还存在商品生产和商品交换，要尊重价值法则，大力发展商品生产；提出必须正确区分和处理敌我矛盾和人民内部矛盾；等等。这些独创性理论成果和巨大成就，为在新的历史时期开创中国特色社会主义提供了宝贵经验、理论准备、物质基础。

(二) 深刻的教训

对于新中国社会主义建设探索的历史教训，《中共中央关于党的百年奋斗重大成就和历史经验的决议》明确指出：在社会主义改造完成以后，在开始全面进行社会主义建设的过程中，"遗憾的是，党的八大形成的正确路线未能完全坚持下去，先后出现'大跃进'运动、人民公社化运动等错误，反右派斗争也被严重扩大化。面对当时严峻复杂的外部环境，党极为关注社会主义政权巩固，为此进

---

① 《邓小平文选》(第 2 卷)，人民出版社 1994 年版，第 172 页。

行了多方面努力。然而，毛泽东同志在关于社会主义社会阶级斗争的理论和实践上的错误发展得越来越严重，党中央未能及时纠正这些错误。毛泽东同志对当时我国阶级形势以及党和国家政治状况作出完全错误的估计，发动和领导了'文化大革命'，林彪、江青两个反革命集团利用毛泽东同志的错误，进行了大量祸国殃民的罪恶活动，酿成十年内乱，使党、国家、人民遭到新中国成立以来最严重的挫折和损失，教训极其惨痛。"①

我们既要充分肯定新中国社会主义建设的伟大成就，也要认真思考和总结在社会主义建设探索中出现的严重失误或错误，分析其中的原因、教训和启示。

1. 要对探索中出现的失误或错误有一个正确的认识

1957年下半年以来中国共产党所犯的错误，特别是"文化大革命"的严重错误，是中国共产党在独立地寻找中国自己的社会主义建设道路过程中发生的严重错误。这是一种探索中的失误。

第一，由于我国经济文化比较落后，要把马克思列宁主义基本原理和中国具体实际结合起来，不能不经历一个在实践中积累经验的过程，经历一个相当长时间探索的过程。既然是探索，就难免有失误。所以说，这一时期毛泽东和我们党所犯的错误，是探索中所犯的错误。

第二，毛泽东和我们党所犯的错误并不是由社会主义根本制度本身所造成的，而且依靠社会主义制度的自我完善和发展完全可以纠正这些错误。我们必须把毛泽东的错误同林彪、"四人帮"的罪行区分开来。二者性质根本不同。毛泽东是在为广大人民谋利益的征途上犯的错误，知错就改。而林彪、"四人帮"则是野心家、阴谋家，为了私人利益，死不改悔，甚至叛国出逃。二者决不能混淆。

第三，"文化大革命"的严重错误，既是毛泽东同志所犯的错误，也是中国共产党在探索社会主义中所犯的错误。但对这一时期中国共产党所犯的错误，需要做具体的、历史的分析。我们党在犯严重错误时，性质和宗旨都没有改变，人

---

① 《〈中共中央关于党的百年奋斗重大成就和历史经验的决议〉辅导读本》，人民出版社2021年版，第26-27页。

民群众依然把它看作是自己根本利益的代表者，对它表示信任并寄予希望。我们党仍然具有团结人民共渡难关的巨大凝聚力和号召力。另外，中国共产党能够紧紧依靠广大党员、干部和人民群众，并在广大群众的支持和帮助下，发现错误，抵制错误，纠正错误。这是"文化大革命"严重错误最终能够得以纠正的组织保证。

2. 要认真思考探索带来的深刻启示

从总体上看，新中国前二十年社会主义建设探索带给后人的启示主要有以下几点：

第一，认清国情是社会主义事业成败的关键。我国生产资料私有制的社会主义改造完成以后，党的八大对国内主要矛盾、主要任务作了正确的判断，并提出许多对经济体制进行调整的思想，这些都是基本符合国情的。然而毛泽东1957年10月作出了"两个阶级、两条道路"的矛盾仍然是国内主要矛盾的误断，这不仅反映出对中国国情认识的重大失误，而且是以后长期陷入"左"倾错误并发展到"文革"这场灾难的理论根源。所以认清国情是解决中国一切革命和建设的出发点。

第二，建设社会主义，必须以经济建设为中心，而绝不能以阶级斗争为纲。在剥削阶级被消灭以后，再强调以阶级斗争为纲，势必把大量不属于阶级斗争范围的社会矛盾错误地视为阶级斗争，采用错误的斗争方法，使矛盾人为地激化，以至于酿成像"文革"那样的灾难。另外，社会主义基本制度是适应生产力发展的，但是某些具体制度和贯彻根本制度的某些环节还存在着弊端，这就要求进行改革。这样的改革是社会主义制度的自我完善和发展，绝不是"一个阶级推翻一个阶级的政治大革命"。当然一定范围存在的阶级斗争还会在人民内部有所反映，但不能把那些反映等同于阶级斗争，在人民内部不能采用阶级斗争的方式。

第三，必须坚持民主集中制和党的集体领导原则，反对任何形式的个人崇拜。个人崇拜是经济文化不发达的产物，因此铲除个人崇拜滋生的土壤，从根本上说有赖于经济文化的发展。为了避免"文革"一类的历史重演，还必须进行经济体制、政治体制的改革，在大力发展社会生产力的同时，还要推动国家治理体系和治理能力的现代化。

第四，必须健全和发展社会主义民主与法治，绝不应倡导什么"造反有理"。正是党内民主和社会主义民主没有得到应有的实现和发展，民主没有法律化、制度化，"文革"才具有了发生的条件。在社会主义民主政治建设中，必须使国家的宪法和法律具有任何人都必须严格遵守的不可侵犯的神圣权威，使全体公民的民主权利得到切实保障。党必须在宪法和法律的范围内活动，任何一级党组织和它的领导人都不能有超出法律之上的权力。"没有民主就没有社会主义，就没有社会主义的现代化"。"必须使民主制度化、法律化"，这些振聋发聩的警语，就是"文革"教训得出的论断。

本章总结

从 1956 年社会主义改造完成到"文化大革命"结束，是我们党领导人民艰辛探索社会主义建设的历史时期。虽然经历了严重曲折，但仍取得了独创性理论成果和巨大成就。我们党领导人民在旧中国一穷二白的基础上，进行了中国历史上从来不曾有过的热气腾腾的社会主义建设，在不长的时间里，我国社会就发生了翻天覆地的变化，建立起独立的比较完整的工业体系和国民经济体系，独立研制出"两弹一星"，有效维护了国家主权和安全，成为在世界上有重要影响的大国，积累起在中国这样一个社会生产力水平十分落后的东方大国进行社会主义建设的重要经验。这些成就与经验，为中国共产党在改革开放和现代化建设新时期开辟中国特色社会主义道路提供了宝贵经验、理论准备和物质基础。

🗒️ 思考题

1. 中共八大前后中国在探索自己的社会主义道路时取得了哪些重要成果？

2. "文化大革命"发生的原因是什么？

3. 怎样正确认识和评价毛泽东的历史地位？

4. 如何评价毛泽东对中国社会主义现代化建设所作出的历史贡献？

第四章

历史转折：改革开放与中国特色社会主义的开创

教学要求

通过本章内容的学习，引导学生了解从 1978 年中共十一届三中全会召开到 1992 年"邓小平"发表"南方谈话"这 14 年间国际上发生的重大变化和国内的重要转折，使学生深刻认识改革开放这个关键一招的重大历史意义。在此基础上，使学生全面了解我国改革开放新时期以来在经济建设、政治体制改革、文化体制改革、社会主义精神文明建设、社会生活发展和对外关系等方面的重大转折和取得的成就。使学生在政治上认同我国改革开放的伟大实践，坚定只有中国特色社会主义才能发展中国的信念。

教学重点

1. 思想解放与历史转折
2. 改革开放的起步
3. 改革开放的全面展开和深入推进
4. 在严峻考验中坚持和捍卫中国特色社会主义

教学难点

1. 理解十一届三中全会的历史意义
2. 理解改革开放前后两个时期之间的关系

从 1978 年 12 月中共十一届三中全会以后，以邓小平为主要代表的中国共产党人，深刻总结我国社会主义建设正反两方面的经验，学习借鉴世界社会主义的历史经验，及时作出把党和国家的工作重点转移到经济建设上来、实现改革开放的历史性决策，明确提出了走自己的路，建设有中国特色社会主义，科学回答了建设中国特色社会主义的一系列基本问题，创立了邓小平理论，使中国大踏步赶上了时代，成功开创了中国特色社会主义。改革开放是坚持和发展中国特色社会主义的必由之路，是中国从站起来走向富起来的关键一招。历史充分证明，改革开放是历史和人民作出的关键抉择，是中国共产党为实现中华民族伟大复兴作出的又一重大贡献。

一、思想解放与历史转折

（一）真理标准问题的大讨论

"四人帮"被粉碎了，但我党并没有在思想上完全摆脱"左"的错误影响。1977 年 2 月，《人民日报》《解放军报》《红旗》杂志发表了《学好文件抓住纲》的社论，提出："凡是毛主席作出的决策，我们都坚决拥护；凡是毛主席的指示，我们始终不渝地遵守。"形成了"两个凡是"的指导思想。如果我们按照"两个凡是"行事，实际上就是把毛泽东晚年的错误全面地延续和继承下来，就难以开拓新路。不冲破这一新的错误教条，就不可彻底摆脱"文革"的阴影，也不能坚持真正的毛泽东思想。党内党外许多人在思考：究竟应该用什么样的态度对待毛泽东的指示？判定实践的是非标准到底是什么？这就不可避免地产生了实事求是与"两个凡是"的争论。真理标准的大讨论正是在这种背景下发生的。

【案例】　　　　　　　　　真理标准的大讨论

"两个凡是"提出不久，1977 年 4 月 10 日，尚未恢复领导职务的邓小平在给党中央的信中指出："我们必须世世代代地用准确的完整的毛泽东思想来指导我们全党、全军和全国人民"①。此后，他在不同场合多次批评"两个凡是"。叶剑英、陈云、李先念、聂荣臻、徐向前等老一辈革命家也强调要发扬党的实事求是的优良传统，对"两个凡是"进行了抵制。

1978年5月10日，中央党校内部刊物《理论动态》刊登了经胡耀邦审定的《实践是检验真理的唯一标准》一文。5月11日，《光明日报》以特约评论员名义公开发表这篇文章，新华社向全国转发。文章鲜明地提出，社会实践不仅是检验真理的标准，而且是唯一的标准。对"四人帮"设置的禁区"要敢于去触及，敢于去弄清是非"。不能拿现成的公式去限制、宰割、剪裁无限丰富的飞速发展的革命实践，应该勇于研究新的实践中提出的新问题。

《实践是检验真理的唯一标准》的文章发表后，立即引发争战。

在这关键时刻，邓小平于6月2日在全军政治工作会议发表重要讲话，他明确提出，实事求是，是毛泽东思想的出发点、根本点。他深刻阐述了实践是检验真理的标准的原理，尖锐批评了"照抄照转照搬"的态度。这个讲话尖锐批评了"两个凡是"，是对刚刚兴起的讨论的有力支持。

当时的中央军委秘书长罗瑞卿看到《实践是检验真理的唯一标准》的文章后即认为，这篇文章提出了一个牵一发而动全身的问题。他同胡耀邦一起，指导中央党校的哲学家吴江撰写了《马克思主义的一个最基本的原则》一文，全面批驳了"凡是论"者的观点。这篇文章作为《解放军报》特约评论员文章在1978年6月24日发表，《人民日报》在同一天刊登，《光明日报》于25日转载。这篇文章的发表，是对这个讨论的又一次有力支持。

与此同时，理论界通过开研讨会、发表文章、进行演讲等方式，大力推进这个讨论的发展。

从1978年8月开始，一些省、区、市党委和大军区党委主要负责人积极参与讨论，他们发表讲话，支持实践是检验真理的唯一标准的观点，批评"两个凡是"。新华社和《人民日报》连续报道了他们的讲话，产生了很大的影响。

---

① 《邓小平文选》(第2卷)，人民出版社1994年版，第39页。

1978年9月，邓小平视察东北，发表关于真理标准问题的谈话，进一步批评了"两个凡是"，使更多的领导干部认识了这场讨论的重大意义。9月16日他在听取中共吉林省委常委汇报工作时指出，"两个凡是"不是高举，这样搞下去，要损害毛泽东思想。"两个凡是"是形式主义的高举，是假的高举。"毛泽东思想的基本点是实事求是"。

胡耀邦依据讨论的进展情况，指导理论动态组撰写了多篇文章，作为特约评论员文章发表，推进讨论。

这个讨论发展到1978年的八、九、十月，就形成了大讨论的局面。经过广泛的讨论，全党全国人民都进一步解放了思想。

这场关于真理标准的大讨论，实际上是一场深刻而广泛的思想解放运动，通过这场讨论，批判危害多年的"极左"思潮，恢复党的马克思主义思想路线，党内外思想日益活跃，开始出现酝酿对外开放和对各方面体制进行改革的新局面。因此，真理标准的大讨论成为正本清源、拨乱反正和改革开放的思想先导。真理标准问题的讨论吹响了中国改革开放的号角。

(二)伟大的历史转折——中共十一届三中全会

1978年12月18日至22日，中共十一届三中全会在北京召开。会议的中心议题是把全党工作的重点转移到社会主义现代化建设上来。这次全会之所以能产生这么大的影响，还与此前召开的中央工作会议密切相关。

1978年11月10日至12月15日，中央工作会议召开。会议原来确定的议题主要是讨论经济工作。首先讨论工作重点转移的问题。对于工作重点转移，大家热烈拥护、一致赞成。但大家同时感到，如果不解决指导思想问题，不纠正"左"的错误，包括"文化大革命"的严重错误，不克服教条主义、本本主义和思想僵化，不解决检验真理的标准问题，是不可能真正实现工作重点转移的。随后，会议对真理标准问题展开了思想交锋，对经济问题、党的建设、国家的民主法治建设也进行了热烈讨论。大家一致认为必须重新确立党的实事求是思想路线。

12 月 13 日，在中央工作会议闭幕会上，邓小平发表了题为《解放思想，实事求是，团结一致向前看》的重要讲话。邓小平强调，我们必须解放思想，只有这样才能正确地以马列主义、毛泽东思想为指导，解决过去遗留的问题，解决新出现的一系列问题。如果一个党一个国家，一切从本本出发，它的生机就停止了，就会亡党亡国。在讲话中，邓小平提出了改革经济体制的任务。他说："如果现在再不实行改革，我们的现代化事业和社会主义事业就会被葬送。"①这篇讲话是解放思想、改革开放，开辟新时期新道路的宣言书，实际上成了随后召开的十一届三中全会的主题报告。

1978 年 12 月 18—22 日，党的十一届三中全会在北京召开。这次全会实现了新中国成立以来党的历史上具有深远意义的伟大转折，开启了改革开放和社会主义现代化建设的伟大征程。

【案例】　　　1978 年的两个会议，改变中国命运的 41 天

1978 年年末，北京京西宾馆见证了两个具有历史性意义的会议。中央工作会议于当年 11 月 10 日召开，闭幕后，与会者继续分组讨论，会期原定 20 天，后来延长到 36 天，一直开到 12 月 15 日。3 天后，1978 年 12 月 18 日，具有划时代意义的十一届三中全会举行，历时 5 天。十一届三中全会通过的公告这样写道："在全会前，召开了中央工作会议，为全会作了充分准备。"有学者把这两次会议称作"改变中国命运的 41 天"。

有错必纠，实事求是

1978 年 11 月 10 日，中央领导人宣布中央工作会议的主要议题是农业和 1979 年至 1980 年的国家发展计划，还要继续讨论国务院"四化"建设务虚会的内容。会议开始两天之后，原先的计划被更广泛的讨论打乱了。

那时，已经粉碎"四人帮"，但国民经济却没有太大起色。时任财政部部长张劲夫思考，为什么一门心思搞经济却怎么也搞不好？他认为，根本原

---

① 《邓小平文选》(第 2 卷)，人民出版社 1994 年版，第 150 页。

因在于指导各项工作的思想路线和政治方针还是"文革"的那一套"极左"的东西，没有从根本上拨乱反正。"两个凡是""以阶级斗争为纲"束缚了人们的思想和手脚。

分组讨论第一天就突破了原定议题。一些与会者认为，应为那些已故的备受尊敬的干部正名。

11月12日，东北组陈云的发言"惊起千层浪"。他表示，为了调动干部的热情做好经济工作，当务之急是处理好悬而未决的政治分歧。具体而言，受到错误批判的五类人，必须还他们以清白。

会场之外，11月15日，时任北京市委书记林乎加以北京市委的名义发布公报称："广大群众在1976年清明节聚集到天安门悼念敬爱的周总理……他们痛恨祸国殃民的'四人帮'犯下的罪行。这完全是一次革命行动。对因此受到迫害的同志应当全部予以平反，为他们恢复名誉。"这一公告在《人民日报》、新华社、《光明日报》、《北京日报》发布。

这些会议之外的事件，直接影响了邓小平所作的《解放思想，实事求是，团结一致向前看》的讲话。这篇讲话稿从10月底开始酝酿，邓小平亲笔写提纲，11月20日第一稿改定，但12月2日邓小平提出进行大的修改。其中一个关键的修改方向，就是制定了有错必纠、实事求是、解放思想的思想路线。

重心转移，发展生产力

中央工作会议开始前两个月，邓小平在视察东北时动情地说："马克思主义就是这样，归根到底要发展生产力。我们太穷了，太落后了，老实说对不起人民，我们的人民太好了。……我们现在必须发展生产力，改善人民生活条件。"时任中共吉林省第一书记的王恩茂认为，这些振聋发聩的话是改革开放、实现工作重点转移的动员令。

农业问题在会议上引起激烈的讨论。时任国务院副总理纪登奎发表了关于农业的讲话，他认为国家的农业政策变化太快，难以预期，常常不符合各地的情况。他提议，为了解决农业问题，要增加农业投资，改善种子和化肥供应，将农民可用的贷款数量翻一番，把粮食收购价提高30%。

有关农业的最大胆的发言之一，是胡耀邦在西北组的发言。他认为纪登奎的建议不足以解决农业问题，并仍然反映着思想上受到的禁锢。胡耀邦主张，政治和经济活动全部统一在公社这个单位是不行的。为了解决这个问题，党必须想办法提高农民和当地干部的积极性。他说，如果集体所有制管理不善，调动不起农民的热情，它也不可能有效率。

有关真理标准问题的大讨论不模糊

在36天的中央工作会议上，与会者的发言时间、发言次数、发言范围均不受限制。临近结束时邓小平称赞这次会议说，它标志着我们党又恢复了畅所欲言的民主讨论传统。

于光远曾表示，这个会议还有一个特点，真理标准问题大讨论的两个阵营的主要人物都在会上。30多天的分组会，每天都直接间接地触及这个问题，发言都很坦率和尖锐，不模糊，不藏头露尾。这使1978年的这场全国性大讨论，引向彻底和深刻。

会议分组讨论时，东北组的组长任仲夷说，三中全会代表着党内民主讨论的优良传统对"两个凡是"的胜利。

邓小平说，要允许大家说出对真实情况的看法。"必须有充分的民主，才能做到正确的集中。当前这个时期，特别需要强调民主。因为在过去一个相当长的时间内，民主太少。"

邓小平把民主作为改革开放的基本条件。全会认为，社会主义现代化建设需要集中统一的领导，需要严格执行各种规章制度和劳动纪律，但是必须有充分的民主，才能做到正确的集中。

邓小平讲话中关于经济改革的部分很快付诸实施。他认为，我国的经济管理体制权力过于集中，不是鼓励、支持人们敢想敢做，精神鼓励不够，物质鼓励也不够，应该有计划地大胆下放。"当前最迫切的是扩大厂矿企业和生产队的自主权"，这成为中国20世纪80年代初期经济改革的指导思想。①

【教师点评】 十一届三中全会之所以说实现了党和国家发展中的伟大的历史性转折，主要原因是：

第一，会议重新确立了实事求是的思想路线。全会否定了"两个凡是"的方针，高度评价了真理标准问题的讨论，重新确立了马克思主义的实事求是的思想路线。

第二，会议重新确立了马克思主义的政治路线。全会果断地停止使用"以阶级斗争为纲"的口号，作出了把工作重点转移到社会主义现代化建设上来和实行改革开放的战略决策。

第三，会议重新确立了马克思主义的组织路线。主要是按照实事求是的原则，平反一些冤假错案，实行拨乱反正，由此确立了正确的组织路线。

第四，全会提出了健全社会主义民主与加强社会主义法制的任务。这也是我们国家政治生活中的一件大事。

全会后，就体现党的正确指导思想以及决定改革开放和社会主义现代化建设的重大方针政策来说，邓小平实际上已经成为党的中央领导集体的核心。

党的十一届三中全会的胜利召开，结束了粉碎"四人帮"后党和国家工作在徘徊中前进的局面，标志着中国共产党重新确立了马克思主义的思想路线、政治路线、组织路线，实现了新中国成立以来党的历史上具有深远意义的伟大转折，开启了我国改革开放和社会主义现代化建设新时期。全会作出实行改革开放的历史性决策，是基于对党和国家前途命运的深刻把握，是基于对社会主义革命和建设实践的深刻总结，是基于对时代潮流的深刻洞察，是基于对人民群众期盼和需要的深刻体悟。改革开放是中国共产党的一次伟大觉醒，正是这个伟大觉醒，孕育了党从理论到实践的伟大创造。从这次全会开始，改革开放和开创中国特色社会主义的大幕拉开，邓小平理论也逐步形成和发展起来。党的十一届三中全会作

---

① 张艺：《1978 年的两个会议，改变中国命运的 41 天》，《中国青年报》2021 年 3 月 23 日。

为一个伟大转折点而载入光辉史册。

二、拨乱反正任务的完成

（一）大规模平反冤假错案和调整社会关系

党的十一届三中全会后，从中央到地方，按照实事求是、有错必纠的原则，平反冤假错案的工作全面推开。在平反冤假错案工作中，影响最大的是1980年2月党的十一届五中全会通过的《关于为刘少奇同志平反的决议》。该决议彻底推翻强加给刘少奇的种种罪名，恢复了刘少奇作为伟大的马克思主义者和无产阶级革命家、党和国家主要领导人之一的名誉。这表明中国共产党是一个实事求是、有错必纠、严肃认真、光明磊落的马克思主义政党。党和人民也深刻认识到加强民主集中制、加强民主法治建设的重要性。

【案例】 **大规模平反冤假错案**

1977年12月10日，中共中央任命胡耀邦为中央组织部部长，主持落实党的政策和平反冤假错案的工作。中央组织部新的领导集体，雷厉风行，相继为一些著名人士如科学家赵九章、熊庆来、乒乓球运动员容国团、艺术家周信芳、郑君里、严凤英、潘天寿等平了反。中央军委为许光达平了反。但总的来说，在全国有影响的大案、要案的复查与平反，还没有提到议事日程上来，全国平反冤假错案的工作还仅仅是开始。

从1978年12月中共十一届三中全会到1981年6月中共十一届六中全会，是大批平反冤假错案阶段。这一阶段不仅纠正了"文化大革命"中的冤假错案，还纠正了一些中华人民共和国成立后至"文化大革命"前的重大冤假错案。

1980年2月，中共十一届五中全会通过了为刘少奇平反的决议，决定撤销中共八届十二中全会强加给刘少奇的错误决议，5月17日，在北京隆重举行追悼大会。恢复刘少奇作为伟大的马克思主义者和无产阶级革命家、党和国家主要领导人之一的名誉。

对"文化大革命"前历次政治运动造成的冤假错案进行平反的有：1959年的"反右倾斗争"，1957年7月开始的批判马寅初《新人口论》（1979年7月平反），为所谓"谭政反党集团"、邓子恢和原农村工作部犯路线错误问题等错案彻底平反。此外，为青海省1958年平叛斗争扩大化问题平反，为华北"山头主义"平反等。

到1982年年底，全国大规模的平反冤假错案工作基本结束。全国共纠正了300多万名干部的冤假错案，47万多名共产党员恢复了党籍，他们心情舒畅地重新走上工作岗位或担任新的领导职务。

在处理党内历史遗留问题的同时，党积极调整社会各方面关系，开展了大量工作。各地对1957年在反右派斗争扩大化中错划的右派分子进行了甄别改正。党中央还宣布原工商业者已改造成劳动者，把原为劳动者的小商小贩、手工业者从原资产阶级工商业者中区别出来，为已改造成为劳动者的绝大多数原地主、富农分子改订了成分。这一系列工作妥善地解决了大量党内和人民内部的矛盾。

党中央高度重视落实知识分子政策问题。国家采取一系列有效措施，先后颁布自然科学奖励条例和学位条例，调动广大知识分子的积极性，推动人才的选拔培养。党中央还要求，尽可能改善科技人员特别是在第一线做实际工作的中年科技人员的工作、生活条件。尊重知识、尊重人才重新在全社会蔚为风尚，我国教育科学文化事业开始呈现勃勃生机。

纠正党在统一战线工作中的一些"左"的做法，是调整社会关系的一个重要方面。1979年6月，邓小平在全国政协五届二次会议上讲话指出，我国的统一战线已经成为工人阶级领导的、工农联盟为基础的社会主义劳动者和拥护社会主义的爱国者的广泛联盟。我国的各民主党派都已经成为各自所联系的一部分社会主义劳动者和一部分拥护社会主义的爱国者的政治联盟。1978—1979年，各民主党派、全国工商联和各人民团体分别召开代表大会，并选举各自的领导机构和领导人。"文化大革命"中停止活动的各民主党派和工商联重新开展工作。

平反冤假错案和调整社会关系，正确处理党内和人民内部的一系列矛盾，大大调动了全社会各阶层人员的积极性，对促进社会安定、人民团结，对巩固和发展爱国统一战线，从而推动改革开放和社会主义现代化建设事业发展，起到了十分重要的作用。

对林彪、江青两个反革命集团案主犯的审判，是民主法治建设中引人关注的大事。1980 年 9 月，五届全国人大常委会第十六次会议决定成立最高人民检察院特别检察厅和最高人民法院特别法庭，对林彪、江青两个反革命集团案进行公开审判。1980 年 11 月至 1981 年 1 月，最高人民法院特别法庭开庭公审这两个反革命集团案十名主犯，彰显了社会主义民主法制的庄严。

（二）阐明必须坚持四项基本原则

党的十一届三中全会后，在解放思想、拨乱反正过程中，广大干部群众从"文化大革命"及其之前的"左"倾思想的严重束缚中解脱出来，党内外呈现出研究新情况、解决新问题的生动局面，但同时也出现了一些值得引起注意和警觉的现象。有的人对十一届三中全会以来的新的路线方针政策表现出不理解甚至抵触情绪。少数人对"解放思想"加以曲解，肆意夸大党和毛泽东所犯的错误，企图否定党的领导，否定社会主义制度，否定毛泽东和毛泽东思想。

针对这些思想混乱状况，1979 年 3 月，邓小平在党的理论工作务虚会上发表《坚持四项基本原则》的讲话。他指出，必须在思想上政治上坚持社会主义道路、坚持无产阶级专政（后表述为人民民主专政）、坚持共产党的领导、坚持马列主义毛泽东思想这四项基本原则。这是"实现四个现代化的根本前提"。"如果动摇了这四项基本原则中的任何一项，那就动摇了整个社会主义事业，整个现代化建设事业。"[1]他还提出一个重要思想："现在搞建设，也要适合中国情况，走出一条中国式的现代化道路。"[2]这个讲话郑重表明，中国共产党所领导的改革开放从一开始就具有明确的社会主义方向。

---

[1]　《邓小平文选》（第 2 卷），人民出版社 1994 年版，第 173 页。
[2]　《邓小平文选》（第 2 卷），人民出版社 1994 年版，第 163 页。

（三）制定《关于建国以来党的若干历史问题的决议》

实行改革开放，全面拨乱反正，必须对新中国成立以来中国共产党的重大历史问题作出结论，以统一全党和全国人民的思想，团结一致向前看。1979 年 11 月，在邓小平主持下，中共中央着手起草《关于建国以来党的若干历史问题的决议》。

【案例】 邓小平主持起草《关于建国以来党的若干历史问题的决议》

这个决议是在邓小平亲自主持下起草的。从 1979 年 10 月组织起草，到 1981 年 6 月全会通过，历经 20 个月。其间，邓小平就有关起草工作共作过 17 次重要谈话，为决议的最终形成付出了心血和智慧。两年时间里，邓小平对起草工作发表了许多重要指示。他提出决议要体现三条总的要求，或者说总的原则、总的指导思想：第一，确立毛泽东同志的历史地位，坚持和发展毛泽东思想，这是最核心的一条；第二，对新中国成立 30 年来历史上的大事，哪些是正确的，哪些是错误的，要进行实事求是的分析，包括一些负责同志的功过是非，要作出公正的评价；第三，对过去的事情作个基本的总结，这个总结宜粗不宜细，总结过去是为了引导大家团结一致向前看。对毛泽东的功过评价，要实事求是、恰如其分。毛泽东思想这个旗帜丢不得，丢掉了这个旗帜实际上就否定了我们党的光辉历史。他还强调，毛主席多次从危机中把党和国家挽救过来。没有毛主席，至少我们中国人民还要在黑暗中摸索更长的时间。

【教师点评】 邓小平这次谈话中提出的"三条要求"，成为起草小组始终坚持的原则，体现在决议的主题思想、结构布局、重大问题判断、重要提法、遣词造句等各个方面。

经过一年多的起草工作和广泛征求意见，1981 年 6 月，党的十一届六中全会通过了《关于建国以来党的若干历史问题的决议》。《决议》从根本上否定了"文化大革命"和"无产阶级专政下继续革命"的错误理论，对一些重大历史事件和重要历史人物作出了实事求是的评价，科学总结了新中国成立以来社会主义革命和建设的历史经验。《决议》指出，中国共产党在中华人民共和国成立以后的历史，总的来说，是我们党在马克思列宁主义、毛泽东思想指导下，领导全国各族人民进行社会主义革命和社会主义建设并取得巨大成就的历史。《决议》实事求是地评价毛泽东的历史地位，充分肯定毛泽东思想作为党的长期坚持的指导思想的伟大意义。

《决议》指出，毛泽东是伟大的马克思主义者，是伟大的无产阶级革命家、战略家和理论家。他的功绩是第一位的，错误是第二位的。《决议》将毛泽东晚年的错误同毛泽东思想加以区别，指出毛泽东思想是马克思列宁主义在中国的运用和发展，是被实践证明了的关于中国革命的正确的理论原则和经验总结，是中国共产党集体智慧的结晶。《决议》对毛泽东思想多方面的内容和活的灵魂——实事求是、群众路线、独立自主作了科学概括，强调毛泽东思想是我们党的宝贵的精神财富，它将长期指导我们的行动，必须继续坚持毛泽东思想，以符合实际的新原理新结论丰富和发展我们党的理论。《决议》的形成，表明中国共产党对自己包括领袖人物的失误和错误采取郑重的态度，敢于承认，正确分析，坚决纠正，从而使失误和错误连同党的成功经验一起成为宝贵的历史教材。

《决议》还对党的十一届三中全会以来逐步确立的适合我国情况的社会主义现代化建设正确道路的主要点，从十个方面作了概括，实质上初步提出了在中国建设什么样的社会主义和怎样建设社会主义的问题。《决议》正确解决了既科学评价毛泽东的历史地位和毛泽东思想的科学体系，又根据新的实际和发展要求实行改革开放、确立中国社会主义现代化建设正确道路这两个相互联系的重大历史课题，充分体现了党中央的远见卓识和政治上的成熟。《决议》的通过，标志着党在指导思想上的拨乱反正胜利完成。

根据中央政治局的建议，党的十一届六中全会决定同意华国锋辞去中央委员会主席、中央军事委员会主席的职务，选举胡耀邦为中央委员会主席，邓小平为中央军事委员会主席。

三、改革开放的起步

(一)国民经济的调整

在徘徊中前进的时候，经济过热，要求过急，出现了一些问题。中共中央于1979年4月召开工作会议，决定对国民经济进行调整，并通过了"调整、改革、整顿、提高"的新"八字方针"。调整一些比例结构失调的问题，改革一些不合理的体制，整顿经济秩序，提高经济工作和管理工作水平。贯彻新"八字方针"，不但是调整经济关系的重要步骤，是端正经济建设指导方针、探索适合中国国情的社会主义现代化建设道路的过程，也是推进改革开放的过程。

(二)农村改革率先取得突破

中国是一个农业大国。中国的事情能不能办好，农业的发展状况具有决定性意义。我们的改革是从农村开始的。改革首先由农村突破，根本的推动力来自农民。

【教师点评】 改革为什么率先从农村开始呢?

主要原因在于两个方面：一是当时中国农村有一亿多农民没有解决温饱问题。因为吃饭问题是最主要的问题，过去经济受到影响，特别是农村很多人没有解决温饱。二是当时的人民公社体制束缚了生产力的发展。所以人们要改革，就是要改变这种大一统的管理模式，探索一些责任制。最早开始探索的是安徽、四川的一些地区的农民。特别有名的是安徽凤阳小岗村村民的改革。

【案例】　　　　　　　　一张生死契约

20世纪70年代的安徽省是全国有名的穷省，凤阳县更是以要饭而闻名。

当时凤阳县的一些生产队队长领着社员，拿着盖有公章的介绍信，集体外出乞讨谋生。

穷则思变。1977 年 11 月，中共安徽省委第一书记万里主持发布了《关于当前农村经济政策几个问题的规定》，允许生产队根据不同农活建立不同的生产责任制。可以组织作业组；只需个别人完成的农活，也可以责任到人。提出了著名的"安徽六条"，其核心就是给农民一定的自主权。

1978 年夏秋之际，安徽省发生百年不遇的大旱灾，除长江、淮河流域外，绝大多数河流断流，粮食大幅减产，有的地方甚至绝收，秋种遇到严重困难。

形势异常严峻，安徽省委决定采取"借地度荒"的特殊政策，即把部分土地借给农民种麦种菜，所产粮菜不征购，不计口粮。这一紧急政策措施，立即激发了农民的生产积极性，出现了全家男女老幼齐种地的繁忙景象。这一年秋种，安徽省增加农作物播种面积 1000 多万亩。

"借地度荒"让农民尝到了甜头，他们下定决心这么干下去。在安徽省肥西县和凤阳县，有一些社队进行了包产到户、包干到户的尝试。

1978 年 12 月的一天夜晚，凤阳县梨园公社小岗村的 18 户村民来到严立华家，在生产队长严俊昌带领下，依次在土地承包合约上签字、摁红手印。

"我们分田到户，每户户主签字盖章，如以后能干，每户保证完成每户的全年上交（缴）和公粮，不在（再）向国家伸手要钱要粮，我们干部作（坐）牢割头也干（甘）心，大家社员也保证把我们的小孩养活到 18 岁。"

小岗村的村民用这种最庄重的形式，许下彼此的承诺，空气中有几分悲壮，更多的是对未来美好生活的向往。这些老实巴交的农民此时还不知道，他们的这一举动将永载共和国史册，成为吹响人民公社体制改革的号角。

农民将这种"包干到户"的生产形式，称为"大包干"。他们说，"大包干，直来直去不拐弯，保证国家的，留足集体的，剩下都是自己的"。大家编了个顺口溜赞赏"大包干"："大包干，就是好，干部群众都想搞。只要搞个三五年，吃陈粮，烧陈草，个人富，集体富，国家还得盖仓库。"

小岗村村民签订"生死契约"的第二年，"包产到户"迅速在安徽全省普及开来。贵州、四川、甘肃、内蒙古、河南等地也采取了类似的做法。这些大胆的尝试，揭开了当代中国农村改革的序幕。

【教师点评】 小岗村的"大包干"是农村经济体制改革的序幕。后来，在人民群众中曾广泛流传一句话，那就是"要吃米，找万里"。时任安徽省委书记的万里对"大包干"给予了大力支持。从 1978 年起，安徽、四川的基层干部和农民群众，就在省委支持下，开始探索包产到组、包产到户、包干到户等多种形式的农业生产责任制，取得了良好效果。其他一些地方也开始实行农村联产责任制。这些做法，得到了中央的肯定和支持。就这样，以包产到户、包干到户为主要形式的家庭联产承包责任制在全国各地逐渐推广开来。在这场伟大变革中，小岗村村民签订的一纸合约，成为一个符号、一个象征、一种精神，那就是敢闯敢试，敢为天下先。

在 1982 年 1 月 1 日，中共中央批准了 1981 年 12 月全国农村工作会议形成的《全国农村工作会议纪要》，并作为 1 号文件下发。文件的主要内容就是肯定了各种形式的责任制，指出："目前实行的各种责任制，包括小段包工定额计酬，专业承包联产计酬、联产到劳、包产到户、到组，包干到户、到组，等等，都是社会主义集体经济的生产责任制。"党肯定了包产到户等农业责任制的社会主义性质，这是认识上的一个重大突破。这也为改革开辟了一条新路。

(三) 城市经济体制改革的探索

在借鉴农村改革经验的基础上，以扩大企业自主权为主要内容的城市经济体制改革逐步在全国推开。1979 年 5 月，首都钢铁公司、天津自行车厂、上海柴油机厂等 8 家大型企业开始进行改革试点。到 1980 年 6 月，参与改革的企业增至 6600 个。扩大企业自主权改革，在传统的计划经济体制上打开一个缺口，初步改变了过去只按国家指令性计划生产，不了解市场需要，不关心产品销路，不关心盈利亏损的状况，增强了企业的自主经营意识和市场意识。

在扩大企业自主权的基础上，城市改革逐步推向经济责任制方面，并于 1981 年春首先在山东省的企业中试行。实行经济责任制的改革，是要把企业和职工的

157

经济利益同他们所承担的责任与实现的经济效益联系起来，使广大职工以主人翁的态度，用最少的人力、物力，取得最大的经济效益。此后，经济责任制很快推行到全国 3.6 万个工业企业。

商业流通体制的改革也在展开。从 1979 年起，国家重新限定农副产品的统购和派购范围，放宽农副产品的购销政策，规定供销合作社基层社可以出县、出省购销，集体所有制商业、个体商贩和农民可以长途贩运。这为加快城乡商品流转创造了有利条件。

所有制结构的改革开始进行。1979 年，全国出现知青返城大潮。为了缓解与日俱增的就业压力，党中央、国务院采取支持城镇集体经济和个体经济发展的方针，开启了以公有制经济为主体、多种经济形式并存的改革。"个体户"由此应运而生。1981 年 10 月，党中央、国务院在《关于广开门路，搞活经济，解决城镇就业问题的若干决定》中指出：在社会主义公有制经济占优势的根本前提下，实行多种经济形式和多种经营方式长期并存，是我党的一项战略决策，绝不是一种权宜之计。在新的政策指引下，集体经济、个体经济有了新的发展，还出现全民、集体和个体联营共同发展的新经济形式。

（四）对外开放和创办经济特区

在改革推进的过程中，我们的对外开放逐步展开，并取得重大突破。

第一，吸引和利用外资、兴办中外合资经营企业和中外合作经营企业，是对外开放的重要方式和步骤。

1979 年，中国国际信托投资公司成立，开展国际信托、投资、租赁等业务。1980 年，我国恢复在世界银行、国际货币基金组织的代表权，并加入国际农业发展基金会，开始从这些国际金融机构中得到贷款。随着 1979 年 7 月《中华人民共和国中外合资经营企业法》及此后一系列相关法律法规的出台，中外合资经营从无到有发展起来。中国对外开放的大门向世界渐次打开。

第二，创办经济特区，是党和国家为推进改革开放和社会主义现代化建设进行的伟大创举，开启了对外开放的新天地。

【案例】　　　　杀出一条血路：创立经济特区的伟大壮举

随着农村改革大幕的徐徐拉开，城市经济体制改革开始在局部试点。作为中国改革开放和社会主义现代化建设总设计师的邓小平，思索对外开放如何突破的问题，将目光投向了毗邻香港的广东。

此时，广东省领导正在为严重的经济社会问题所困扰。与香港一河之隔的罗湖区渔民村，是很多人偷渡香港的通道，每天都有四五百名偷渡者从这个"逃港口"被遣返回内地。

人们为什么要冒险"逃港"？原因不言而喻，就一个字儿——"穷"。1978年，如果站在高处俯瞰深圳河两岸，你会惊奇地发现，这是两个截然不同的世界，一边是光鲜亮丽的高楼大厦，另一边是破败不堪的低矮平房。当时，罗湖区的渔民每天挣8分钱；而隔河相望的香港居民，每天却能挣60多元。

1979年春，习仲勋出任广东省委第一书记。经过深入调查研究，习仲勋认识到，如果继续按照原有的政策走下去，广东和香港的距离将越拉越大。怎么办？有一条路可以试试，就是利用广东离香港近的特点，吸引外资和技术。

习仲勋的想法和中央的设想不谋而合。早在1978年4月，国家计委、外贸部就派遣了一个经济贸易考察组，赴香港、澳门进行实地考察。考察组向中央建议，把靠近港澳的广东宝安、珠海划为出口基地，力争通过三五年的建设，把这一区域建成为具有相当水平的对外生产基地、加工基地和吸引港澳同胞的旅游区。1979年1月，中共中央同意将深圳南头半岛的50平方千米土地交给招商局，建立广东宝安工业区。同时，广东省决定将宝安县改为深圳市，珠海县改为珠海市，开发建设出口基地。

1979年4月5日至28日，中央工作会议专门讨论经济建设问题。4月17日，与会的习仲勋、杨尚昆向中央汇报工作，提出多给广东一点儿自主权，利用毗邻港澳的有利条件实行特殊政策，在深圳、珠海、汕头兴办出口加工区，加快对外开放步伐。会议期间，福建省委也向中央提出了类似的设想。中央表示支持广东、福建两省实行对外开放，要求两省拿出具体实施方案。

对于实行特殊政策的地区如何称呼的问题，邓小平说："还是叫特区好，陕甘宁开始就叫特区嘛！中央没有钱，可以给些政策，你们自己去搞，杀出一条血路来。"①

1980 年 5 月，中共中央、国务院决定在广东省的深圳市、珠海市、汕头市和福建省的厦门市各划出一定范围试办"经济特区"。中央明确要求，在维护国家主权、执行中国法律法规等原则下，经济特区实行对外开放政策，吸引侨商、外商投资办厂，或同他们合作办企业，引进先进技术，发展对外贸易。

经济特区率先在全国探索实行了一系列富有激励性和灵活性的制度。以深圳为例，在产权制度上，创办第一家股份制中外合资企业、第一家企业自办的股份制银行、第一家股份制保险公司；在土地市场化配置上，敲响新中国土地拍卖"第一槌"；在发展资本市场上，创建证券交易所，等等。在今天看来，这些不过是社会主义市场经济的一般制度，但在当时却极具突破意义。它突破了社会主义只能搞计划经济的认识，为开辟中国特色社会主义市场经济发展道路提供了宝贵经验。

经济特区一经开发，就显现出了活力。据统计，1980 年与 1979 年相比，广东、福建两省出口额分别增长 27.9% 和 47.2%；工农业生产总值分别增长 8.2% 和 10%；财政收入分别增长 10.5% 和 20.5%。1980 年，通过"三来一补"，广东安排就业 17 万人，福建安排就业 3 万人。

创办经济特区是中国实行对外开放的一个伟大创举，不仅为打开国门吸引外资积累了经验，而且为经济管理体制改革进行了有益的探索，对推动中国的社会主义现代化建设具有极其重要的意义。

【教师点评】　在中央决策的推动下，来自四面八方的特区建设者披荆斩棘、艰苦创业，短短几年间，将深圳、珠海这些昔日落后的边陲小镇、荒滩渔村，建设成为生机勃勃的崭新城市，创造了敢闯敢试、敢为人先、埋头苦干的特区精神。经济特区成为中国改革开放的重要窗口，向世界展示了中

① 《邓小平年谱（一九七五——一九九七）》（上卷），中央文献出版社 2004 年版，第 510 页。

国改革开放的磅礴伟力。

(五)党和国家领导制度的改革

从党的十一届三中全会起，党中央认真总结和汲取以往党和国家政治生活中的经验教训，以改革党和国家领导制度，使民主制度化、法律化为主要内容的政治体制改革开始起步。

1979年7月，五届全国人大二次会议审议并通过地方各级人民代表大会和地方各级人民政府组织法、全国人民代表大会和地方各级人民代表大会选举法、刑法、刑事诉讼法、人民法院组织法、人民检察院组织法、中外合资经营企业法七部法律。我国社会主义民主制度化、法律化迈出重要一步。

中国共产党领导的多党合作和政治协商制度得到恢复和发展。1979年10月，邓小平在全国政协、中央统战部举行的招待会上强调，在中国共产党的领导下，实行多党派的合作，这是由我国具体历史条件和现实条件所决定的，也是我国政治制度中的一个特点和优点。长期共存，互相监督，这是一项长期不变的方针。同月，中共中央还提出，各级党委要克服"清一色"思想，切实做好党外人士特别是具有业务和技术专长的党外人士的安排工作，同他们真诚合作，共同把国家的事情办好。

中共中央对改革党和国家领导制度采取了一系列举措。1980年2月，党的十一届五中全会决定恢复设立中央书记处，作为中央政治局和它的常务委员会领导下的经常工作机构；党中央不设主席，只设总书记，总书记负责召集中央政治局、政治局常委会议和主持中央书记处的工作。会议选举胡耀邦为中央委员会总书记。

1980年8月，中央政治局召开扩大会议，邓小平作《党和国家领导制度的改革》的讲话。他指出，领导制度、组织制度问题，更带有根本性、全局性、稳定性和长期性。改革党和国家的领导制度，不是要削弱党的领导，涣散党的纪律，而正是为了坚持和加强党的领导，坚持和加强党的纪律。这个讲话，为党和国家领导制度的改革明确了基本的指导思想。

1982年，机构改革提上日程。邓小平在这年1月召开的中央政治局会议上指出，精简机构是一场革命，最关键的问题是选比较年轻的、德才兼备的干部进领导班子。经过改革，党中央直属单位的局级机构减少11%，工作人员编制缩减17.3%；国务院所属部委、直属机构和办公机构由100个裁并调整为61个，工作人员编制缩减1/3左右。在新组成的领导班子中，新选拔的中青年干部占32%，平均年龄由64岁降到58岁。

在十一届三中全会后三年多的时间里，拨乱反正全面展开，社会主义民主法制建设逐步走上正轨，党和国家领导制度改革稳步推进，改革开放和国民经济调整取得积极成效，各项事业蓬勃发展，这为党的十二大召开奠定了重要基础。

四、开创改革开放和现代化建设新局面

经过拨乱反正，统一了思想，进一步明确了前进的方向。全国人民在党的领导下，开始全面投入改革开放与现代化建设事业。

（一）"建设有中国特色的社会主义"重大命题的提出

1982年9月，中国共产党第十二次全国代表大会在北京召开。邓小平在开幕词中，提出："把马克思主义的普遍真理同我国的具体实际结合起来，走自己的道路，建设有中国特色的社会主义。"①"建设有中国特色的社会主义"的重大崭新命题的提出，回答了进入改革开放新时期后走什么样的道路这一全党和全国人民最为关心的重大问题，它成为指引改革开放和社会主义现代化建设的伟大旗帜。

大会通过了胡耀邦所作的题为《全面开创社会主义现代化建设的新局面》的报告，大会提出党在新的历史时期的总任务是："团结全国各族人民，自力更生、艰苦奋斗，逐步实现工业、农业、国防和科学技术现代化，把我国建设成为高度文明、高度民主的社会主义国家。"大会根据邓小平的设想，提出国内工农业年总产值到20世纪末翻两番的奋斗目标，即由1980年的7100亿元增加到2000年的

① 《邓小平文选》（第3卷），人民出版社1994年版，第3页。

2.8 万亿元左右，人民的物质文化生活达到小康水平。这个目标切合实际，符合中国的国情，有力地调动了全国人民积极投身到现代化建设的伟大事业中，成为鼓舞人民的巨大精神力量。

中共十二大还提出要努力建设高度的社会主义精神文明和高度的社会主义民主，强调社会主义精神文明是社会主义的重要特征，是社会主义优越性的表现。邓小平就强调，只有精神文明和物质文明都搞好了，才是有中国特色的社会主义。我们在进行改革开放，建设社会主义物质文明的同时，在以经济建设为中心的同时，要搞好精神文明的建设。这些任务的提出，体现了社会主义现代化建设的全面性要求，丰富和发展了科学社会主义理论，也标志着党对社会主义的认识不断深化。

(二)改革开放的全面展开

1. 农村改革的持续深入

党的十二大以后，农村改革在巩固的基础上进一步深入。1982 年至 1984 年，党中央连续发出三份关于农村工作的"一号文件"，家庭联产承包责任制迅速推向全国。到 1987 年，全国 98% 的农户实行了家庭联产承包责任制，亿万农民的生产积极性得到极大提高，农业生产摆脱了停滞的困境。

家庭联产承包责任制的实行，为农村商品经济的发展创造了条件。1985 年，党中央下发"一号文件"，决定对粮食、棉花等少数重要农产品实行国家计划合同收购的新政策，合同收购以外的产品可以自由出售，或以协议价格卖给国家；其余多数农副产品可以在市场上自由交易，国家不再下达指令性计划。这就基本上改变了实行 30 多年的统购派购政策，把农村经济纳入有计划的商品经济的轨道。

农村改革还带来了乡镇企业的异军突起，一大批农村劳动力从土地上解放出来，从事工业、商业和服务业。到 1987 年，乡镇企业产值达到 4764 亿元，第一次超过农业总产值。这是农村经济的一个历史性变化。

【案例】　　　　　　　　**乡镇企业的兴起**

　　乡镇企业的前身有相当一部分是人民公社时期的社队企业。进入20世纪80年代后，随着家庭联产承包责任制的推行，一大批农村劳动力从土地上解放出来，从事工业、商业和服务业，使农村中集体的、个体的及私营的企业如雨后春笋般地成长起来。如浙江萧山万向节厂，原为一家不知名的乡镇企业小厂，但在鲁冠球的带领下，凭借机制灵活和技术优势，使该厂生产的汽车零配件万向节跻身品牌行列之中。

　　【教师点评】　乡镇企业的异军突起，不仅促进了农村经济发展、农民收入增加和农民观念更新，而且在提供财政收入、发展出口贸易、推进我国工业化进程方面作出了重要贡献。随着乡镇企业的发展，兴起了一大批小城镇。这是在建设中国特色社会主义进程中产生的一个新事物，在我国经济社会发展中具有重要的战略地位。

　　农村的经济改革是党从实际出发，及时总结农民的创新创造，因势利导不断加以推进的成功实践。拥有几亿人口的中国农村，比较顺利地实现了如此深刻的社会变革，对于农村经济和整个国民经济的发展，对于其他领域的改革，都产生了深远影响。

　　2. 城市改革的推进

　　中国的改革率先从农村开始，有人形容这是"农村包围城市"，这个说法有一定的道理，即先从农村开始，然后逐步转向城市。

　　改革的重点从农村转向城市的一个重要标志是1984年10月召开的中共十二届三中全会。这次全会通过了《中共中央关于经济体制改革的决定》，对我们国家经济体制改革中的一系列重大理论问题和实践问题作出了系统的阐述。这个决定对科学社会主义理论的一个非常重要的新贡献就是突破了把计划经济同商品经济对立起来的传统观念，确认中国社会主义经济是公有制基础上有计划的商品经济。这是中国共产党在新时期认识上的一个重大突破和理论创新。这个理论是对马克思主义政治经济学的一个新贡献。邓小平就曾经高度评价说："这个决定，是马克思主义的基本原理和中国社会实践相结合的政治经济学。"①正是因为这个理论突破，对于我们在实践当中加快改革的步伐提供了强大的理论支撑。

此后，以城市为重点的经济体制改革全面展开。改革的中心环节是增强全民所有制企业的活力，其中的一项措施是推行承包经营责任制，对责权和奖惩作出明确规定，以增强企业经营者的责任感。到 1987 年，全国 80% 的国营企业实行了各种形式的承包经营责任制。有的企业还开始进行股份制改革尝试。1984 年11 月，上海飞乐音响公司公开发行股票，成为改革开放后上海第一家试行股份制经营的股份有限公司。

在国有企业改革的同时，不同所有制的多种经济成分得到发展。中外合资、中外合作、外商独资企业和国内劳动者的个体经济、私营经济等非公有制经济成分，在国家的允许和引导下，迅速发展。以公有制为主体、多种经济成分并存的所有制结构的形成，开创了发展国民经济、方便人民生活和扩大就业的新局面。

1984 年以后，国家取消了消费品的统购统销的老办法，对绝大多数消费品实行了自由购销。由此，大批的贸易中心、批发市场、贸易市场应运而生，商业、饮食、服务、维修网点纷纷建立，方便了人民生活。各种类型的生产资料市场有了不同程度的发展。此外，资金市场、技术市场、劳务市场、房地产市场及信息市场也有了一定发展。

总之，自 1984 年 10 月中共十二届三中全会到 1988 年，这一时期经济体制改革以城市为重点，全方位地展开，使旧的计划经济体制开始从根本上受到触动，新的市场经济体制的萌芽开始成长。由于进行了全面的改革，中国的国民经济和各项建设事业得到突飞猛进的发展，成为中华人民共和国成立以后发展最快的时期之一。在这几年中，中国经济上了一个大台阶。

3. 多层次对外开放格局的形成

新时期开放的一个重要标志是兴办经济特区。兴办经济特区实际上是有很多争论的。好多人对于办特区把外资引进来，存在种种疑虑，有人说过去让帝国主义夹着尾巴跑了，现在它们夹着皮包回来了。还有人说，这跟过去的租界是一样

---

① 李岚清：《突围——国门初开的岁月》，中央文献出版社 2008 年版，第 378 页。

的。这样一些议论的实质就是不同意开放。包括深圳特区，当时都面临着很大的压力。在这样一个关键的时刻，改革开放的总设计师邓小平决定亲自到南方走一走，看一看。

【案例】　　　　邓小平视察深圳、珠海、厦门等经济特区

1984 年初，邓小平视察深圳、珠海、厦门等经济特区并题词，充分肯定特区建设的成就。邓小平参观珠海以后，看到珠海经济特区发展得很快，很高兴，为珠海题词："珠海经济特区好"。到深圳后又为发展迅速的深圳特区题词："深圳的发展和经验证明，我们建立经济特区的政策是正确的。"他在广州过完春节，北上路过厦门，看过厦门以后也题了词："把厦门经济特区办得更快些，更好些。"这说明邓小平对于兴办经济特区这样一个事情是非常坚定的。

邓小平回到北京以后，找中央领导人谈话，他指出："我们建立经济特区，实行开放政策，有个指导思想要明确，就是不是收，而是放。"[1]"特区是个窗口，是技术的窗口，管理的窗口，知识的窗口，也是对外政策的窗口。"[2]邓小平还建议："除现在的特区之外，可以考虑再开放几个港口城市，如大连、青岛。这些地方不叫特区，但可以实行特区的某些政策。"[3]

【教师点评】　邓小平的南方之行和对经济特区的肯定，使对外开放迎来了新的机遇。

1984 年 5 月 4 日，中共中央、国务院根据邓小平的建议，决定开放天津、上海、大连、秦皇岛、烟台、青岛、连云港、南通、宁波、温州、福州、广州、湛江、北海 14 个沿海港口城市。这 14 个城市，北起辽宁大连，南到广西北海，当时所有沿海重要的港口城市都对外开放。1985 年 2 月，中央又决定把长江、珠江三角

---

① 《邓小平文选》(第 3 卷)，人民出版社 1993 年版，第 51 页。
② 《邓小平文选》(第 3 卷)，人民出版社 1993 年版，第 51-52 页。
③ 《邓小平文选》(第 3 卷)，人民出版社 1993 年版，第 52 页。

洲和闽南厦门、漳州、泉州三角地区开辟为沿海经济开放区。通过兴办经济特区到沿海城市的开放，再到沿海经济开放区，由点到面，由沿海向内地延伸，我国的开放就形成了一个多层次、有重点、点面结合的对外开放的格局。

五、社会主义初级阶段理论的提出和深化改革扩大开放

(一)社会主义初级阶段理论和党的基本路线的提出

1987年10月25日至11月1日，中国共产党第十三次全国代表大会在北京举行。大会的突出贡献，是系统阐述了社会主义初级阶段的理论，明确概括了党在社会主义初级阶段的基本路线。

大会指出，我国正处在社会主义初级阶段。社会主义初级阶段这个概念包含两层意思：第一，我国社会已经是社会主义社会。我们必须坚持而不能离开社会主义；第二，我国的社会主义还处在初级阶段，我们必须从这个实际出发，而不能超越这个阶段。这是我们认识国情必须牢牢把握的一个方面。我们过去之所以犯一些这样那样的错误，一个很重要的原因就是脱离了国情。

十三大还提出了党在社会主义初级阶段的基本路线。这就是：领导和团结全国各族人民，以经济建设为中心，坚持四项基本原则，坚持改革开放，自力更生，艰苦奋斗，为把我国建设成为富强、民主、文明的社会主义现代化国家而奋斗。其核心内容就是"一个中心，两个基本点"。实践证明，以经济建设为中心是兴国之要，四项基本原则是立国之本，改革开放是强国之路，这个基本路线是党和国家的生命线、人民的幸福线。

(二)"三步走"发展战略的制定和实施

我们的现代化建设究竟怎么进行？分几步来实现？在实践的基础上，我国逐步形成了"三步走"发展战略。这一战略是根据邓小平关于中国实现现代化步骤的战略构想提出来的。

　　早在 1979 年 12 月，邓小平在会见日本首相大平正芳时指出："我们要实现的四个现代化，是中国式的四个现代化。我们的四个现代化的概念，不是像你们那样的现代化的概念，而是'小康之家'。"①党的十二大确定了分两步走的战略目标，即到 20 世纪末实现小康的战略目标。

　　1987 年 4 月，邓小平在会见西班牙工人社会党副总书记、政府副首相格拉时，明确提出"三步走"现代化战略设想，党的十三大确认了这个目标。三步走战略是：第一步，实现国民生产总值比 1980 年翻一番，解决人民的温饱问题。这个任务已经基本实现。第二步，到 20 世纪末，使国民生产总值再增长一倍，人民生活达到小康水平。第三步，到 21 世纪中叶，人均国民生产总值达到中等发达国家水平，人民生活比较富裕，基本实现现代化。

　　"三步走"发展战略，对中华民族百年图强的宏伟目标作了积极而稳妥的规划，既体现了党和人民勇于进取的雄心壮志，又反映了从实际出发、遵循客观规律的科学精神，是中国共产党探索中国特色社会主义建设规律的重大成果。

（三）改革开放的不断推进和治理整顿的开始

　　按照党的十三大的部署，1988 年经济体制改革以深化企业经营机制改革为重点。这年 2 月，国务院颁布《全民所有制工业企业承包经营责任制暂行条例》。4 月，七届全国人大一次会议通过《中华人民共和国全民所有制工业企业法》，对企业所有权和经营权"两权分离"的改革原则作了更为明确的规定。会议通过的宪法修正案规定："国家允许私营经济在法律规定的范围内存在和发展。私营经济是社会主义公有制经济的补充。"私营经济的法律地位得到确认。

　　对外开放的步伐进一步加大。1988 年 3 月，国务院决定适当扩大沿海经济开放区，新划入沿海经济开放区的有 140 个市、县，包括杭州、南京、沈阳 3 个省会城市。4 月，七届全国人大一次会议正式批准设立海南省和建立海南经济特区。

　　在全面改革的推动下，我国经济建设取得了重大成就。1984 年至 1988 年，国内生产总值年均增长 12.1%，工业总产值达 6 万多亿元，国家经济实力和综合

---

　　①　《邓小平文选》（第 2 卷），人民出版社 1994 年版，第 237 页。

国力迈上了一个新台阶。但在经济运行中也出现了通货膨胀加剧、社会生产和消费总量不平衡、结构不合理等一系列不稳定、不协调的问题。1985 年年初党和政府采取"软着陆"的方针，未能达到预期效果。1988 年夏季准备进行"价格闯关"，全面推进价格改革，放开价格。消息传开后，引发了人们的高通胀预期和恐慌心理，触发了全国性的挤提储蓄存款和抢购商品的风潮。

面对严峻的经济形势，1988 年 9 月，党的十二届三中全会提出了治理经济环境、整顿经济秩序、全面深化改革的方针。经过一年左右的治理整顿，过旺的社会需求得到相当程度的控制，但国民经济发展的难关尚未渡过，一些深层次的结构和体制问题还有待进一步解决。

六、在严峻考验中坚持和捍卫中国特色社会主义

（一）1989 年政治风波的发生与平息

在社会主义现代化建设过程当中，难免会出现这样或那样的问题。随着经济体制改革和政治体制改革的推进，在实践过程当中也出现了一些问题，包括 1988 年出现经济过热，抢购风潮；由于国内资产阶级自由化一度的泛滥，扰乱了人们的思想，同时也有一些人借口党内有腐败现象，否定中国共产党的领导；国际上一些敌对势力的渗透和影响。种种的原因导致 1989 年发生了严重的政治风波。正如邓小平所说，"这场风波迟早要来。这是国际的大气候和中国自己的小气候所决定了的，是一定要来的，是不以人们的意志为转移的"①。党和政府采取了果断措施，制止了动乱，捍卫了社会主义国家政权。

政治风波虽然平息了，但促使我们认真总结一些经验与教训。1989 年 6 月 9日，邓小平对中国乃至世界都高度关注的中国向哪个方向发展、走哪条道路的根本问题作出明确回答。他指出：党的十一届三中全会制定的路线、方针、政策，包括发展战略的"三部曲"没有错；党的十三大概括的"一个中心、两个基本点"

---

① 《邓小平文选》(第 3 卷)，人民出版社 1993 年版，第 302 页。

的基本路线没有错。"我们原来制定的基本路线、方针、政策，照样干下去，坚定不移地干下去。"①邓小平认为："如果说有错误的话，就是坚持四项基本原则还不够一贯，没有把它作为基本思想来教育人民，教育学生，教育全体干部。"②要说不够，就是改革开放得还不够。邓小平的重要讲话，总结了改革开放十年来的经验教训，为中国的改革发展指明了正确方向。

（二）新的中央领导集体的形成

1989年6月，党的十三届四中全会召开。全会对中央领导机构成员进行了调整，选举江泽民为中共中央委员会总书记。江泽民强调要坚决执行党的十一届三中全会以来的路线、方针和政策，全面、正确、积极地贯彻执行党在社会主义初级阶段的基本路线。

对新的领导集体，邓小平多次强调确立领导核心的重要性。他说，第三代的领导集体必须有一个核心，大家"要有意识地维护一个核心，也就是现在大家同意的江泽民同志"③。他还强调：中国问题的关键在于共产党要有一个好的政治局，特别是好的政治局常委会。只要这个环节不发生问题，中国就稳如泰山。

十三届四中全会以后，新的中央领导集体坚决地、全面贯彻党的基本路线，一手抓治理整顿、深化改革，一手抓思想政治工作、党的建设，认真克服"一手硬，一手软"的现象。全国政治局面迅速趋向稳定，经济形势逐步好转，思想战线出现新的转机。鉴于新的中央领导集体已经卓有成效地开展工作，并逐步取得人民的信任，邓小平于1989年9月4日致信中共中央政治局，请求辞去中共中央军事委员会主席职务，并表示要带头建立退休制度，结束过去实际上存在的党和国家领导职务的终身制。据此，中共十三届五中全会于1989年11月9日通过《关于同意邓小平同志辞去中共中央军事委员会主席职务的决定》，全会高度评价了邓小平的革命历史和卓著功勋，要求全党认真学习邓小平的著作。全会决定

①　《邓小平文选》（第3卷），人民出版社1993年版，第307页。
②　《邓小平文选》（第3卷），人民出版社1993年版，第305页。
③　《邓小平文选》（第3卷），人民出版社1993年版，第310页。

江泽民为中共中央军事委员会主席，杨尚昆为军委第一副主席。中共十三届五中全会后，国内形势进一步稳定。1990 年 1 月，根据《中华人民共和国宪法》的有关条款，国务院决定：自 1991 年 1 月 11 日起，解除北京部分地区的戒严。3 月，七届全国人大三次会议决定接受邓小平辞去中华人民共和国中央军事委员会主席职务的请求，选举江泽民为中华人民共和国中央军事委员会主席。

通过中共十三届四中和五中全会，以邓小平同志为核心的第二代中央领导集体和以江泽民为核心的第三代中央领导集体有计划、有步骤地实现了顺利的交接，这对于保证中国共产党的政策的稳定性、连续性，实现国家的长治久安，具有极其重大的意义。

（三）党的自身建设的加强

邓小平在对新一代领导集体进行谈话的时候特别强调，要加强党的建设。1989 年的这场政治风波为什么会发生，为什么会出现动乱？除了我们上述所说的原因，也与我们党的自身建设削弱和党自身出现腐败有密切关系，所以邓小平说："这个党该抓了，不抓不行了。"[①]党的十三届四中全会以后，党中央下大力气聚精会神抓党的建设。1989 年 8 月，党中央发出关于加强党的建设的通知。根据通知精神，1989 年秋冬和 1990 年春，各级党组织对在政治风波中的重点人和重点事认真进行清查、清理，以保证党的队伍的纯洁性。其后又在全党进行了做合格共产党员的教育，以及党员重新登记工作。同时，严格党员标准，培养吸收企业、农村生产一线的优秀分子入党。

经过对政治风波的反思，党中央强调要发扬党的优良传统，密切党群干群关系，开展反腐倡廉建设，坚决同腐败现象、腐败分子作斗争。1989 年 7 月，党中央、国务院作出决定，要求从党中央、国务院的领导同志做起，在制止腐败和带头廉洁奉公、艰苦奋斗方面做群众关心的七件事。1990 年 3 月，党的十三届六中全会通过《中共中央关于加强党同人民群众联系的决定》。这些举措的实施，取得了良好效果。

---

① 《邓小平文选》(第 3 卷)，人民出版社 1993 年版，第 314 页。

　　为了解决党的领导受到削弱的问题，党中央强调，必须坚持中国共产党的领导和社会主义基本政治制度，中国的国家性质和基本制度决不能动摇，任何国家政权机关和社会政治组织都不能背离中国共产党的领导，这是我国社会稳定和经济发展的根本保证。同时，党中央在领导体制上进一步调整党同国家政权机关和其他社会政治组织的关系，陆续恢复国家机关、经济组织和文化组织中被撤销的党组，加强企业、农村、高校党的建设，发挥基层党组织的政治核心和战斗堡垒作用。

　　党重视加强对人民群众尤其是青年学生的思想政治工作。邓小平在分析政治风波发生的原因时说，十年最大的失误是教育，主要讲思想政治教育，一手比较硬，一手比较软。党的十三届四中全会以后，党中央采取一系列有力措施来克服"一手软"的问题。1990—1991年，在广大党员干部中开展了马克思主义党建学说和中共党史的学习教育，在广大人民群众中开展了社会主义思想教育。中国近现代史及国情教育也越来越受到各方面重视。思想教育制度和工作方法得到恢复和改进。

　　党还加强了对新闻舆论战线的领导。1989年11月，江泽民在中宣部举办的新闻工作研讨班上发表讲话，阐明了社会主义新闻工作的基本方针，要求报纸、广播、电视做党、政府和人民的喉舌，坚持新闻工作的党性原则，反对绝对的新闻自由。会议提出坚持正面宣传为主的方针，发挥舆论的正确导向作用。

　　党的建设和思想政治工作的加强，促进了我国的政治稳定和社会安定，为治理整顿、深化改革创造了重要的思想政治条件。

（四）继续开展国民经济的治理整顿

　　1989年11月，中共十三届五中全会通过《关于进一步治理整顿和深化改革的决定》，明确了治理整顿的主要目标和必须抓好的重要环节。决定指出：包括1989年在内，用三年或者更长一点的时间，基本完成治理整顿任务。还提出了进一步治理整顿深化改革必须抓住的重要环节。此后，治理整顿工作主要实施了在控制总量的前提下，适当调整紧缩力度，争取经济适度发展的一系列措施。

　　1990年以后，又把治理整顿的重点转移到调整结构、提高效益上，争取由速度型逐步向效益型过渡。到1991年年底，治理整顿的任务基本完成。

经过三年的治理整顿，扭转了原来出现的"四过一乱"（经济发展过热、货币发行过多、消费基金增长过快、物价增长过大、流通领域混乱）的经济形势，基本上恢复了正常的经济发展速度；投资需求和消费需求双膨胀的局面明显缓解，严重的通货膨胀得到有效控制；流通领域的混乱现象得到整顿，经济秩序明显好转；对外开放取得较大进展；产业结构调整取得一定的成绩；在治理整顿期间，一些领域的改革有了新的进展。总的来说，治理整顿的主要目标已经实现。

治理整顿进展顺利，改革开放进一步推进，党中央推出了搞活国有大中型企业的一系列措施。1990 年启动了上海浦东新区开放开发的战略举措。1990 年年底，上海证券交易所正式开业，这是经济体制改革具有标志性的举措。1991 年"七五"计划的胜利完成和"八五"计划的开始实施，标志着国民经济治理整顿任务全面实现。

(五)积极应对国际风云变幻

这一时期，中国面临以美国为首的西方国家的对华"制裁"。东欧剧变、苏联解体的发生，使世界社会主义发展进入低潮，中国的改革开放也面临新的历史考验。面对复杂的国际局势，邓小平提出，我们就要做几件事情，表明我们改革开放的政策不变，而且要进一步地改革开放。他还明确指出：中国的最高利益就是稳定。

为了扭转局面、争取主动，党和政府确定 20 世纪 90 年代初期外交工作的两个重点：一是开展睦邻外交，稳定和积极发展同周边国家的关系，加强同发展中国家的团结与合作；二是打破西方国家的"制裁"，恢复和稳定同西方发达国家的关系。党和国家领导人身体力行，积极开展外交活动。1990—1992 年，中国同印度尼西亚恢复外交关系，中越关系实现正常化，中印关系有了很大改善，中国同沙特阿拉伯、新加坡、以色列、韩国建立外交关系，顺利实现了中苏关系向中俄关系的过渡，并同苏联解体后新独立的国家和东欧国家建立或发展了正常关系。到 1992 年 8 月底，同中国建交的国家达 154 个。中国还成功争取到联合国第四次世界妇女大会 1995 年在北京召开。中国没有因西方国家的"制裁"而被孤立，反而在国际事务中发挥了积极作用。

对于以美国为首的一些西方国家的"制裁"，中国进行了有理有利有节的斗争。中国领导人审时度势，采取政治与经济结合、官方与民间结合的方针，推动日本率先于1990年取消对华"制裁"。随后，其他一些西方国家和国际组织也相继取消对华"制裁"。到1991年年底，中国同大多数西方国家的关系基本回到正常轨道。1991年出现第三次外商在华投资高潮。到1992年，中国同200多个国家和地区有贸易、科技、文化的交流与合作。这表明，我国不仅打破了西方"制裁"，赢得了有利的国际环境，而且对外开放的大门越开越大。中国特色社会主义事业经受住了考验并持续推进。

本章总结

新时期最鲜明的特点是改革开放。历史表明，改革开放是决定当代中国命运的关键抉择，是发展中国特色社会主义、实现中华民族伟大复兴的必由之路。1978年12月召开的中共十一届三中全会，实现了历史性的伟大转折，开启了改革开放和社会主义现代化建设的历史新时期。以邓小平为主要代表的中国共产党人，深刻总结我国社会主义建设正反两方面的经验，学习借鉴世界社会主义的历史经验，作出了实行改革开放的历史性决策，创立了邓小平理论，使中国大踏步赶上了时代，成功开创了中国特色社会主义。邓小平不愧为我国改革开放和社会主义现代化建设的总设计师。在邓小平等老一辈无产阶级革命家的大力支持下，以江泽民为代表的党的第三代领导集体，在经受住国内外风险考验的斗争中，继续坚持、捍卫了中国特色社会主义，中国的改革开放和现代化建设事业继续稳健前行。

📑 思考题

1. 如何正确认识真理标准问题大讨论的现实意义？

2. 为什么说十一届三中全会实现了伟大的历史转折？

3. 如何理解乡镇企业异军突起对中国工业化的重要作用？

4. 为什么说中共十三大标志着建设有中国特色社会主义理论的基本形成？

第五章

与时俱进：把中国特色社会主义推向21世纪

📑 教学要求

　　通过本章内容的学习，引导学生了解从 1992 年邓小平发表"南方谈话"和中共十四大召开到 2002 年中共十六大召开这 10 年间，国际局势发生的重大而复杂的变化，以及国内改革开放和现代化建设中出现的许多新情况新问题。在此基础上，使学生全面了解新形势下中国共产党带领全国各族人民，从容应对来自各方面的风险和挑战，作出了深化改革开放和建设社会主义市场经济的决定，我国改革开放取得了丰硕成果，成功把中国特色社会主义推向到 21 世纪。使学生深刻认识我国在这一时期在经济建设、政治建设、文化建设等方面取得的重大成就，实现由温饱到小康的历史性跨越及香港、澳门回归祖国的伟大意义，进一步增强对中国改革开放和中国特色社会主义的政治认同。

📑 教学重点

1. 改革开放的历史性突破和建设社会主义市场经济
2. 改革开放的深入推进和经济平稳发展
3. 改革开放和现代化建设的跨世纪发展
4. 香港、澳门回归祖国与两岸交流扩大
5. 推进党的建设新的伟大工程

📑 教学难点

1. 邓小平"南方谈话"的主要内容和历史意义
2. 建设社会主义市场经济的伟大意义
3. 中国加入世界贸易组织的重要性和必要性

党的十三届四中全会后，以江泽民为主要代表的中国共产党人，坚持党的基本理论、基本路线，提出了党的基本纲领和基本经验，成功捍卫了中国特色社会主义。同时，依据新的实践，与时俱进、开拓创新，确立了社会主义市场经济体制的改革目标，提出了跨世纪发展战略，形成了"三个代表"重要思想，进一步丰富和发展了邓小平理论，成功把中国特色社会主义事业推向到 21世纪。

一、社会主义市场经济体制改革目标的确立

改革是一场攻坚战，没有一帆风顺的。当我们在现代化建设中取得了重大成就的同时，也不断产生着一些新矛盾、新问题，是退到原来的老路上，还是继续坚持改革开放？这是 20 世纪 90 年代初摆在党和国家领导人面前的一个严峻问题。在这种背景下，我国改革开放事业迎来了新的历史性的突破。

（一）邓小平发表"南方谈话"

20 世纪 80 年代末 90 年代初，国际的社会主义运动出现了低潮，东欧剧变。这个时候西方的一些敌对势力加紧和平演变，扬言社会主义要失败。在国内由于我们经济当中的一些问题，也有一些"左"的倾向，在这种情况下，中国的改革开放能不能继续推进？建设有中国特色社会主义事业能否继续发展？成为大家十分关心的问题。在这样一个重要关头，邓小平以 88 岁高龄视察南方并发表了重要谈话。

【案例】　　　　　　　　姓"资"姓"社"之争

　　1989 年以后，由于国际国内形势的影响和认识上的差别，人们对如何总结历史经验，今后的道路如何走等问题，产生了重大分歧，一股"左"的思潮开始兴起。一些人主张对改革开放要问一问姓"社"还是姓"资"，一时

间"左"的观点甚嚣尘上。如：把改革开放说成是引进和发展资本主义；认为和平演变的主要危险来自经济领域；认为多一分外资，就多一分资本主义，"三资"企业多了，就是资本主义的东西多了；认为多发展一些私营企业和个体经济会改变社会主义性质；认为乡镇企业是不正之风的风源，农村家庭联产承包责任制是集体经济瓦解的根源；认为股份制就是"潜行"的私有化；认为"市场取向的改革"、搞市场经济就是搞资本主义，因而否定十三大提出的"计划与市场内在统一机制"和"国家调节市场，市场引导企业"的新运行机制的提法，等等。总之，干什么事，都要问一个姓"社"姓"资"。1991 年春，上海《解放日报》根据邓小平于 1991 年 1 月 28 日至 2 月 18 日视察上海时的讲话精神，发表多篇评论员文章，阐述市场也可以为社会主义服务、解放思想要进入新境界、改革开放要开拓新思路等重要观点，结果招致一些理论家、政治家的责难和围攻，使姓"社"姓"资"问题的争论进一步升级。

在这个历史关头，一些尖锐的问题摆在了人们的面前：中国的改革是继续前进，还是向后退；是继续以经济建设为中心，还是以"保卫政权，防止和平演变"为中心；是继续扩大开放，还是退回到原来的路子上去。正是在上述背景下，邓小平于 1992 年 1 月 18 日至 2 月 21 日先后视察了武昌、深圳、珠海、上海等地，并发表了重要谈话，旗帜鲜明地反击了"左"倾思潮，结束了姓"资"姓"社"之争，极大地解放了人们的思想，丰富和发展了建设有中国特色社会主义的理论。

1992 年 1 月 18 日至 2 月 21 日邓小平先后视察了武昌、深圳、珠海、上海等地，并发表了一系列重要谈话，极大地解放了人们的思想，丰富和发展了建设有中国特色社会主义的理论。谈话的内容有这么几个方面：

第一，强调革命是解放生产力，改革也是解放生产力。邓小平强调改革也是一场革命，是改变束缚生产力发展的一些体制，从它的深度和广度上来讲，都带有革命性的意义。

第二，创造性地提出了社会主义本质理论和判断改革成败得失的"三个有利于"标准。社会主义本质是什么呢？邓小平指出："社会主义的本质，是解放生产力，发展生产力，消灭剥削，消除两极分化，最终达到共同富裕。"①"三个有利于"标准提出了在改革开放中判断我们工作是非得失的标准是看是否有利于发展社会主义社会的生产力，是否有利于增强我们的综合国力，是否有利于提高广大人民群众的生活水平。这样就能避免关于我们的一些政策或者措施是"姓社"还是"姓资"的争论。

第三，提出计划多一点还是市场多一点，不是社会主义与资本主义的本质区别。资本主义有计划，社会主义有市场。市场经济只是一种资源配置的手段，不能决定社会制度。这是对马克思主义政治经济学的重大发展，为中国的改革开放取得历史性的突破奠定了基础。

第四，强调抓住机遇加快发展，提出了著名的"发展才是硬道理"理论。

邓小平选择1992年春节这个时机视察南方，是因为此时正好已经开始准备党的十四大，开始讨论如何进行人事安排，如何确定十四大报告的主题。在关键历史时刻，一锤定音，把中国改革开放的航船引领到发展社会主义市场经济的航道上。

【案例】   "南方谈话"的春风

"南方谈话"像一股强大的暖流，驱散了一直在理论界不断积压的"左"的思想。改革热潮从这里涌向神州四海。

人们突然发现，街上晃悠的人少了，好像每个人都有事儿干，有奔头。人人都像充足了电，有的是劲头。

知识分子走出象牙塔，理论联系实际，争先恐后往商海里跳。

温州小老板，开始参加"礼仪班"，学吃西餐，学跳交谊舞，甚至学服饰搭配和走路，为的是进军大城市，上得大场面。

还有一个更传奇说法。夏天，一个在深圳找活做的民工，晚上在银行门口蜷卧。第二天一起身傻了眼：在他身后排了几个街区的队。有人马上要用10万元购买他的位置。在他疑惑时，又有人提了价15万！——他们要购买

---

① 《邓小平文选》(第3卷)，人民出版社1993年版，第373页。

股票认购证。

　　这一年的年底，英国《金融时报》将没有任何职务的邓小平评为年度风云人物，原因就在于该报认为这一年邓小平将中国的经济改革确立为"永久主题"，中国将由此进入一个持续快速增长和发展的时期。作为全球最好的时政经济类报纸，《金融时报》的观察可谓准确。①

　　【教师点评】　从 1992 年至今，中国经济经历了两轮前所未有的高增长周期，平均年增幅在 10%，被认为是世界经济史上空前的奇迹。虽然奇迹背后是中国无数普通劳动者辛勤的汗水，但开启这一幕雄壮辉煌的新时代交响的头功，非邓小平这位伟大的设计者莫属。

　　"东方风来满眼春。"邓小平的南方谈话既是对中国十多年改革开放历史经验和教训的重要总结，又是对建设有中国特色社会主义理论的重大丰富和发展，为中国改革开放事业的进一步深化指明了前进的道路和方向，促进了全党全国人民思想的又一次大解放，为中国改革开放和现代化建设注入了新的生机和活力，从思想上理论上为中共十四大确立社会主义市场经济改革目标做了准备。

　　"南方谈话"，也使邓小平一生的光辉业绩达到新的高度。邓小平同志是全党全军全国各族人民公认的享有崇高威望的卓越领导人，伟大的马克思主义者，伟大的无产阶级革命家、政治家、军事家、外交家，中国社会主义改革开放和现代化建设的总设计师，中国特色社会主义道路的开创者，邓小平理论的主要创立者。如果没有邓小平，中国人民就不可能有今天的新生活，中国就不可能有今天改革开放的新局面和社会主义现代化的光明前景。作为一代伟人，邓小平作出的光辉业绩、创立的科学理论，已经并将继续改变和影响着中国和世界。

（二）中共十四大与社会主义市场经济体制改革目标的确立

　　1992 年 10 月 12—18 日，中国共产党第十四次全国代表大会在北京举行。江泽民作题为《加快改革开放和现代化建设步伐，夺取有中国特色社会主义事业的

---

　　①　张珊珍：《党史必修课》，人民日报出版社 2017 年版，第 271 页。

更大胜利》的报告。这次大会确立了邓小平建设有中国特色社会主义理论在全党的指导地位，概括了建设有中国特色社会主义理论的主要内容。用新的思想、观点继承和发展了马克思主义。

大会明确提出，我国经济体制改革的目标是建立社会主义市场经济体制。大会指出，我国经济体制改革确定什么样的目标模式，是关系整个社会主义现代化建设全局的一个重大问题。这个问题的核心，是正确认识和处理计划与市场的关系。实践的发展和认识的深化，要求党明确提出我国经济体制改革的目标是建立社会主义市场经济体制，以利于进一步解放和发展生产力。我国要建立的社会主义市场经济体制是同社会主义基本制度结合在一起的，目的就是要使市场在社会主义国家宏观调控下对资源配置起基础性作用，使经济活动遵循价值规律的要求，适应供求关系的变化。

把社会主义基本制度与市场经济结合起来，建立社会主义市场经济体制，是中国共产党人对马克思主义的重大发展，也是社会主义发展史上的重大突破，对我国改革开放和经济社会发展具有极其重要的作用。

建立社会主义市场经济体制改革目标的确立，是对中共十三大提出的"政府调控市场、市场引导企业"改革目标的进一步发展，它使中国经济体制改革和社会主义现代化建设的方向更加明确，对中国的经济体制改革具有重大指导意义。

大会选举产生十四届中央委员会和中央纪律检查委员会，决定不再设立中央顾问委员会。从党的十二大到十四大，中央顾问委员会协助党中央做了大量卓有成效的工作，在新的历史时期为党、国家和人民建立了历史性功绩，出色地完成了自己的使命。

党的十四届一中全会选举江泽民、李鹏、乔石、李瑞环、朱镕基、刘华清、胡锦涛为中央政治局常委，江泽民为中央委员会总书记；决定江泽民为中央军事委员会主席；批准尉健行为中央纪律检查委员会书记。

在邓小平"南方谈话"和党的十四大精神的推动下，中国的改革开放扬起新的风帆。全国上下积极性高涨，经济快速发展。世界的目光也聚焦中国，来华投资热再度兴起。以邓小平"南方谈话"和党的十四大为标志，我国改革开放和社会主义现代化建设事业进入新的发展阶段。

二、改革开放的深入推进和经济平稳发展

（一）进一步推进改革开放和现代化建设

1. 经济体制改革整体推进

十四大以后，我国主要从以下几个方面加快了改革开放的步伐：转换国有企业经营机制，建立现代企业制度；进一步理顺价格关系，发展和培育市场体系；加快发展个体、私营和外资经济；进行行政机构改革，转变政府职能，实行公务员制度；加快劳动、工资制度改革和建立社会保障制度；推进金融、财政、计划、投资、外汇和外贸体制的配套改革；实行全方位的对外开放等。

第一，加快国有企业改革或股份制试点。股份制是从十三大以后开始试点工作的，邓小平发表"南方谈话"之后，尤其是十四大以后，股份制试点的步伐大大加快了。国有企业改革按照建立现代企业制度的总思路，从"产权明晰、权责分明、政企分开、管理科学"四个方面整体推进，取得了积极成效。

【案例】　　　　　　　　　　　**中国股市开盘**

股票投资已成为当今重要的理财方式，人们用经济学知识研究上市公司的长期价值，同时用证券学知识研究股票价格的波动趋势，分析判断各种利好利空信息，进而在正确的时间购买或出售正确的股票，最终达到个人财富的增值。不过现在每年杀进股市的新股民中，或许很少有人知道，三十年前的中国股市，最大的利好消息是新股发售，而最大的利空消息则是股市要关门。

时间回到 30 年前，经过股份制试点改革、证券市场调研、反复研讨和精心筹建后，经国务院授权、中国人民银行批准，上海证券交易所于 1990

年 12 月 19 日正式挂牌成立并开始营业。这标志着我国证券市场的正式诞生和股市的起步。随后，深圳交易所在 1991 年 7 月 3 日正式开业。

证券市场作为资源配置的重要桥梁，能够为企业发展筹集大量宝贵资金，同时能有效减轻国有银行的借贷压力和经营风险。在这里，股份公司通过面向社会发行股票，迅速集中大量资金，实现生产的规模经营；而社会上分散的资金盈余者本着"利益共享、风险共担"的原则投资股份公司，谋求财富的增值。然而，人们当时在要不要搞证券市场、股票"姓社还是姓资"等问题上争论不休，各种别有用心的谣言、"小道消息"的肆意传播也影响了股市的行情，这使股民的投资行为走向非理性。1992 年，邓小平在"南方谈话"中指出，对于证券、股市，要坚决尝试，并且要按照"三个有利于"的标准来判断，打消了人们对证券市场极度唱空的悲观情绪。

当时上交所的股票一度仅有"老八股"，供求严重失衡，同时市场也缺乏有效的监督和监管。1992 年 5 月 21 日，上海证券交易所实行自由竞价交易，取消涨跌停板的限制，同时实施 T+0 交易规则，即允许当天买入的股票在当天就可以卖出，大幅提高了市场的流动性，这最终导致了股市中压抑已久的能量在瞬间突然爆发，上证指数单日涨幅高达 105%，但在高位横盘后又急剧下跌，使得跟风追高的股民叫苦不迭。

为了建立市场导向的金融宏观调控体系，1992 年 10 月，中国证券监督管理委员会成立，简称"中国证监会"，是国务院证券委的监管执行机构，依照法律法规对证券市场进行监管。首任主席刘鸿儒多次带队考察访问学习，精心反复比较，最终决定建立四层监管体系，而《股票发行与交易管理暂行条例》《证券交易所管理办法》等法规的问世为证券市场的规模发展奠定了基础。同年 12 月，国务院下发《国务院关于进一步加强证券市场宏观管理的通知》，这是中国第一个有关证券市场管理与发展的比较系统的指导性文件。

以中国证监会的成立为标志，中国证券市场统一监管体制开始形成，资本市场开始逐步纳入全国统一监管框架，并且走上了规范化的轨道。

【**教师点评**】 邓小平的"南方谈话"，在重大历史关头科学地总结了十一届三中全会以来党的基本实践和基本经验，明确回答了长期困扰和束缚人们思想的许多重大认识问题，对整个社会主义现代化建设事业产生了重大而深远的影响。而在发达的市场经济中，证券市场是完整市场体系的重要组成部分，它不仅反映和调节货币资金的运动，而且对整个经济的运行具有重要影响。在建立和完善成熟的证券交易市场的事业上，中国在以改革创新为核心的时代精神的引领下，用十几年的时间就走完了西方国家上百年走完的路。

第二，实行汇率并轨，调整关税税率。从 1994 年 1 月起，建立起以市场供求为基础的有管理的单一的浮动汇率制度，形成合理的汇率和调控机制。1996 年 11 月，实现了人民币在经常项目下的可兑换。同时，国家还改进了重要商品进出口配额管理，调整了关税税率，从 1996 年 4 月起，关税总水平降到 23%。

第三，进行税收体制改革，实行统一的所得税制度。从 1994 年起，合并国有企业所得税、集体企业所得税、私营企业所得税为统一的内资企业所得税，改变了不同所有制的企业实行不同的税种和税率的状况。

第四，进行财政体制改革，实行分税制。1993 年 12 月，国务院作出《关于实行分税制财政管理体制的决定》。决定从 1994 年起，将现行的地方财政包干制改为在合理划分中央与地方事权基础上的分税制财政体制，建立中央税、地方税和共享税。

第五，大力推进价格改革和市场化进程。到 1993 年，绝大多数农产品包括粮食的价格和经营权均已放开，对粮食实行"保量放价"、建立保护价及相应的风险基金和储备制度。粮价全面放开，实行市场定价为主，粮票粮本全部取消，原来的定量配给制变为市场自由采购。粮食价格和分配的放开，标志着中国价格改革中特别棘手的一关已基本闯过。到 1997 年，中国 95% 以上的工业消费品价格、90% 以上的生产资料价格和农产品价格已由市场决定。

【案例】 **粮票的最后一年**

现如今，叫个外卖只需一键下单、完成付款就能坐等美食送上门。但如果时光倒回 1993 年，那可完全是另一番情景了。

让现在的年轻人无法想象的是，在当时的中国，有钱也有粮的情况下居然会买不到吃的。没错，很长一段时间内，买粮食必须用粮票，没有粮票就没饭吃，粮票比钱金贵得多。每户人家都有一个购粮本，上面写着家里有多少人，定量多少。国家按计划发放粮票，居民再拿着粮票购买粮食。

1949年中华人民共和国成立时，国际上曾有人预言，中国的每一届政府都无法解决人民的吃饭问题。当时中国人口是5.4亿，人均粮食产量只有209公斤，离温饱线很远。解决吃饭问题，就成了天大的大事。

为了解决全国人民的温饱，国家开始酝酿粮食的计划供应。1955年，全国第一套粮票正式流通，由此拉开了中国"票证经济时代"的帷幕。

一个烧饼2两粮票、一碗素汤面4两粮票、一根油条两钱半粮票……到商店买猪肉、鸡蛋、食用油、饼干，统统要粮票。后来又发展出布票、棉花票、肥皂票、手表票、缝纫机票等。总之，物质匮乏时期，票证覆盖了人民生活吃穿用的方方面面，把中国人纳入全国统一的分配制度之下。

那个年代没有票简直寸步难行。人们去外地出差前都要先携带单位的出差证明和本地粮票到指定地点去兑换成全国通用粮票，以确保自己去外地后能够吃得上饭。作为计划经济的象征，粮票伴随中国人度过了38年的漫长岁月。

转机发生在中共十一届三中全会之后。随着改革开放政策的全面实行，国家物资慢慢丰富起来，1982—1991年，中国粮食产量每年增长8%，成为世界上最大粮食生产国。其中，1984年全国粮食产量历史性地突破了8000亿斤，正是在这一年，中国政府向世界粮农组织宣布，中国基本解决了温饱问题。这个时候，家家户户的粮票基本上都有所盈余了。同年11月，深圳市召开会议，研究取消粮食凭证定量供应问题。会议认为，全国农村进行改革后，粮食供应已经没有那么紧张，又由于国家赋予经济特区在改革方面可以先行先试的权利，因此深圳可以大胆地实行改革。于是，深圳成为我国第一个取消粮票的城市，此举也开启了我国粮食流通体制改革试行的先河。

1985年，中国政府规定"取消粮食、棉花的统购，改为合同定购"。这是中国真正意义上的第一次粮食流通体制改革。

1992年邓小平"南方谈话"以后，党的十四大明确提出，我国经济体制改革的目标是建立社会主义市场经济体制，要使市场在社会主义国家宏观调控下对资源配置起基础性作用。

到 1993 年，粮油商品完全实现了敞开供应，一直在我国人民生活中发挥不可或缺作用的"第二货币"——粮票，终于渐渐退出了历史的舞台。

同时，金融、技术、信息、劳动力、土地等生产要素市场发育加快，国债、股票、期货交易市场逐步走向规范。国家陆续制定和颁布了《中华人民共和国公司法》《中华人民共和国预算法》《中华人民共和国银行法》《中华人民共和国反不正当竞争法》《中华人民共和国合同法》《中华人民共和国票据法》《中华人民共和国对外贸易法》《中华人民共和国消费者权益保护法》等法律法规，社会主义市场经济法律体系逐步形成。

第六，推进全方位的对外开放。进一步开发、开放上海浦东，批准外商成片开发海南洋浦经济开发区，在全国建立一批经济技术开发区和保税区，开放沿边、沿江和省会城市。中国沿海、沿江、沿边和内陆地区全方位、多层次、有重点、梯度推进的对外开放格局已经形成。

总之，在建立社会主义市场经济体制的热潮中，改革开放的成就是巨大的，其势头之猛是历史上所没有过的，其总体特点是整体配套、全面推进、协调发展。

上述改革和调整，从实际步骤上加快了由计划经济体制向社会主义市场经济体制转轨的步伐，市场在资源配置中的基础性作用得到明显增强，全国呈现出改革开放全面推进、经济建设迅猛发展的景象。

2. 实行宏观调控等系列改革措施

在经济高速发展的过程中，也逐渐暴露出固定资产投资增加过猛、房地产热、开发区热、金融秩序混乱、物价上涨等新的问题。中共中央采取果断措施，大力加强宏观调控。1993 年 6 月印发的《中共中央、国务院关于当前经济情况和加强宏观调控的意见》，提出了以紧缩银根、整顿金融秩序为重点的 16 条重要措施。经过 3 年努力，投资过热得到有效控制，金融秩序逐渐好转，物价涨幅明显回落，通货膨胀得到抑制，同时又保持了较高的经济发展速度，从而实现了从经济过热和通货膨胀到"高增长、低通胀"的"软着陆",避免了经济发展的大起大落,为经济健康发展和后来成功抵御亚洲金融危机的冲击打下了基础。

(二)精神文明建设与民主法制建设不断加强

20世纪90年代,党中央坚持"两手抓,两手都要硬"的方针,强调精神文明重在建设,动员全党全社会的力量,大力发展中国特色社会主义文化,取得新的进展和成就。

为进一步坚持"为人民服务、为社会主义服务"的"二为"方向,贯彻"百花齐放、百家争鸣"的"双百"方针,弘扬主旋律,繁荣社会主义文化,从1991年起,精神文明建设"五个一工程"奖评选活动开始实施。1996年3月,八届全国人大四次会议把精神文明建设列入国民经济和社会发展总体规划,推动物质文明建设和精神文明建设相互促进、协调发展。

【案例】 "五个一工程"

由中共中央宣传部组织的精神文明建设"五个一工程"评选活动,自1992年起每年进行一次,评选上一年度各省、自治区、直辖市和中央部分部委,以及解放军总政治部等单位组织生产、推荐申报的精神产品中五个方面的精品佳作。这五个方面是:一部好的戏剧作品,一部好的电视剧作品,一部好的图书(限社会科学方面),一部好的理论文章(限社会科学方面),一部好电影。自1995年起,将一首好歌和一部好的广播剧列入评选范围,"五个一工程"的名称不变。

1996年10月,党的十四届六中全会作出《中共中央关于加强社会主义精神文明建设若干重要问题的决议》,对新形势下的精神文明建设作出具体部署和规划,强调要以科学的理论武装人,以正确的舆论引导人,以高尚的精神塑造人,以优秀的作品鼓舞人,培养有理想、有道德、有文化、有纪律的社会主义公民。会后,以创建文明城市、文明村镇、文明行业等为主要内容的群众性精神文明创建活动在全国蓬勃开展，为继续深化改革、加快发展创造了良好氛围。

社会主义民主法制建设也取得重大进展。1993—1997 年，全国人大及其常委会制定和出台了近百部法律及有关法律的决定，其中多数是社会主义市场经济方面的立法，为整个社会经济活动的正常运行提供了重要的法律保障。

三、中国特色社会主义事业的跨世纪发展

(一) 确立邓小平理论的指导地位和新的"三步走"发展战略

1997 年 2 月 19 日，中国社会主义改革开放和现代化建设的总设计师邓小平逝世。邓小平逝世后，中国能否继续沿着邓小平开辟的建设有中国特色社会主义道路走下去，受到全世界的关注。

1997 年 9 月 12 日至 18 日，中国共产党第十五次全国代表大会在北京举行。江泽民作题为《高举邓小平理论伟大旗帜，把建设有中国特色社会主义事业全面推向二十一世纪》的报告。

大会指出，旗帜问题至关紧要。旗帜就是方向，旗帜就是形象。大会首次使用"邓小平理论"这个概念，把这一理论作为指引党继续前进的旗帜。大会强调，坚持党的十一届三中全会以来的路线不动摇，就是高举邓小平理论的旗帜不动摇。邓小平理论围绕"什么是社会主义、怎样建设社会主义"这个根本问题，第一次比较系统地回答了建设有中国特色社会主义的一系列基本问题。大会对邓小平理论的历史地位和指导意义作了深刻阐述，指出邓小平理论是当代中国的马克思主义，是马克思主义在中国发展的新阶段。大会强调，在改革开放和社会主义现代化建设的新时期，在跨越世纪的新征途上，一定要高举邓小平理论的伟大旗帜，用邓小平理论来指导我们整个事业和各项工作。

大会提出了党在社会主义初级阶段的基本纲领，阐明了建设有中国特色社会主义的经济、政治、文化的基本特征和基本要求。大会对我国社会主义初级阶段的所有制结构和公有制实现形式、依法治国和建设社会主义法治国家、有中国特

色社会主义文化建设等重大问题作出新阐述。大会指出，公有制为主体、多种所有制经济共同发展是我国社会主义初级阶段的一项基本经济制度。公有制经济不仅包括国有经济和集体经济，还包括混合所有制经济中的国有成分和集体成分。国有经济对经济发展起主导作用，主要体现在控制力上。公有制实现形式可以而且应当多样化。非公有制经济是我国社会主义市场经济的重要组成部分。依法治国，是党领导人民治理国家的基本方略，是发展社会主义市场经济的客观需要，是社会文明进步的重要标志，是国家长治久安的重要保障。建设有中国特色社会主义文化，就是以马克思主义为指导，以培育有理想、有道德、有文化、有纪律的公民为目标，发展面向现代化、面向世界、面向未来的，民族的科学的大众的社会主义文化。这些论述，体现了党在探索回答什么是社会主义、怎样建设社会主义问题上的又一次思想理论认识的深化。

大会在我国经济发展"三步走"战略的第二步目标即将实现之际，对如何实现第三步目标作出进一步规划，提出了新"三步走"发展战略，即下世纪第一个十年实现国民生产总值比 2000 年翻一番，使人民的小康生活更加宽裕，形成比较完善的社会主义市场经济体制；再经过 10 年的努力，到中国共产党成立一百年时，使国民经济更加发展，各项制度更加完善；到下世纪中叶中华人民共和国成立一百年时，基本实现现代化，建成富强民主文明的社会主义国家。大会围绕这个发展战略，对我国跨世纪发展作出战略部署。

党的十五大在世纪之交的关键时刻，继承邓小平遗志，承前启后、继往开来，明确回答了中国的改革开放和现代化建设继续向前发展的一系列重大理论问题和实践问题，从思想上、政治上、组织上为中国特色社会主义事业的跨世纪发展提供了根本保证。

随后召开的党的十五届一中全会选举江泽民为中央委员会总书记，决定江泽民为中央军事委员会主席，批准尉健行为中央纪律检查委员会书记。1998 年 3 月，九届全国人大一次会议选举江泽民为国家主席、国家中央军事委员会主席，李鹏为全国人大常委会委员长，决定朱镕基为国务院总理；全国政协九届一次会议选举李瑞环为政协第九届全国委员会主席。

（二）改革开放和现代化建设的不断推进

1. 农村改革全面推进和国有企业改组改造

党的十五大以后，党中央采取一系列重要举措加快推进改革，并强调着重抓好两个大头：一是要加强农业基础地位，二是要搞好国有大中型企业。

对农村改革和发展问题，1995 年 3 月，江泽民在江西考察农业和农村工作时指出，要长期保持家庭联产承包责任制的稳定不变并不断加以完善，同时从长远趋势来说，逐步走上集约化、集体化道路，是农村发展的大方向。随着建立社会主义市场经济体制步伐的加快，我国农业管理体制和产业结构与市场经济不相适应的矛盾日益突出。为此，党中央及时提出对农业结构实施战略性调整的方针。1998 年 10 月召开的党的十五届三中全会，通过了《中共中央关于农业和农村工作若干重大问题的决定》，进一步推动解决"三农"（农业、农村、农民）问题。会议提出，到 2010 年，基本建立以家庭承包经营为基础，以农业社会化服务体系、农产品市场体系和国家对农业的支持保护体系为支撑，适应发展社会主义市场经济要求的农村经济体制。全会提出的坚定不移贯彻土地承包期再延长 30 年的政策，让亿万农民安心地在承包的土地上进行生产和经营，促进了农业的发展。

为解决贫困地区农民温饱和增收问题，党和政府采取多方面措施，加大扶贫攻坚力度。自 20 世纪 80 年代以来，党和政府在全国范围内开展了有组织有计划的大规模扶贫工作。1994 年制定实施的《国家八七扶贫攻坚计划》提出，力争用 7 年左右的时间，基本解决 8000 万农村贫困人口的温饱问题。到 2000 年年底，全国农村没有解决温饱的贫困人口减少到 3209 万人，占农村人口的比重下降到 3.5% 左右。

党的十五大后，以建立现代企业制度为方向的国有企业改革攻坚全面展开。国务院按照鼓励兼并、规范破产、下岗分流、减员增效，实施再就业工程的改革思路，以纺织行业为突破口，通过债转股、国家技改专项资金、国企上市变现、政策性关闭破产等一系列举措，全面打响三年脱贫攻坚战。1998 年，中国石油天然气集团、中国石油化工集团、上海宝钢集团等一批按照市场要求运作的特大型企业集团相继组建，向建立现代企业制度迈出重要一步。国有小企业发挥"船小好调头"的优势，采取改组、联合、兼并、租赁、承包经营、股份合作制、出售等形式，加快改革步伐。到 2000 年年末，国有大中型企业改革和脱困三年目标基本实现，国有控股企业实现利润大幅增长，大多数国有大中型骨干企业初步建立了现代企业制度。

在加快经济结构调整和深化国企改革的过程中，为了解决大量职工下岗问题，党中央反复强调做好国有企业下岗职工基本生活保障和再就业工作。1996年，上海率先创建再就业服务中心，大力推进再就业工程。这项"民心工程"推向全国后，为国企职工分流架起了从企业到市场的桥梁。1998 年 6 月，党中央、国务院发出通知，要求争取用五年左右时间，初步建立适应社会主义市场经济体制要求的社会保障体系和就业机制。各级政府按照中央部署，为下岗职工建立起基本生活保障、失业保险、城市居民最低生活保障三条保障线，启动以职工养老保险、医疗保险为重点的社会保障制度改革。许多地方还通过加强职业培训，引导职工转变择业观念，积极发展第二产业，拓宽就业渠道。这些措施保障了下岗职工的基本生活，在很大程度上消解了国有企业改革的困难和风险。

2. 扩大开放与加入世界贸易组织

党的十五大以后，中国以更加积极的姿态走向世界，完善全方位、多层次、宽领域的对外开放格局，发展开放型经济，增强国际竞争力。基于实践经验的积累以及对 1997 年爆发的亚洲金融危机的教训的深刻总结，党中央深刻指出，经济全球化是一把"双刃剑"，对我国的发展有利也有弊，既要坚定不移地实行对外开放，又要坚持独立自主，增强风险意识，加强防范工作，切实维护我国经济安全，更好地发展壮大自己。根据这些重大决策，我国扩大开放沿海城市和内陆边境城市、沿江城市和省会城市，建立起一批经济技术开发区和保税区，同时明确了以上海浦东新区为龙头带动长江流域经济起飞的发展战略，确定要在 21 世纪初将上海建成国际经济、金融、贸易中心。

加入世界贸易组织是我国改革开放进程中具有历史意义的一件大事，也是进一步推进全方位、多层次、宽领域对外开放的重要契机。

【案例】 <center>从"复关"到"入世"</center>

　　加入世界贸易组织是党中央为推进经济发展和改革开放而作出的重大战略决策。世界贸易组织的前身是关贸总协定。这是政府间缔结的一个有关关税和贸易规则的多边协定，它的宗旨是通过实质性削减关税和其他贸易壁垒，消除国际中贸易中的歧视待遇，促进国际贸易的自由化。中国是关贸总协定创始缔约国之一，但在 1949 年中华人民共和国成立后，撤退到台湾的国民党政府不甘心让中国共产党领导的新中国从关贸总协定中受益，于 1950 年宣布退出关贸总协定。1983 年 1 月，中国政府作出决定，申请恢复中国关贸总协定缔约国地位。经过一段时间的准备，1986 年 7 月，中国正式提出"复关"申请并开始同缔约各方进行谈判。1995 年 1 月世界贸易组织成立后，中国开始与世贸组织成员国逐一进行拉锯式的双边谈判。

　　从"复关"到"入世"，中国进行了长达 15 年的谈判。其间，党中央始终高度重视，做了大量工作。党中央明确提出中国加入世界贸易组织的原则：第一，中国加入世界贸易组织是中国经济发展和改革开放的需要，同样世界贸易组织也需要中国，没有 12 亿多人口的中国参加，世界贸易组织是不完整的，也不利于世界经济的发展；第二，中国是一个发展中国家，社会生产力还不发达，只能以发展中国家的条件加入世界贸易组织；第三，中国加入世界贸易组织，其权利和义务一定要平衡，中国不会接受过高的、超出中国承受能力的要价。遵照这些指导原则，中国在加入世界贸易组织谈判过程中始终掌握主动权。

　　谈判过程起伏跌宕，其中最复杂、最艰难的莫过于中美之间的谈判。中美进行了 25 轮谈判，1999 年 11 月 15 日，在最后一轮中美谈判中，国务院总理朱镕基亲赴谈判现场，最终签署中美双边协议，取得双赢。

　　2001 年 11 月 10 日，在卡塔尔首都多哈举行的世界贸易组织第四届部长级会议，通过了中国加入世界贸易组织的决定。12 月 11 日，中国正式成为世贸组织的第 143 名成员。

　　融入世界经济是历史大方向，中国经济要发展，就要敢于到世界市场的汪洋大海中去游泳，如果不敢到大海中去经风雨、见世面，总有一天会在大海中溺水而亡。所以，中国勇敢地迈向世界市场。

【**教师点评**】 有志者事竟成。中国加入世贸组织的艰辛是有重大"回报"的。这些"回报"主要有：

第一，有利于改善我国的国际贸易环境，协调与世界各国的贸易关系。多边最惠国待遇给中国的对外经济贸易发展提供良好的机遇，实现出口市场多元化。

第二，有助于促进中国社会主义市场经济新秩序的建立，扩大改革开放的成果，实现全方位、多层次的对外开放，加速与国际市场的接轨，使中国经济保持高速发展。

第三，有利于中国吸收更多的外国投资，不仅弥补了中国建设资金的不足，而且为中国带来大量的先进的管理经验并增加国内就业机会，从而促进中国经济健康迅速的发展。

第四，有利于中国调整产业结构，改善产品质量，提高企业竞争力。同时，降低商品价格，使人民群众的实际收入和有效需求大幅度稳步提高，提高生活水平，充分享受世界经济发展的利益。

第五，有利于内地(大陆)与港澳台之间经贸关系的发展，加快中国和平统一进程。①

实践证明，加入世界贸易组织，使中国经济在全球化进程中获得参与制定规则和竞争的有利位置，从而打开了对外开放的新天地，得到更为广阔的发展空间，对推动经济体制改革和现代化建设产生了深远影响。

(三)跨世纪发展战略的制定与实施

1. 科教兴国战略

1995 年 5 月，党中央准确分析科技发展趋势和国内外形势，作出关于加速科

---

① 陈述：《中国共产党执政历程》，人民出版社 2011 年版，第 333 页。

学技术进步的决定，确定实施科教兴国战略。科教兴国，就是全面落实科学技术是第一生产力的思想，坚持教育为本，把科技和教育摆在经济、社会发展的重要位置，增强国家的科技实力及向现实生产力转化的能力，提高全民族的科技文化素质，把经济建设转移到依靠科技进步和提高劳动者素质的轨道上来，加速实现国家的繁荣强盛。

党中央提出科教兴国战略后，在继续实施"863"计划的同时，1997 年组织实施《国家重点基础研究发展计划》（又称"973"计划），加强国家战略目标导向的基础研究工作。党中央还敏锐地认识到，信息化是一场带有深刻变革意义的科技创新，强调要积极推动工业化与信息化相结合，以信息化带动工业化，实现跨越式发展。这一时期，我国科技事业发展取得巨大成就。1999 年 11 月，第一艘无人实验飞船"神舟一号"的成功发射，标志着我国在载人航天飞行技术上获得了重大突破。1999 年"神威"计算机的问世，打破了西方国家在高性能计算机技术方面对我国的封锁。

在教育方面，中共中央、国务院于 1993 年 2 月颁布《中国教育改革和发展纲要》，明确提出必须把教育摆在优先发展的战略地位，努力提高全民族的思想道德和科学文化水平。1995 年 9 月，《中华人民共和国教育法》正式实施。国家在 1995 年、1999 年先后启动"211 工程"和"985 工程"，以加强高校建设。特别是敏锐抓住信息化迅猛发展带来的机遇，在制定第十个五年计划时就作出了以信息化带动工业化，实现社会生产力跨越式发展的战略决策。

【案例】　　　　　　　　"211 工程"和"985 工程"

"211 工程"（Project 211），即面向 21 世纪、重点建设 100 所左右的高等学校和一批重点学科的建设工程。国家教委向国务院在 1991 年 7 月 27 日正式上报了《关于重点建设好一批重点大学和重点学科的报告》。报告中提出："建议由国家教委设置重点大学和重点学科建设项目，该项目简称为'211'计划。"该工程是新中国成立以来由国家立项在高等教育领域进行的规模最大、层次最高的重点建设工作，是中国政府实施"科教兴国"战略的重大举措，是国家"九五"期间提出的高等教育发展工程，也是高等教育事业的系统改革工程。1995 年 11 月，"211 工程"正式启动；截至 2011 年共有 112 所高校进入"211 工程"。

"985 工程"（Project 985）是中国教育部决定在实施《面向 21 世纪教育振兴行动计划》中，重点支持北京大学、清华大学等部分高等学校创建世界一流大学和高水平大学，并以江泽民同志在北京大学 100 周年校庆的讲话时间（1998 年 5 月）命名"985 工程"。1998 年 5 月 4 日，在庆祝北京大学建校一百周年大会上，江泽民同志表示："为了实现现代化，我国要有若干所具有世界先进水平的一流大学。"①"985 工程"一期主要用于硬件建设，二期主要用于软件即科研平台建设，三期则主要用于学科和高层次人才引进工作。截至 2013 年，教育部与 32 所直属"985 工程"高校均签署了重点共建协议，首次实现签约全覆盖。同时，共建高校的服务意识进一步增强，地方政府强化区域发展的需求进一步扩大。共建推动了地方经济社会发展能力的提升，共建让高校发展方向更明确、优势更显著，共建使高校加快向一流大学挺进。

【教师点评】 实施"211 工程"和"985 工程"，是中国政府推进高等教育发展，促进高等教育与经济社会发展相适应的一项重要举措。这一工程的实施旨在为中国经济和社会发展战略培养高层次、高质量人才，对提高国家高等教育水平，加快中国经济建设，促进科学技术和社会文化发展，增强综合国力和国际竞争能力，实现高层次人才培养基本立足于国内具有极为重要的意义。2019 年 11 月 28 日，教育部官网发布声明：已将"211 工程"和"985工程"等重点建设项目统筹为"双一流"建设。

2. 可持续发展战略

1992 年联合国环境与发展大会后，党中央、国务院明确提出将实施可持续发展战略。1994 年，我国发表《中国 21 世纪议程——中国 21 世纪人口、环境与发展白皮书》，提出可持续发展的总体战略、对策和行动方案。党的十五大和翌年九届全国人大一次会议，都将实施可持续发展战略作为我国跨世纪发展的重要

---

① 《江泽民文选》（第 2 卷），人民出版社 2006 年版，第 123 页。

任务，坚持计划生育和保护环境的基本国策，正确处理经济发展同人口、资源、环境的关系。在党和政府的积极推动下，可持续发展战略的实施在一些重要领域取得重大进展。1996 年，国务院发布《国务院关于环境保护若干问题的决定》，大力推进控制主要污染物排放总量、工业污染源达标和重点城市环境质量达标工作，全面开展淮河、海河、辽河和太湖、滇池、巢湖水污染防治，酸雨污染控制区和二氧化硫污染控制区大气污染防治。党的十五大以后，国务院颁布《全国生态环境建设规划》和《中国自然保护区发展规划纲要》，开展水土流失的综合治理，启动天然林保护、退耕还林(还草)、京津风沙源治理等工程，实行资源有偿使用制度，逐年加大生态环境保护的力度。从 1978 年开始启动的"三北"(西北、华北、东北)防护林建设工程，到 2001 年顺利完成第一阶段建设任务，初步建立起阻止风沙南侵的绿色长城。

3. 西部大开发战略

1999 年 9 月，党的十五届四中全会作出实施西部大开发战略的决定，要求通过优先安排基础设施建设、增加财政转移支付等措施，支持中西部地区和少数民族地区加快发展。2000 年 10 月，党的十五届五中全会对此作了进一步部署，西部大开发战略全面启动实施。随后，国务院发布《国务院关于实施西部大开发若干政策措施的通知》，明确西部开发的政策适用范围包括四川、云南、贵州、西藏、重庆、陕西、甘肃、青海、新疆、宁夏、内蒙古、广西 12 个省、自治区、直辖市。为支持西部大开发，国务院制定出台有关财税、金融、外资外贸、吸引人才和科技教育等方面的具体政策，加大对西部地区财政转移支付的力度，扩大西部地区公共投资规模；青藏铁路、西气东输、西电东送等一大批重点工程相继开工。

实施西部大开发战略，是党中央总揽全局作出的一项重大战略决策，对于推动东西部地区协调发展和最终实现共同富裕，维护民族团结、国家安全和社会稳定，具有重大而深远的意义。

4. "引进来"和"走出去"相结合的开放战略

1997 年 12 月，江泽民在会见全国外资工作会议代表时明确提出"引进来"和

"走出去"是我们对外开放基本国策两个紧密联系、相互促进的方面，缺一不可。这是一个大战略，既是对外开放的重要战略，也是经济发展的重要战略。2000年10月，党的十五届五中全会提出"实施'走出去'战略，努力在利用国内外两种资源、两个市场方面有新的突破"。根据这一战略部署，我国的对外开放从过去侧重引进为主，发展为"引进来"和"走出去"相结合，以开放促改革促发展。一批有实力有优势的企业到非洲、中亚、中东、东欧、南美等地投资办厂，积极参与国际合作。到2001年年底，我国累计参与境外资源合作项目195个，总投资46亿美元；累计设立各种境外企业6610家，其中中方投资84亿美元。"引进来"和"走出去"相结合的开放战略促进了开放型经济的发展，加快了我国经济融入经济全球化进程，拓展了我国经济发展空间。

在把中国特色社会主义事业推向21世纪的进程中，党团结带领人民从容应对各种严峻风险挑战，成功抵御亚洲金融危机，战胜1998年特大洪涝灾害，改革开放和现代化建设取得新的成就。

【案例】　　　　　成功应对亚洲金融危机

1997年下半年，东南亚国家爆发金融危机，很快波及整个亚洲和世界其他地区，造成国际金融市场持续动荡，世界经济受到严重冲击。中国外贸进出口总额呈下降趋势，经济建设遇到严重困难。

为应对金融危机冲击，中共中央在1998年2月明确提出"坚定信心，心中有数，未雨绸缪，沉着应付，埋头苦干，趋利避害"[1]的指导方针，果断采取扩大国内需求的措施，实行积极的财政政策和稳健的货币政策，决定由中央财政向商业银行增发长期建设国债，增加投资，加强基础设施建设，保持人民币汇率稳定。同时，增加中低收入者的生活保障，改善人民生活。采取提高出口退税率、打击走私等措施，千方百计增加出口，从多方面拉动经济增长。继续深化改革，克服经济发展中深层次矛盾和困难。1999年4月至8月，江泽民先后主持召开五次国有企业改革座谈会，提出了从战略上调整

---

[1]　《江泽民文选》(第2卷)，人民出版社2006年版，第101页。

国有经济布局和改组国有企业结构，坚持建立现代企业制度的改革方向等一整套国有企业改革发展的思路。

这些对策措施取得明显效果。国家经济持续增长，外贸出口从 1999 年下半年开始大幅回升，国家外汇储备增加。到 2000 年，国民经济稳步回升。在许多国家因这场危机出现经济衰退、货币大幅度贬值的危急情况下，中国兑现了人民币不贬值的承诺，为缓解这场影响全球的金融危机作出了贡献。

【教师点评】　早在 1996 年 8 月，江泽民就提出了防范经济风险的问题。亚洲金融危机是对正在开放中的中国的一次大考。事实证明，党中央未雨绸缪，沉着应对，在克服亚洲金融危机的过程中，中国增强了应对挑战和抵御风险的能力。

到 2000 年，我国成功实现由计划经济体制向社会主义市场经济体制的转变，社会主义市场经济体制基本框架初步建立。2000 年，"九五"计划胜利完成。我国实现了社会主义现代化建设第二步战略目标，人民生活总体上达到小康水平。2000 年 10 月，党的十五届五中全会通过了《中共中央关于制定国民经济和社会发展第十个五年计划的建议》。2001 年 3 月，九届全国人大四次会议批准了《中华人民共和国国民经济和社会发展第十个五年计划纲要》，为新世纪的改革开放和现代化建设明确了指导方针和奋斗目标。

（四）积极推进中国特色军事变革

20 世纪 90 年代，面对世界新军事变革风起云涌，党中央和中央军委提出"政治合格、军事过硬、作风优良、纪律严明、保障有力"的新时期军队建设总要求，着眼于打得赢、不变质，对军队建设和军事斗争准备作出一系列战略规划和部署，推进中国特色军事变革。

【案例】　　　　　　　　新时期中国特色军事变革

1991 年年初爆发的海湾战争，向世界展示了全新的作战图景，高技术武器装备成为决定战争胜负的重要因素。从军事技术和战争样式来说,这是机械化战争迈向信息化战争的转折点,引发了世界性军事变革浪潮。

中央军委对此高度关注,江泽民三次参加关于海湾战争的座谈会,提出要看清国际形势的变化,研究将来的战争究竟怎样打,要下大气力发展国防科技,在武器装备上要有"杀手锏"。1993年1月,中央军委扩大会议制定了新时期积极防御的军事战略方针,在战略指导上实行重大调整,明确了新形势下全军军事斗争准备的目标和任务,提出把军事斗争准备的基点放在打赢现代技术特别是高技术条件下的局部战争上,赋予积极防御的军事战略方针以新的内容。1995年12月,中央军委扩大会议通过《"九五"期间军队建设计划纲要》,明确提出科技强军战略和"两个根本性转变"的战略思想,即在军事斗争准备上,由准备应付一般条件下局部战争向准备打赢现代技术特别是高技术条件下局部战争转变;在军队建设上,由数量规模型向质量效能型、由人力密集型向科技密集型转变。2000年12月召开的中央军委扩大会议,提出我军建设要完成机械化和信息化建设双重任务,以及实现跨越式发展的新思路。

为推进中国特色军事变革,走中国特色精兵之路,1992年下半年至1994年年底,全军体制编制进行了初步调整精简。1997年9月党的十五大宣布,中国在20世纪80年代裁减军队员额100万的基础上,将在3年内再裁减军队员额50万。通过这次调整精简,中国人民解放军向合成和小型化、轻型化、多样化的方向迈进了一步。

为适应中国特色军事变革的需要,党中央和中央军委对军队后勤保障体制、军事院校体系、现役士兵服役制度特别是士官制度等,也作出了重大调整和改革。国家增加对国防和军队建设的投入,国防科技和武器装备因此取得重大进展、实现重要突破。坚持党对军队的绝对领导,加强思想政治工作,不断强化官兵的军魂意识,为完成以军事斗争准备为龙头的各项任务提供了坚强保证。

四、香港、澳门回归祖国与两岸交流扩大

（一）香港、澳门胜利回归祖国

第一次鸦片战争开始，清政府就开始逐渐失去香港主权。随着中英《南京条约》《北京条约》《展拓香港界址专条》等不平等条约的签订，香港最终受到英国的殖民式统治。此时，葡萄牙殖民者也借机与软弱无力的清政府签订了《中葡会议条约》和《中葡和好通商条约》，对我国澳门实行殖民统治。从那时起，中国人民争取民族独立和自由的斗争从未停歇。

在中华人民共和国成立后，收回对香港和澳门的主权，是真正实现祖国统一的必由之路和题中之义，更是亿万中国人民的意愿和呼声。1971 年，中国重返联合国后，立即开始着手为香港和澳门回归展开外交努力，声明了中国政府对香港和澳门问题的坚定立场，为中国和平解决香港与澳门的主权问题制造了有利的背景条件。20 世纪 80 年代，随着我国改革开放不断深入，综合国力不断增强，解决香港、澳门问题的历史机遇期已经到来。中国政府克服重重困难，同英国、葡萄牙政府进行了长时期、多轮次的深入持久的外交谈判，最终签署了《中英联合声明》和《中葡联合声明》，达成了和平解决香港、澳门问题的协议。随着全国人大通过了《中华人民共和国香港特别行政区基本法》《中华人民共和国澳门特别行政区基本法》，主权回归进入倒计时。

香港进入回归祖国过渡期后，中英两国政府在解决香港问题上前期合作基本顺利。1989 年后特别是东欧剧变后，英国政府错误地估计形势，违背中英联合声明的有关规定，在香港平稳过渡问题上设置重重障碍，阻挠和对抗中国政府对香港恢复行使主权。对此，我们党和政府进行了针锋相对的有理有利有节的斗争。

为确保香港平稳过渡和维持香港长期繁荣稳定，1992 年年底，党中央提出"以我为主，两手准备"的方针。此后，中国政府根据香港特别行政区基本法加紧对香港恢复行使主权的准备和筹建香港特别行政区的有关工作。1996 年 12 月

11 日，香港特别行政区第一届政府推选委员会以无记名投票方式，选举董建华为香港特别行政区第一任行政长官人选。12 月 16 日，中央政府任命董建华为香港特别行政区第一任行政长官。至此，香港回归祖国的各项准备工作基本就绪。

1997 年 6 月 30 日午夜至 7 月 1 日凌晨，中英两国政府举行了香港政权交接仪式，宣告中国政府对香港恢复行使主权。中华人民共和国香港特别行政区正式成立。

【案例】 香港回归庆典仪式

1997 年 6 月 30 日午夜，香港会议展览中心灯火通明，举世瞩目的中英两国政府香港交接仪式在这里举行。6 月 30 日 23 时 59 分，英国国旗和香港旗缓缓降下，象征着英国对香港一个半世纪的殖民统治宣告结束。7 月 1 日零时，乐队奏响中华人民共和国国歌，中华人民共和国国旗和中华人民共和国香港特别行政区区旗冉冉升起。中华人民共和国主席江泽民庄严宣告：中国政府对香港恢复行使主权。中华人民共和国香港特别行政区正式成立。经历了百年沧桑的香港回归祖国，标志着香港同胞从此成为祖国这块土地上的真正主人，香港的发展从此进入崭新的时代。

【教师点评】 历经百年沧桑的香港胜利回到祖国的怀抱，洗刷了中华民族百年耻辱，完成了实现祖国完全统一的重要一步。这是彪炳中华民族史册的千秋功业。香港从此走上同祖国共同发展、永不分离的宽广道路。

在香港回归的各项准备工作紧张进行的同时，澳门回归的步伐也在加快。1999 年 5 月 15 日，澳门特别行政区第一届政府推选委员会以无记名投票方式，选举何厚铧为澳门特别行政区首任行政长官人选。5 月 20 日，中央政府任命何厚铧为澳门特别行政区第一任行政长官。

1999 年 12 月 19 日午夜至 20 日凌晨，中葡两国政府举行澳门交接仪式。中华人民共和国主席江泽民庄严宣告：中国政府对澳门恢复行使主权。

著名诗人闻一多 1925 年创作的《七子之歌》，抒发和表达了澳门同胞渴望回到祖国怀抱的强烈期盼，在这一刻成为现实。

【案例】　　　　　　闻一多与《七子之歌—澳门》

　　这首朴素真挚、深刻感人的《七子之歌—澳门》，曾于澳门回归时在华夏大地迅速传唱，引起了祖国同胞的强烈反响，大家听了这首歌后不禁潸然泪下，并把它看作迎接澳门回归的"主题曲"。然而，很多人并不知道，这首歌的歌词并非为澳门回归而写的新作，它是 70 多年前一首题为《七子之歌》的组诗中的第一篇，其作者就是清华大学已故教授、著名的爱国学者和诗人闻一多。

　　那是 20 世纪 20 年代上半叶，刚刚从清华学校毕业的闻一多远赴重洋，到美国留学。从 1922 年开始，他先后在芝加哥美术学院、科罗拉多大学和纽约艺术学院学习美术，同时继续用大量的精力从事几年前就开始的新诗创作和文学研究。独居异域他邦，闻一多对祖国和家乡产生了深深的眷恋；在西方社会中亲身体会到很多种族歧视的屈辱，更激起了他强烈的民族自尊心。正是在这样的背景下，闻一多写下了《七子之歌》等多篇爱国思乡之作。

　　《七子之歌》中的"七子"是指香港、九龙岛、澳门、台湾、广州湾、威海、旅顺和大连。在诗中，闻一多以拟人的手法，将我国当时被列强掠去的七处"失地"比作远离母亲的七个孩子，哭诉他们受尽异族欺凌、渴望回到母亲怀抱的强烈情感。

　　1998 年年初，大型电视片《澳门岁月》的总编导在一次偶然翻阅闻一多诗集时，发现了《七子之歌》，即请祖籍广东中山的作曲家李海鹰为之谱曲。李海鹰一遍遍地吟诵闻一多的诗句，流着泪在一夜之间完成了曲子，他将潮汕民歌的特色融入其中，并从配器上也有意贴近闻一多生活的年代。于是，便有了今天这首被大家所喜爱的《七子之歌—澳门》：

　　　你可知 MACAU 不是我真姓，

　　　我离开你太久了，母亲！

　　　但是他们掠去的是我的肉体，

　　　你依然保管我内心的灵魂。

　　　那三百年来梦寐不忘的生母啊，

请叫儿的乳名：

叫我一声——澳门。

母亲啊，母亲！

我要回来，

母亲！母亲！

【教师点评】　澳门的胜利回归，是中国人民在完成祖国统一大业道路上树立的又一座丰碑。

香港、澳门的回归，一雪百年国耻，也使"一国两制"从科学构想变为现实，标志着祖国统一大业向前迈出了重要的一步。

回归祖国后，香港、澳门作为直辖于中央政府的特别行政区，重新纳入国家治理体系。中央政府依照宪法和特别行政区基本法对香港、澳门实行管治，与之相应的特别行政区制度和体制得以确立。香港、澳门同内地的联系越来越紧密。

面对亚洲金融危机的严重冲击和国际经济环境变化的不利影响，在中央政府的有力支持下，特别行政区政府沉着应对，各界人士携手努力，妥善处理了一系列经济和社会问题，保持了香港、澳门经济和社会的稳定与繁荣。事实充分表明，"一国两制"是解决历史遗留的香港、澳门问题的最佳方案，也是香港、澳门回归后保持长期繁荣稳定的最佳制度安排。

(二)海峡两岸交流的扩大

进入20世纪90年代后，党和政府推进同台湾的经济技术合作与交流，促进双方人员往来。

1992年3月，海峡两岸关系协会与台湾海峡交流基金会开始进行事务性商谈。11月，双方就如何表述坚持一个中国原则的问题，达成"海峡两岸同属一个中国，共同努力谋求国家统一"的共识，称为"九二共识"。

【案例】 "九二共识"的由来

1987 年年底，长达 30 多年的两岸隔绝状态被打破后，两岸人员往来和经济、文化等各项交流随之发展起来，同时也衍生出种种问题。为了解决这些问题，台湾不得不调整"不接触、不妥协、不谈判"的"三不政策"，于 1990 年 11 月 21 日成立了得到官方授权的与大陆联系与协商的民间性中介机构——海峡交流基金会，出面处理官方"不便与不能出面的两岸事务"。为便于与海基会接触、商谈，中共中央台办、国务院台办推动于 1991 年 12 月 16 日成立海峡两岸关系协会，并授权以坚持一个中国原则作为交往和事务性商谈的基础。

1992 年 10 月 28—30 日，海峡两岸关系协会与台湾海峡交流基金会在香港就海峡两岸事务性（公证书使用）商谈中如何表述坚持一个中国原则的问题进行了讨论。海峡两岸关系协会的基本态度是，海峡两岸交往中的具体问题是中国的内部事务，应本着一个中国原则协商解决。在事务性商谈中，只要表明坚持一个中国原则的基本态度，可以不讨论一个中国的政治含义，表述的方式可以充分协商。

1992 年 11 月大陆的海峡两岸关系协会与台湾的海峡交流基金会就解决两会事务性商谈中如何表明坚持一个中国原则的态度问题达成了以口头方式表达"海峡两岸均坚持一个中国原则"的共识。

在香港商谈中，海峡两岸关系协会提出了 5 种文字表述，台湾海峡交流基金会也根据"国统会"的结论提出了 5 种文字表述，台方虽然也同意两岸公证书使用是中国内部的事务，双方均应坚持一个中国的原则，并表达了谋求国家统一的愿望，但在文字表述方案上，两会很难达成一致。在会谈即将结束时，海峡交流基金会代表又增提了 3 种表述方式，并拿出了他们的最后表述内容："在海峡两岸共同努力谋求国家统一的过程中，双方虽均坚持一个中国的原则，但对于一个中国的含义，认知各有不同。惟鉴于两岸民间交流日益频繁，为保障两岸人民权益，对于文书查证，应加以妥善解决。"还建议"用各自口头声明的方式表述一个中国原则"，海峡两岸关系协会代表表示这是此次商谈的主要成果，等把海峡交流基金会的建议与具体表述内容报告后再正式答复。

"九二共识"这个名词，是 2000 年 4 月底前台当局大陆事务主管部门负责人苏起正式提出的新名词。但它不是凭空捏造的。1992 年两岸之间确曾达成共识。但它的诞生具有重大的历史意义，因为它是两岸自 1949 年以来，历经无数武装冲突与意识形态斗争后达成的第一次政治妥协；而且它针对的议题是两岸之间最棘手的一个中国问题。

虽然苏起是第一个明确提出"九二共识"这个名词的人，但是"九二共识"一词的提出，却凝聚了两岸专家学者的思想结晶。

1993 年 4 月，海协会会长汪道涵同台湾海基会董事长辜振甫在新加坡成功举行会谈，签署《汪辜会谈共同协议》等四项协议，建立了两岸制度化联系与协商机制，两岸关系迈出了重要一步。1994 年 3 月，八届全国人大常委会第六次会议通过《中华人民共和国台湾同胞投资保护法》，将保护台商投资纳入法制化轨道。

1995 年 1 月 30 日，江泽民发表《为促进祖国统一大业的完成而继续奋斗》的讲话，提出了发展两岸关系、推进祖国和平统一的八项主张。强调坚持一个中国的原则，是实现和平统一的基础和前提。我们不承诺放弃使用武力，决不是针对台湾同胞，而是针对外国势力干涉中国统一和搞"台湾独立"的图谋的。讲话既体现中国政府完成祖国统一大业的坚定决心，又充分考虑到台湾同胞的愿望和台湾的实际情况，引起海内外高度关注和积极反响。

但是，在美国等外部反华势力的支持和纵容下，"台独"活动趋于猖獗。1995 年 6 月，台湾地区领导人李登辉以所谓私人名义访美，公然在国际社会制造"两个中国"，后又抛出所谓"两国论"。2000 年 3 月，台湾民进党领导人陈水扁上台后，拒不接受一个中国原则，否认"九二共识"。针对台湾岛内和外国敌对势力不断加剧的"台独"分裂活动，党中央采取果断措施，从政治、军事、外交、舆论等方面开展斗争。1995 年下半年至 1996 年上半年，人民解放军在台湾海峡和台湾附近海域进行了一系列大规模军事演习，震动了世界，显示了中国政府和中国人民维护国家主权和领土完整的坚强决心，有力打击了"台独"分裂势力和外国敌对势力的嚣张气焰。

五、推进党的建设新的伟大工程

(一) 明确党的建设总目标与两大历史性课题

20 世纪 90 年代，党中央科学分析自身建设面临的新形势，积极探索在发展社会主义市场经济条件下加强党的建设的目标、任务和途径，采取一系列重大举措加强和改进党的建设。

1994 年 9 月，党的十四届四中全会作出《中共中央关于加强党的建设几个重大问题的决定》，把新时期党的建设提到"新的伟大工程"的高度。党的十五大把党的建设总目标概括为：要把党建设成为用邓小平理论武装起来、全心全意为人民服务、思想上政治上组织上完全巩固、能够经受住各种风险、始终走在时代前列、领导全国人民建设有中国特色社会主义的马克思主义政党。

2000 年 1 月，江泽民在十五届中央纪委第四次全会上强调，治国必先治党，治党务必从严，提出要解决好"提高领导水平和执政水平、增强拒腐防变和抵御风险的能力"两大历史性课题。

随着社会主义市场经济的发展，我国出现了新的社会阶层和新经济组织、新社会组织。为适应新情况，党中央及时提出"增强党的阶级基础、扩大党的群众基础"的要求，加快在新经济组织、新社会组织中组建党组织，不断扩大党的工作覆盖面。从 2001 年 8 月起，开始在新的社会阶层中进行发展党员的试点工作。

(二) "三讲" 教育的开展

加强领导班子建设、提高领导干部素质，是推进党的建设新的伟大工程的关键所在。1995 年 11 月，江泽民在北京考察工作时提出，必须把教育干部特别是教育领导干部摆在突出位置、作为关键的一环来抓，向各级领导干部提出了"讲学习、讲政治、讲正气"的要求。1998 年 11 月至 2000 年年底，全党在领导班子和领导干部中分期分批开展以讲学习、讲政治、讲正气为主要内容的党性党风教育。广大干部在"三讲"教育中拿起批评与自我批评的武器，广泛听取群众意见，查找领导工作中及自身存在的问题，开展积极健康的思想斗争，普遍受到一次深刻的马克思主义教育，经受了一次党内政治生活的严格锻炼。

（三）推进党风廉政建设

在改革开放和发展社会主义市场经济新条件下，党中央坚持把党风廉政建设和反腐败斗争作为关系党和国家生死存亡的大事来抓。为了加强反腐倡廉工作，党中央、国务院进一步健全相关机构。1993年1月，中央纪委、监察部合署办公。1995年11月，最高人民检察院反贪污贿赂总局成立。这一时期，党中央还制定了党风廉政法规，逐步形成了党委统一领导、党政齐抓共管、纪委组织协调、部门各负其责、依靠群众支持和参与的反腐败领导体制和工作机制。为了进一步推进党风廉政建设，2001年9月，中共十五届六中全会通过《中共中央关于加强和改进党的作风建设的决定》，对加强作风建设作出全面部署。

党中央还果断作出了军队、武警部队和政法机关不再从事经商活动，与所办经营性企业脱钩，实行收支两条线、工程招标、政府采购制度等决策，努力从源头上预防和遏制腐败。党风廉政建设和反腐败斗争取得阶段性成果。

（四）"三个代表"重要思想的形成

在推进中国特色社会主义伟大事业和党的建设新的伟大工程进程中，以江泽民同志为主要代表的中国共产党人，科学分析国内外形势、党所处的历史方位和肩负的历史使命，深入思考面临的新情况新问题，进一步回答了什么是社会主义、怎样建设社会主义的问题，创造性回答了建设什么样的党、怎样建设党的问题，形成了"三个代表"重要思想，继承、丰富、发展了马克思列宁主义、毛泽东思想、邓小平理论。

2000年2月，江泽民在广东考察工作时明确提出"三个代表"要求。他指出：

"我们党所以赢得人民的拥护，是因为我们党在革命、建设、改革的各个历史时期，总是代表着中国先进生产力的发展要求，代表着中国先进文化的前进方向，代表着中国最广大人民的根本利益，并通过制定正确的路线方针政策，为实现国家和人民的根本利益而不懈奋斗。"①5 月 14 日，江泽民在上海主持召开江苏、浙江、上海党建工作座谈会时进一步指出，始终做到"三个代表"，是我们党的立党之本、执政之基、力量之源。

2001 年 7 月 1 日，江泽民在庆祝中国共产党成立 80 周年大会上的讲话中，系统阐述了"三个代表"重要思想。他指出，我们党要始终代表中国先进生产力的发展要求，就是党的理论、路线、纲领、方针、政策和各项工作，必须努力符合生产力发展的规律，体现不断推动社会生产力的解放和发展的要求，尤其要体现推动先进生产力发展的要求，通过发展生产力不断提高人民群众的生活水平。我们党要始终代表中国先进文化的前进方向，就是党的理论、路线、纲领、方针、政策和各项工作，必须努力体现发展面向现代化、面向世界、面向未来的，民族的科学的大众的社会主义文化的要求，促进全民族思想道德素质和科学文化素质的不断提高，为我国经济发展和社会进步不断提供精神动力和智力支持。我们党要始终代表中国最广大人民的根本利益，就是党的理论、路线、纲领、方针、政策和各项工作，必须坚持把人民的根本利益作为出发点和归宿，充分发挥人民群众的积极性、主动性、创造性，在社会不断发展进步的基础上，使人民群众不断获得切实的经济、政治、文化利益。

"三个代表"重要思想，是我们党始终保持先进性历史经验的基本总结，既坚持了马克思主义的基本原理，又反映了当代世界和中国的发展变化对党和国家工作的新要求，并以新的思想、观点、论断，继承、丰富和发展了马克思列宁主义、毛泽东思想和邓小平理论，是加强和改进党的建设、推进我国社会主义自我完善和发展的强大理论武器。"三个代表"重要思想的形成和贯彻，有力地推动了改革开放和现代化建设的跨世纪发展，也为党的十六大的召开奠定了思想基础。

①《江泽民文选》(第 3 卷)，人民出版社 2006 年版，第 2 页。

本章总结

中共十三届四中全会后，中国特色社会主义事业的发展面临空前巨大的困难和压力。以江泽民为主要代表的中国共产党人，坚持中共十一届三中全会以来的路线不动摇，推动中国改革开放和现代化建设取得了丰硕成果，形成了"三个代表"重要思想。社会主义市场经济体制初步建立，社会主义民主法治建设成效显著，依法治国方略全面实施，人民生活总体实现了由温饱到小康的历史性跨越，中国特色社会主义成功推向到 21 世纪。

思考题

1. 简述邓小平"南方谈话"的主要内容和历史意义。
2. 简述中国确立社会主义市场经济体制改革目标的伟大意义。
3. 简述中国加入世界贸易组织的重要性和必要性。
4. 简述香港、澳门回归祖国的历史意义。

第六章

科学发展：在新形势下坚持和发展中国特色社会主义

教学要求

通过本章内容的学习，引导学生了解从 2002 年到 2012 年这 10 年间国际国内形势的变化，认识科学发展观提出的背景、内容及意义；引导学生深刻领会中国特色社会主义对全面建设小康社会的重大意义。掌握这 10 年来我国在改革开放和在经济建设、政治建设、文化建设和社会建设等方面取得的重大成就。尤其是了解这一时期我国综合国力达到世界第二的历史性跨越的过程，以及党领导我们克服汶川大地震等一系列自然灾害，成功举办了北京奥运会等重大国际盛事。使学生充分认识中国特色社会主义的政治优势和党的领导的正确有力。

教学重点

1. 全面建设小康社会宏伟目标的提出
2. 全面建设小康社会新部署和改革开放的深化
3. 推进"一国两制"实践与祖国和平统一大业
4. 提高党的建设科学化水平

教学难点

1. 科学发展观提出的历史背景及现实意义
2. 新世纪新阶段中国的国际地位和外交工作

21 世纪伊始，中国进入全面建设小康社会、加快推进社会主义现代化新的发展阶段。在新世纪新阶段，以胡锦涛为主要代表的中国共产党人，抓住重要战略机遇期，不断推进实践创新、理论创新、制度创新，强调以人为本、全面协调可持续发展，形成了科学发展观，在带领人民围绕全面建设小康社会目标、不断开创中国特色社会主义事业新局面的新征程中经受住新的考验，交出了优异的答卷，成功在新的形势下坚持和发展了中国特色社会主义。

一、勾画全面建设小康社会蓝图，提出科学发展观

（一）新世纪头 20 年奋斗目标的确立

2002 年 11 月 8—14 日，中国共产党第十六次全国代表大会在北京举行。江泽民作《全面建设小康社会，开创中国特色社会主义事业新局面——在中国共产党第十六次全国代表大会上的报告》。大会对党的十三届四中全会以来 13 年的奋斗历程和基本经验进行系统总结。大会高度评价"三个代表"重要思想的历史地位和重要作用，把"三个代表"重要思想同马克思列宁主义、毛泽东思想、邓小平理论一道确立为中国共产党必须长期坚持的指导思想，并写入党章。

大会提出全面建设小康社会的奋斗目标。大会认为，经过全党和全国各族人民的共同努力，我们胜利实现了现代化建设"三步走"战略的第一步、第二步目标，人民生活总体上达到小康水平。但必须看到，我国正处于并将长期处于社会主义初级阶段，现在达到的小康还是低水平的、不全面的、发展很不平衡的小康，人民日益增长的物质文化需要同落后的社会生产之间的矛盾仍然是我国社会的主要矛盾。巩固和提高目前达到的小康水平，还需要进行长时期的艰苦奋斗。大会指出，21 世纪头 20 年，对我国来说，是一个必须紧紧抓住并且可以大有作为的重要战略机遇期。我国要在 21 世纪头 20 年，集中力量，全面建设惠及十几亿人口的更高水平的小康社会，使经济更加发展、民主更加健全、科教更加进步、文化更加繁荣、社会更加和谐、人民生活更加殷实。这是实现现代化建设第三步战略目标必经的承上启下的发展阶段，也是完善社会主义市场经济体制和扩

大对外开放的关键阶段。经过这个阶段的建设，再继续奋斗几十年，到本世纪中叶基本实现现代化，把我国建成富强民主文明的社会主义国家。大会还从经济、政治、文化、社会、生态环境等方面提出了全面建设小康社会的目标，强调在优化结构和提高效益的基础上，国内生产总值到 2020 年力争比 2000 年翻两番。

大会选举产生十六届中央委员会和中央纪律检查委员会。党的十六届一中全会选举产生胡锦涛、吴邦国、温家宝、贾庆林、曾庆红、黄菊、吴官正、李长春、罗干为中央政治局常委，胡锦涛为中央委员会总书记；决定江泽民为中央军事委员会主席，批准吴官正为中央纪律检查委员会书记。2003 年 3 月，十届全国人大一次会议选举胡锦涛为国家主席，江泽民为国家中央军事委员会主席，吴邦国为全国人大常委会委员长，决定温家宝为国务院总理；全国政协十届一次会议选举贾庆林为政协第十届全国委员会主席。2004 年 9 月，党的十六届四中全会通过《关于同意江泽民同志辞去中共中央军事委员会主席职务的决定》，决定胡锦涛为中共中央军事委员会主席。

党的十六大是党在新世纪召开的第一次全国代表大会，明确回答了新世纪新阶段中国共产党举什么旗、走什么路、实现什么样的发展目标等重大问题。从此，中国人民踏上了全面建设小康社会的新征程。

（二）科学发展观的提出

2003 年春，我国遭遇一场过去从未出现过的非典型肺炎重大疫情。在党中央、国务院坚强领导下，举国上下紧急动员，坚持群防群控，全国各族人民大力弘扬万众一心、众志成城，团结互助、和衷共济，迎难而上、敢于胜利的抗击非典精神，携手共克时艰，有效控制了非典疫情，保持了经济较快增长。6 月，我国抗击非典取得阶段性重大胜利。

【案例】　　　　　　　　　　　　抗击"非典"

2003 年 2 月中下旬，一场没有硝烟的战争的序幕正在亚洲大陆的这一端悄然拉开，这就是抗击"非典"。整整一个春季，这种"非典"病毒搅乱了一个中国，并波及了小半个世界。

传染性非典型肺炎是最初的称呼，之后定名为重症急性呼吸综合征（SARS），是一种因感染 SARS 相关冠状病毒而导致的急性呼吸系统疾病，以发热、干咳、胸闷为主要症状，严重者出现快速进展的呼吸系统衰竭，极强的传染性与病情的快速进展是此病的主要特点。

SARS 是从 2002 年 12 月在中国广东顺德首发，并迅速扩散至东南亚乃至全球，直至 2003 年中期疫情才被逐渐消灭的一次全球性传染病疫潮。在此期间发生了一系列事件，甚至引起社会恐慌，包括医务人员在内的多名患者死亡，世界各国纷纷采取危机处理，联合国、世界卫生组织及媒体的关注等。以至于在今天的中国，几乎连不认识 26 个英文字母的人，也早已熟悉了 SARS 这个单词所代表的恐怖。

抗击"非典"的过程颇为曲折，令人深思。在疫情初期，某些政府部门试图瞒报、谎报疫情，这导致民众受到诸多流言影响而引起恐慌，也导致在疫情暴发初期未能及时切断病毒传染渠道、造成疫情的大范围蔓延。

2003 年 4 月 17 日中央政治局常务委员会召开会议之后，高层充分认识到了"非典"的严重程度和潜在威胁，开始全力以赴应对，采取了包括人事任免在内的各种必要的紧急措施。4 月 19 日时任国务院总理温家宝正式警告地方官员，瞒报少报疫情的官员将面临严厉处分。翌日，政府再度召开记者会，宣布北京的疫情从原先有所隐瞒报告的 37 例，突然增加至 339 例。记者会后几个小时，中央政府及中共中央宣布撤销北京市市长孟学农和卫生部部长张文康的党内职务，并提名王岐山担任北京市代理市长，高强任卫生部党组书记，国务院副总理吴仪兼任卫生部部长。

疫情高峰时期，中国各级党政机关显示了惊人的动员力量，深入到农村基层社区：4 月 23 日，财政部公布中央财政 20 亿元"非典"防治基金的用途，次日铁道部通知旅客开车前要求退票的，可全额退款；4 月 26 日，铁道部要求运输防治"非典"药物用品必须 24 小时内到达目的地。

在党中央、国务院坚强领导下，全国各族人民大力弘扬万众一心、众志成城，团结互助、和衷共济，迎难而上、敢于胜利的精神，举国上下紧急动员，坚持群防群控，携手共克时艰，有效控制了非典疫情，保持了经济较快增长。6月，世界卫生组织宣布解除对北京的旅行警告。我国抗击非典取得阶段性重大胜利。

【教师点评】"非典"疫情给了我们重大警示：公共卫生问题已经不再只是卫生问题，还是国家安全和城市安全体系的重要组成部分。随着疫情结束，中央政府宣布大幅度增加卫生防疫经费投入，在全国建设各级疾病预防控制中心，特别是增加了对农村地区的经费投入。

抗击"非典"的胜利，充分显示出我国社会主义制度的巨大优越性。同时，"非典"的发生和蔓延，也暴露出我国在经历了一个经济高速发展阶段之后，存在发展不够协调、公共卫生事业发展滞后、突发事件应急机制不健全等新矛盾新问题，这进一步引发了党中央对新形势下中国发展问题的深入思考。"实现什么样的发展、怎样发展"这一重大理论和实践问题，历史性地摆到中国共产党人的面前。

2003年4月15日，胡锦涛在广东指导"非典"工作时提出："要认清形势，进一步增强加快发展、率先发展、协调发展的历史责任感和使命感。"[1]2003年8月底9月初，胡锦涛在江西考察时提出"科学发展观"概念，指出要牢固树立协调发展、全面发展、可持续发展的科学发展观。同年10月，党的十六届三中全会第一次在党的正式文件中完整地提出了科学发展观，强调"坚持以人为本，树立全面、协调、可持续的发展观，促进经济社会和人的全面发展"[2]。

2004年3月10日，胡锦涛在中央人口资源环境工作座谈会上对科学发展观的科学内涵、基本要求和指导意义作了全面阐述。

①坚持以人为本，就是要以实现人的全面发展为目标，从人民群众的根本利益出发谋发展、促发展，不断满足人民群众日益增长的物质文化需要，切实保障人民群众的经济、政治和文化权益，让发展的成果惠及全体人民。

②坚持全面发展，就是要以经济建设为中心，全面推进经济、政治、文化建

---

[1] 《抓住新机遇 增创新优势 开拓新局面 努力实现加快发展 率先发展 协调发展》，《光明日报》2003年4月16日。

[2] 中共中央文献研究室：《十六大以来重要文献选编》（上），中央文献出版社2005年版，第465页。

设，实现经济发展和社会全面进步。

③坚持协调发展，就是要统筹城乡发展、统筹区域发展、统筹经济社会发展、统筹人与自然和谐发展、统筹国内发展和对外开放，推进生产力和生产关系、经济基础和上层建筑相协调，推进经济、政治、文化建设的各个环节、各个方面相协调。

④坚持可持续发展，就是要促进人与自然的和谐，实现经济发展和人口、资源、环境相协调，坚持走生产发展、生活富裕、生态良好的文明发展道路，保证一代接一代地永续发展。

科学发展观，是党中央对 20 多年改革开放实践的经验总结，是战胜"非典"疫情的重要启示，也是推进全面建设小康社会的迫切要求。科学发展观提出以后，在实践中不断得到丰富和完善，对中国特色社会主义事业发展发挥了重要的指导作用。

二、推动科学发展、促进社会和谐

(一)完善社会主义市场经济体制和推动经济又好又快发展

经过改革开放以来特别是党的十四大以来的奋斗探索，我国初步建立起社会主义市场经济体制，极大地促进了社会生产力的发展。但是社会主义市场经济体制还有诸多不完善的地方，需要进一步改革。2003 年 10 月，党的十六届三中全会通过了《中共中央关于完善社会主义市场经济体制若干问题的决定》，提出大力发展国有资本、集体资本和非公有资本等参股的混合所有制经济；放宽市场准入，允许非公有资本进入法律法规未禁入的基础设施、公用事业及其他行业和领域；建立归属清晰、权责明确、保护严格、流转顺畅的现代产权制度；建立有利于逐步改变城乡二元经济结构的体制等重大政策措施。

按照全会的部署，我国经济体制改革向重点领域和关键环节稳步推进。通过规范上市、中外合资、相互参股、兼并收购等多种途径，不断推进国有企业股份制改革，涌现出一批能够把握市场机遇、应对国际市场挑战的新型国有企业，国有经济活力、控制力和影响力明显增强。在国家政策的支持下，非公有制企业迅速发展。非公有制企业这一时期创造的产值超过了国内生产总值的一半，上缴国家的税收比重不断增加，在促进经济增长、扩大就业和活跃市场等方面发挥着越来越重要的作用。

在改革持续和深化的过程中，针对经济运行中出现的一些矛盾和问题，中央从 2003 年年底作出加强宏观调控的决策和部署，要求严把土地、信贷两个闸门，将土地等资源政策作为宏观调控手段。由于措施及时，从 2004 年第二季度起经济缓慢降温，部分行业投资过快增长势头得到一定程度的遏制。

在加强宏观调控的同时，党中央根据经济社会发展的新情况提出新的发展方针。2006 年 10 月，党的十六届六中全会提出"促进经济又好又快发展"的新要求。又好又快发展，强调既要保持经济平稳较快增长，防止大起大落，又要坚持好中求快，注重优化结构，努力提高质量和效益。

【案例】　　　　　"又好又快"何以不同于"又快又好"

"好"在"快"前，意味着我国经济发展将更加注重体现科学发展观的要求，重视发展质量和效益，把节约资源、保护环境、节约用地放在更突出的战略位置，并强化节能降耗和污染减排指标的约束。"好"在前而"快"在后，表明党和政府，对经济规律的认识更加深刻、更趋准确，中央新一代领导集体对经济的驾驭能力，更加成熟和科学。可以预见，在明年我国经济社会发展进入关键阶段的重要一年，从"又快又好"迈向"又好又快"，将成为经济工作的一大亮点。

20 世纪 50 年代，我们曾提出"多快好省"，"快"在前，"好"在后。自20 世纪 90 年代初确立发展市场经济以来，也用"又快又好"的说法，长期以来几乎约定俗成，"快"总在"好"之前。

"快"一方面体现在经济发展速度上，从 2000 年进入新一轮经济周期，2002 年至 2005 年，经济增长率又分别为 9.1%、10%、10.1% 和 10.2%；今年，预计经济增长率为 10.5%。从 2000 年到 2006 年，本轮周期已连续 7 年在适度经济增长区间内(8%~10%)平稳较快地运行。这在新中国成立以来的经济发展史上还是从未有过的。我国经济总量也上升到 2005 年的世界第4 位。

但另一方面也应该看到"快"的代价，我们的快速增长基本是"高投入、高消耗、高排放、低效率"的传统工业化模式，单位 GDP 能耗比发达国家平均高 40%，产生的污染是他们的几十倍，能源和资源的高消耗以及由此造成的环境污染和生态破坏，已成为制约经济社会协调发展的突出问题。这种"快"也使我国经济面临着地区结构失衡、城乡发展失衡、居民收入分配失衡、内外需求失衡、投资与消费失衡等一系列问题。

现在我国经济发展态势良好，应保持这种良好的发展势头，防止经济大起大落，为此，"十一五"规划明确提出要求，到 2010 年，在 GDP 年均增长7.5%的同时，单位 GDP 能源消耗降低 20%，主要污染物排放总量减少10%。在某种意义上可以说，快速增长已不是难点，如何让我国经济发展得更"好"才是我们面临的最大问题。

那么，"好"的含义何在，有什么标准去评价经济的"又好又快"？"又好又快"应该体现中央经济工作会议中强调的"三个协调"，即努力实现速度、质量、效益相协调，消费、投资、出口相协调，人口、资源、环境相协调。"好"不仅指效益好，而且还包含质量好。"好"的经济增长，就宏观经济的结构看，这种增长是平衡的、稳定的；从增长与生态的关系来看，这种增长是环境友好型的，要求产业结构要更合理，经济增长效益要更高，居民生活环境要改善，各种社会矛盾要减小。

【教师点评】 指导经济发展的方针，从持续使用多年的"又快又好"到"又好又快"，虽只是"好"与"快"顺序的调整，却体现了科学发展的本质要求。

(二)提出构建社会主义和谐社会战略目标

实现社会和谐、建设美好社会，是我们党不懈奋斗的目标。进入新世纪，面对经济体制深刻变革、社会结构深刻变动、利益格局深刻调整、思想观念深刻变化，党中央从中国特色社会主义事业总体布局和全面建设小康社会的全局出发，准确把握我国发展的阶段性特征，客观分析影响社会和谐的突出矛盾和问题，提出了构建社会主义和谐社会的重大战略目标。

2002 年 11 月，党的十六大在阐述全面建设小康社会目标时，提出了实现社会更加和谐的要求。2004 年 9 月，党的十六届四中全会明确提出了构建社会主义和谐社会的重大战略任务，把提高构建社会主义和谐社会能力确定为加强党的执政能力建设的重要内容。

2006 年 10 月，党的十六届六中全会通过《中共中央关于构建社会主义和谐社会若干重大问题的决定》，提出按照民主法治、公平正义、诚信友爱、充满活力、安定有序、人与自然和谐相处的总要求，构建社会主义和谐社会。该决定强调，必须坚持以人为本，始终把最广大人民的根本利益作为党和国家一切工作的出发点和落脚点，做到发展为了人民、发展依靠人民、发展成果由人民共享，促进人的全面发展。该决定还提出了构建社会主义和谐社会的政策措施。

构建社会主义和谐社会重大战略目标的提出，使中国特色社会主义事业总体布局增加了"社会建设"这一重要方面，从而由经济建设、政治建设、文化建设"三位一体"扩展为经济建设、政治建设、文化建设、社会建设"四位一体"。

（三）促进区域、城乡协调发展

区域、城乡发展不平衡，是制约我国经济社会发展的突出问题。根据科学发展观的要求，党中央对统筹区域、城乡发展作出一系列重大决策部署。

西部大开发战略在世纪之交实施后，党和政府着力加强西部基础设施建设，重点展开西电东送、西气东输、青藏铁路等标志性工程建设。2006 年 7 月 1 日，全长 1956 千米的青藏铁路全线通车，结束了西藏不通铁路的历史，有力推动了雪域高原的跨越式发展和各族人民生活的改善。

党中央还作出振兴东北地区等老工业基地，促进中部地区崛起，支持东部地区率先发展等重大决策，区域协调发展取得明显成效。东北地区通过实施工业结构调整重大项目，大庆油田、中国一汽等一批重点企业技术水平有了显著提高，自主创新和先进制造能力不断增强。中部地区实现崛起，一批具有竞争力的优势产业和产品不断涌现，城市群、城市带和城市圈加快形成，承东启西的区位优势进一步凸显。国家批准上海浦东新区和天津滨海新区为全国综合配套改革试验区，积极推动长江三角洲、台湾海峡西岸等重点地区的开发开放。东部地区抓住区位优势和先发优势，努力实现率先发展，长三角、珠三角和京津冀三大都市圈始终保持我国经济发展的"三大引擎"地位。

在统筹城乡发展方面，党中央加大解决"三农"问题的力度。党的十六届四中全会在分析总结一些国家工业化发展历程的基础上，提出了"两个趋向"的重要论断，即：在工业化初始阶段，农业支持工业、为工业提供积累是带有普遍性的趋向；但在工业化达到相当程度以后，工业反哺农业、城市支持农村，实现工业与农业、城市与农村协调发展，也是带有普遍性的趋向。中央认为，经过几十年的发展，我国总体上已进入以工促农、以城带乡的发展阶段，必须统筹城乡经济社会发展，把解决好农业、农村和农民问题作为全党工作的重中之重，坚持"多予、少取、放活"的方针，努力增加农民收入。2005年10月，党的十六届五中全会提出了建设社会主义新农村的重大战略任务。同年12月29日，十届全国人大常委会第十九次会议决定，自2006年1月1日起，废止《中华人民共和国农业税条例》，在我国存在2600年的农业税成为历史。这根本性地扭转了农民负担过重的状况，给亿万农民带来了看得见、摸得着的实惠。随着社会主义新农村建设的扎实推进，农村经济和农村面貌不断发生新的深刻变化。

(四)"十五"计划的完成和"十一五"规划的制定

2005年，"十五"计划确定的主要发展目标提前实现。2001—2005年，国内生产总值增长57.3%，年均增长9.5%。人民生活明显改善，老百姓住房条件大为改观，汽车迅速进入普通家庭，人们的旅游消费大大增加。我国人均国内生产总值突破1000美元，经济社会发展进入关键时期。

2005年10月，党的十六届五中全会通过《中共中央关于制定国民经济和社会发展第十一个五年规划的建议》。2006年3月，十届全国人大四次会议审议通过《中华人民共和国国民经济和社会发展第十一个五年规划纲要》。"十一五"规划第一次将延续50多年的"计划"改为"规划"。这一字之差体现了社会主义市场经济条件下中长期规划的功能定位，反映了我国发展理念、经济体制、政府职能的重大变革。

三、全面建设小康社会新部署和改革开放的深化

（一）全面建设小康社会的新部署

2007年10月15—21日，中国共产党第十七次全国代表大会在北京举行。胡锦涛作《高举中国特色社会主义伟大旗帜，为夺取全面建设小康社会新胜利而奋斗——在中国共产党第十七次全国代表大会上的报告》。大会阐述了中国特色社会主义道路的基本内涵，首次提出中国特色社会主义理论体系的概念并作了概括。大会强调，改革开放以来我们取得一切成绩和进步的根本原因，归结起来就是：开辟了中国特色社会主义道路，形成了中国特色社会主义理论体系。中国特色社会主义理论体系，就是包括邓小平理论、"三个代表"重要思想以及科学发展观等重大战略思想在内的科学理论体系。

大会全面阐述了科学发展观的科学内涵、精神实质和根本要求，明确科学发展观第一要义是发展，核心是以人为本，基本要求是全面协调可持续，根本方法是统筹兼顾。大会认为，科学发展观是中国特色社会主义理论体系重大创新成果，决定将这一成果写入党章。

大会对实现全面建设小康社会的宏伟目标作出全面部署，在经济、政治、文化、社会、生态文明五个方面提出新要求，使全面建设小康社会的目标更全面、内涵更丰富、要求更具体。特别是根据经济持续快速发展的实际，调整了十六大提出的到2020年力争实现国内生产总值比2000年翻两番的经济增长目标，提出"实现人均国内生产总值到2020年比2000年翻两番"的更高要求。

随后召开的党的十七届一中全会选举胡锦涛为中共中央委员会总书记，决定胡锦涛为中共中央军事委员会主席，批准贺国强为中央纪律检查委员会书记。2008年3月，十一届全国人大一次会议选举胡锦涛为国家主席、国家中央军事委员会主席，选举吴邦国为全国人大常委会委员长，决定温家宝为国务院总理；全

国政协十一届一次会议选举贾庆林为政协第十一届全国委员会主席。

（二）应对国际金融危机和各种挑战

从2007年开始的美国次贷危机，到2008年演化成一场全球性的金融危机，并迅速由金融领域扩散到实体经济领域，由美国扩散到世界主要经济体。

【案例】　　　　　　　　　　美国次贷危机

美国次贷危机是一场由房地产市场泡沫破裂引发的金融危机。这场危机始于2007年，当时一些银行和金融机构推出了次级抵押贷款，向信用评分较低的人群提供贷款。由于房价不断上涨，这些贷款被视为高风险投资。然而，随着房价下跌和利率上升，许多借款人无法按时还款，导致次贷违约率上升。这引发了金融机构的信用危机，导致全球金融市场动荡。

美国次贷危机的影响是广泛而深远的。它导致了全球金融市场的动荡和不稳定。由于美国是全球最大的经济体之一，其金融市场的波动对其他国家的影响非常大。在危机爆发阶段，许多国家的金融市场也出现了大幅下跌和调整。次贷危机对实体经济也产生了负面影响。由于信贷紧缩和市场恐慌情绪的影响，企业难以获得融资支持，投资活动受到限制。同时，消费者受到房价下跌和失业等因素的影响，购买力下降。这些因素导致了全球经济增长放缓和贸易活动减少。

中共中央密切关注危机的发展态势，特别是可能对我国经济发展带来的风险和产生的冲击，强调要树立忧患意识，做好应对危机的预案。随着国际金融危机对我国的冲击加剧，2008年第四季度经济增速出现急剧下滑势头，对外贸易出口困难，就业压力迅速加大。党中央、国务院果断将宏观调控的着力点转到防止经济增速过快下滑上来，实施积极的财政政策和适度宽松的货币政策，着力扩大国内需求特别是消费需求，形成了包括大规模增加政府投资、实行结构性减税、大范围实施十个重点产业调整振兴规划等一揽子计划。

【案例】　　　　　　　　　中国成功应对国际金融危机

　　疾风知劲草，砥柱立中流。面对国内繁重的工作任务和国际复杂的经济环境，共和国的决策者始终保持着一种清醒冷静、一份刚毅果断。

　　危机之初，未雨绸缪；危机袭来，果断出手。2008 年 11 月底至 12 月初短短十来天，金融危机对中国经济的影响刚刚开始显现，中共中央随即召开4 次重要会议，胡锦涛反复强调，要把推进发展方式转变和结构调整作为应对国内外环境变化、实现可持续发展的根本出路，把国际金融危机对经济结构调整形成的压力转化为动力，变挑战为机遇，加大产业结构调整力度，大力发展循环经济，努力形成新的经济增长点和新的竞争优势。

　　在金融危机的巨大冲击之下，中华人民共和国的领导者带领全党全国各族人民，从容不迫、力挽狂澜，引领中国这艘巨轮乘风破浪、奋勇前行。从2008 年年底风暴侵袭中国开始到 2009 年上半年，党和政府连续召开多次会议，针对实际经济走势，商讨对策，不断出台各种刺激经济发展的措施，力保中国经济稳步发展。

　　11 月 5 日，温家宝主持召开国务院常务会议，制定了应对国际金融危机的十大措施：

　　(1) 加快建设保障性安居工程。

　　(2) 加快农村基础设施建设。

　　(3) 加快铁路、公路和机场等重大基础设施建设。

　　(4) 加快医疗卫生、文化教育事业发展。

　　(5) 加强生态环境建设。

　　(6) 加快自主创新和结构调整。

　　(7) 加快地震灾区灾后重建各项工作。

　　(8) 提高城乡居民收入。

　　(9) 在全国所有地区、所有行业全面实施增值税转型改革，鼓励企业技术改造，减轻企业负担 1200 亿元。

　　(10) 加大金融对经济增长的支持力度。

　　仅 2009 年上半年，国务院就应对金融危机，连续召开了 31 次常务会议，研究讨论了 51 项议题。2009 年 1 月 14 日到 2 月 25 日，国务院常务会议先后通过了汽车、钢铁、电子信息、物流、纺织、装备制造、有色金属、轻工、石化、船舶十大重点产业调整和振兴规划。分别提出了上百项政策措施和实施细则，对保持国民经济平稳较快发展起到了重要作用。

　　不仅如此，作为负责任的大国，中国积极参与国际活动，共谋应对危机之道。2008 年 10 月 24、25 日，中国主办第七届亚欧首脑会议；2009 年 3 月参加 G20 峰会；2009 年 7 月参与八国集团同发展中国家领导人的对话会议。在这些国际活动中，中国领导人本着"对话合作，互利共赢"的主旨，呼吁各国"加强政策协调，密切合作、共同应对国际金融危机这一全球性挑战"，同时提议国际社会要致力于建设可持续的世界经济体系、包容有序的国际金融体系、公正合理的国际贸易体系、公平有效的全球发展体系。中国领导人的积极有为和认真负责，赢得了国际社会的好评。①

　　经过艰苦努力，我国在世界上率先实现经济回升向好。从 2009 年第二季度起，经济止跌回升，全年增长 9.2%。我国应对国际金融危机冲击的方针、政策和举措总体上是有效的，但采取的一些经济刺激政策会有一个消化的过程，同时我国经济发展上仍存在不少突出的矛盾和问题。要从根本上解决经济平稳健康发展问题，必须坚定不移推进和深化改革。

　　2008 年 5 月 12 日，四川汶川发生里氏 8.0 级特大地震。在党中央领导下，我国迅速开展了历史上救援速度最快、动员范围最广、投入力量最大的抗震救灾斗争，充分发挥一方有难、八方支援、集中力量办大事的制度优势，彰显出伟大的抗震救灾精神。在夺取抗震救灾斗争重大胜利后，党和政府迅速制定灾区灾后恢复重建计划，得到全国各族人民、港澳台同胞和海外侨胞的大力支持。到 2010 年 9 月底，重建任务提前一年基本完成。

---

　　① 《坚定沉着战狂澜——以胡锦涛同志为总书记的党中央团结带领全党全国各族人民应对国际金融危机冲击纪实》，《人民日报》2010 年 1 月 11 日。

【案例】
5·12汶川地震

2008年5月12日，四川省境内发生了中华人民共和国成立以来破坏性最强、波及范围最广、救灾难度最大的一次地震。震级达里氏8级，最大烈度达11度，余震30000多次，涉及四川、甘肃、陕西、重庆等10个省区市的417个县(市、区)、4667个乡(镇)、48810多个村庄。灾区总面积达到50万平方千米，受灾群众4625万多人。受灾最严重的四川省北川、什邡、绵竹、汶川、彭州等地，69000多人遇难，17900多人失踪，需要紧急转移安置的受灾群众达1510万人。地震造成大量房屋倒塌损坏，基础设施大面积损毁，工农业生产遭受极大损失，生态环境遭到严重破坏，引发的崩塌、滑坡、泥石流、堰塞湖等次生灾害举世罕见。地震让半个亚洲震动，让全世界震惊。

大地震发生在5月12日14时28分，16时40分，国务院总理温家宝乘飞机赶赴四川指导救灾。当晚，中央政治局常务委员会召开紧急会议，全面部署抗震救灾工作，会议当即决定成立抗震救灾总指挥部，并在同一时间，在四川灾区一线召开第一次会议。24时，近2万名解放军和武警部队官兵紧急赶到重灾区，1万名官兵通过铁路向灾区进发。

中国历史上救援速度最快、动员范围最广、投入力量最大的抗震救灾行动在党和政府的组织下行动起来了。

总参谋部启动应急预案！武警总部启动应急预案！在第一时间里，民政部紧急调拨5000顶救灾帐篷，中国红十字会迅速调拨价值78万元的救灾物资，卫生部紧急组织10多支卫生救援队。

13日20时许，成都军区某集团军军长许勇率领先遣队，徒步进入汶川映秀镇；13日23时15分，武警某部参谋长王毅和他的挺进小分队，率先进入汶川县城。震后第二天，救援部队进入所有灾区；第三天，进入所有重灾乡镇；第七天，进入全部1480个受灾行政村。数日之间，13万子弟兵云集灾区，与灾区人民群众"心连心、同呼吸，共命运"；几十支医疗队深入灾区第一现场，救死扶伤；各种救灾物资源源不断到达灾区，雪中送炭……此时，全中国人民的目光都在这里聚集。据估计，灾后各省区市进入灾区的志愿者超过 10 万，四川省内参与灾区服务的志愿者超过 100 万；民间踊跃的无偿献血因过多而被迫暂停；社会各界捐赠达 377.27 亿元，全国 4550 多万名中共党员缴纳了抗震救灾的"特殊党费"97.3 亿元。

5 月 14 日，中共中央总书记胡锦涛主持中央政治局常委会，进一步研究抗震救灾工作，17 日，亲赴四川成都部署。国务院抗震救灾总指挥部全程跟踪灾情，及时部署、协调各部门的救灾进展。

经过及时抢救，一共从废墟中救出被掩埋者 84017 人，解救被困群众 149 万人，其中 430 万名伤病者得到救治。

在救灾同时，党和政府妥善安置受灾群众，不仅确保大灾之后无大疫，而且尽快恢复群众的正常生活。5 月 27 日，国务院抗震救灾总指挥部发布《关于当前抗震救灾进展情况和下一阶段的工作任务》。6 月 11 日，国务院办公厅下发《汶川地震灾后恢复重建对口支援方案》，决定按照"一省帮一重灾县"的原则，建立对口支援机制。1510 万受灾群众的基本生活得到妥善解决，881 万名灾区困难群众得到救助。灾区中小学在新学期开始前全面复课。此外，党和政府下令全力抢修交通、电力、通信、广电、水利、供水、供气等基础设施，组织资金拨付和物资供应，及时公布灾情，切实做好余震防范工作等，使受灾地区迅速恢复正常。

中国共产党领导的这场艰苦卓绝的抗震救灾攻坚战，不仅让国人从灾难的阴霾中重新站立起来，而且也让全世界人民目睹了中华民族坚忍不拔、团结互助的伟大的民族精神，中国用实际行动有力地彰显了自己的进步和强大。

【教师点评】 发生在四川境内的这次大地震，又一次全面考核、验证了中国共产党在新世纪的执政能力和中国社会主义制度的无比优越性。在巨大灾难面前，党中央雷厉风行组织抗震救灾工作，各级、各部门紧密配合，尤其是功能齐全、行动神速的人民军队，在抗震救灾中发挥了中流砥柱的作用。只有共产党领导下的社会主义国家，才具备如此高效的社会运行体制，才能举全国之力，集中力量办成大事。这种能力是世界上任何别的国家无法相提并论的。事实已经证明并将继续证明：中国共产党是伟大的中国人民战胜一切艰难险阻，从一个胜利走向另一个胜利的坚强领导核心。

胡锦涛后来提炼和总结了抗震救灾精神：万众一心、众志成城、不畏艰险、百折不挠、以人为本、尊重科学。抗震救灾精神是一切高贵美好的品格在共同抗击自然灾害的殊死搏斗中所形成的交汇点，时代精神和民族精神的交汇点，社会主义和爱国主义、集体主义的交汇点，革命英雄主义和社会主义人道主义的交汇点。它使我们看到了波澜壮阔的改革开放时代中华民族精神的一次伟大升华。

2008—2010年，党和政府还带领人民取得抗击南方雨雪冰冻极端天气、"4.14"青海玉树地震和甘肃舟曲特大泥石流等严重自然灾害以及灾后恢复重建的胜利。依法坚决平息和妥善处理2008年3月14日拉萨等地打砸抢烧严重暴力犯罪事件和2009年7月5日乌鲁木齐打砸抢烧严重暴力犯罪事件，坚决打击暴力恐怖势力、民族分裂势力和宗教极端势力的破坏活动，维护了民族团结和社会稳定。

（三）加快转变经济发展方式和深化重要领域改革

为了更好地解决经济长期积累的结构性矛盾和经济增长方式粗放问题，党的十七大提出加快转变经济发展方式的战略任务。国际金融危机爆发后，我国内需外需不平衡、投资消费不协调、产业结构不合理、发展方式不可持续的问题进一步凸显。2010年10月，党的十七届五中全会对加快转变经济发展方式的基本要求作出新的概括，明确要求把经济结构战略性调整作为主攻方向，把科技进步和创新作为重要支撑，把保障和改善民生作为根本出发点和落脚点，把建设资源节约型、环境友好型社会作为重要着力点，把改革开放作为强大动力。随后，党和国家采取一系列措施，坚持实施扩大内需战略，坚持走中国特色新型工业化道路，扎实推进节能减排和生态环境保护，深入实施区域发展总体战略，积极稳妥推进城镇化，推动经济发展方式转变迈出了新步伐。

在所有制改革方面，国有经济战略性调整和国有大型企业改革加快推进。从2006年起，中央企业加大兼并重组力度。到2011年，国资委监管的中央企业从2007年的159家减少到117家，其中有超过80%的资产集中在石油石化、电力、国防和通信等关键领域以及运输、矿业、冶金等支柱行业，国有企业整体素质和竞争力大大增强。在国有企业做强做优的同时，党和政府坚持"两个毫不动摇"

的方针，积极鼓励和引导非公有制经济健康发展。2010 年 5 月，国务院印发《关于鼓励和引导民间投资健康发展的若干意见》，非公有制经济发展的体制环境进一步改善。

在农村改革发展方面，中央在改革开放 30 周年之际明确宣示，现有土地承包关系要保持稳定并长久不变。2008 年 10 月，党的十七届二中全会作出《中共中央关于推进农村改革发展若干重大问题的决定》，强调农业是安天下、稳民心的战略产业，要求坚决守住 18 亿亩耕地红线，促进城乡经济社会发展一体化。中央还进一步加大对农业的财政投入，出台一系列强农惠农富农政策。从 2004 年起，我国粮食产量实现 8 年连续增长，2011 年达到 5.7 亿吨。农民人均纯收入也连年增长。

在扩大对外开放方面，开放型经济水平全面提升。国际金融危机爆发后，中国及时出台稳定外需的政策措施，实施市场多元化战略，在对外贸易、利用外资、对外投资等领域取得重要进展。2002 年至 2011 年加入世界贸易组织的 10 年间，中国货物贸易额的全球排名由第六位上升到第二位。中国实行的平等、互利、合作、共赢的对外开放政策，不仅惠及 13 亿中国人民，也使世界各国人民获益，给世界经济发展以有力推动。

"十一五"时期，国家面貌发生新的历史性变化。国内生产总值年均增长 11.3%。2010 年中国经济总量超过日本，成为世界第二大经济体。城镇居民人均可支配收入和农村居民人均纯收入年均分别增长 9.7% 和 8.9%，人民生活明显改善。

我国在重要学科前沿和战略必争领域取得一批重大自主创新成果，载人航天、探月工程、超级计算机等实现新的重大突破。继 2003 年"神舟五号"飞船首次实现载人航天飞行后，"神舟七号"飞船航天员成功进行中国人的第一次太空漫步。"嫦娥一号"首次完成绕月探测。中华民族的飞天梦想变成现实。2008 年 8 月，京津城际高速铁路开通运营，中国开始迈入高铁时代。

这期间，我国还办好了许多大事。2008 年 8 月至 9 月，北京成功举办第二十九届夏季奥运会、第十三届残疾人奥运会。中国体育代表团在奥运会上居于金牌榜首位，在残奥会上居于金牌榜和奖牌榜首位。奥运会的成功举办，实现了中华民族的百年期盼，兑现了对国际社会的郑重承诺，进一步增进了同世界各国人民的相互了解和友谊。

【案例】   百年奥运，中华圆梦

2008 年 8 月 8 日，举世瞩目的第 29 届奥林匹克运动会在中国北京举办，中华民族终于实现了百年的奥运期盼。8 月 8 日晚上 8 时整盛大的开幕式在国家体育馆隆重举行，共有 91000 多名观众以及多国元首政要参加。表演开场由 2008 名工作人员打着会发光的缶，缶每被打一次就会发一次光，构成中文数字及阿拉伯数字，为开幕式倒计时。随后由永定门至主会场，沿北京城中轴线连续施放 29 个脚印造型的烟火，象征"第 29 届奥运会一步一步走进北京"，开幕式正式展开。开幕式的文艺表演名为《美丽的奥林匹克》，分为上下两篇，上篇展示中国四大发明、文字等中华历史，下篇展示中国自改革开放后的繁荣景象。之后，中国歌手刘欢和英国著名歌手莎拉·布莱曼演唱奥运会主题曲《我和你》。2008 年北京奥运会开幕式气势恢弘、美轮美奂、激动人心，世界将目光聚焦到北京。这反映出中国经济发展的高水平和快速度，一个开放的中国正在向世界展露出新的姿态，使得中国对世界更加开放，世界各国进一步认识和了解中国这个亚洲强国。

【教师点评】   百年奥运，中华圆梦，我们怎能不扬眉吐气？翻开中国近代史，神州积弱、民生凋敝，经济落后、国力衰微，中国在一段时期内始终处于一种落后挨打的屈辱地位，甚至被蔑称为"东亚病夫"。而今日之中国，经济发展，社会进步，国泰民安，尤其是经过改革开放，中国国力空前增强，中国的国际地位和国际影响力与日俱增。中国以和平崛起的姿态担负起一个发展中大国的责任，在维护世界和平、倡导和谐世界方面发挥不可替代的作用，赢得了世界上大多数国家和人民的尊重。这一切，昭示一个深刻的结论：国运昌，体育兴。

2010 年 5—10 月，以"城市，让生活更美好"为主题的世界博览会在上海举

行，这是中国首次举办的综合性世界博览会，也是第一次在发展中国家举办的注册类的世界博览会，书写了中国人民同世界各国人民交流互鉴的新篇章。

【案例】　　　　　　　　2010年上海世界博览会

2010年5月1日，中国2010年上海世界博览会开园仪式在上海世博中心举行。这是第41届世界博览会，也是由中国举办的首届世界博览会。在上海世博会184天的展期里，世界各国政府和人民围绕"城市，让生活更美好"这一主题，充分展示城市文明成果，交流城市发展经验，传播先进城市理念，从而为新世纪人类的居住、生活和工作探索崭新的模式，为生态和谐社会的缔造和人类的可持续发展提供生动的例证。

上海世博会会徽，图案以汉字"世"为书法创意原型，并与数字"2010"巧妙组合，表达了中国人民举办一届属于世界的、多元文化融合的博览盛会的强烈愿望。会徽以绿色为主色调，抒发了中国人民面向未来、追求可持续发展的创造激情。上海世博会吉祥物，命名为"海宝"，取"四海之宝"意，主体为蓝色"人"字造型。

上海世博园面积5.28平方千米，其中浦东区域面积3.93平方千米。上海世博会自2010年5月1日开园，至2010年10月31日闭幕，共吸引190个国家、56个国际组织以及中外企业踊跃参展；入园参观人数达7308.44万人，10月16日单日超过100万人入园参观；永不落幕的网上世博、200多万名志愿者无私奉献，共同铸就了上海世博会的辉煌。

【教师点评】　　上海世博会成功举办，并成为世界各国人民的一次伟大聚会。一方面，上海世博会吸引了200多个国家和国际组织参展，吸引海内外游客7000多万人前来参观，从而以最为广泛的参与度载入世博会的史册。另一方面，上海世博会组委会始终以全球的视野来筹备和举办上海世博会，最大限度地争取世界各国政府和各国人民的参与、理解和支持，从而使上海世博会真正成为"世界人民的大团圆"。

（四）党和国家各项事业向前推进

1. 积极稳妥推进民主法治建设

2010 年 3 月，十一届全国人大三次会议通过新修改的全国人大和地方各级人大选举法，明确城乡按相同人口比例选举人大代表。2011 年上半年到 2012 年年底，全国完成修改选举法后的首次县乡两级人大换届选举，实现了新中国历史上城乡"同票同权"。科学立法、民主立法的步伐进一步加快。到 2010 年年底，由法律、行政法规、地方性法规等多个层次的法律规范构成的中国特色社会主义法律体系形成。基本政治制度得到进一步完善和发展。党的十七大首次把基层群众自治制度纳入中国特色社会主义政治制度的基本范畴，作为发展社会主义民主政治的基础性工程加以推进。至 2012 年年底，全国 98% 以上的村委会实行了直接选举，村民平均参选率达到 95%。

2. 推动社会主义文化大发展大繁荣

2011 年 10 月，党的十七届六中全会通过《中共中央关于深化文化体制改革，推动社会主义文化大发展大繁荣若干重大问题的决定》，提出了坚持中国特色社会主义文化发展道路、努力建设社会主义文化强国的战略任务。国家加大投入，改革机制，推动公共文化服务体系建设进入快车道。社会主义核心价值体系建设融入国民教育和精神文明建设全过程。文化产业在体制改革中迅速崛起。到 2012 年，全国文化产业总产值突破 4 万亿元，年出版图书品种、总量稳居世界第一位，我国成为世界第三大电影生产国和第一大电视剧生产国。

3. 加快推进以改善民生为重点的社会建设

2008 年，城乡义务教育实现全部免除学杂费，惠及 1.6 亿学生，确保所有义务教育适龄儿童都能"不花钱，有学上"，当年全国学龄儿童入学率达到 99.5%。2012 年，高等教育毛入学率达到 30% 以上。新型农村合作医疗制度到 2008 年年底覆盖全国，8.14 亿农村居民参与其中。城乡就业人数到 2011 年年末达到 7.6 亿人，保持了就业形势总体稳定。到 2012 年，我国各项养老保险参保人数达到 7.9 亿人，城乡基本养老保险制度全面建立；各项医疗保险参保人数超过 13 亿人，全民医保基本实现；最低生活保障制度实现全覆盖，城乡社会救助体系基本建立。

4. 加大环境保护力度

我国在发展中国家中第一个制定并实施应对气候变化国家方案。从中央到地方，对绿色 GDP 的追求开始取代以往单纯追求 GDP 的做法。党和政府高度重视节能减排，着力开展水污染治理。在生态恢复方面，到 2008 年，全国安排退耕还林任务超过 4 亿亩，相当于再造一个东北、内蒙古国有林区。环境污染和生态破坏加剧的趋势有所减缓。

5. 履行新世纪新阶段军队历史使命

2004 年，中央军委提出，要把军事斗争准备的基点放在打赢信息化条件下的局部战争上。为适应中国特色军事变革的要求，中央对军队体制编制进行调整改革，推动作战力量编成向精干、联合、多能、高效方向发展，着力提升国防科技和武器装备自主创新能力。2012 年 9 月，我国第一艘航空母舰"辽宁舰"正式交付海军。全军和武警部队还出色完成一系列急难险重任务，以实际行动捍卫了"人民子弟兵"这一光荣称号，充分展示了过硬的军事素质和良好的威武之师、文明之师、和平之师形象。

【案例】　　　　　　　　我国第一艘航空母舰"辽宁舰"

由苏联海军的"库兹涅佐夫"级航空母舰 2 号舰"瓦良格"号航空母舰改建而成。1985 年，"瓦良格"号航空母舰在乌克兰开工建造。尚未完工，适逢苏联解体，工程被迫中断。1995 年，"瓦良格"号航空母舰从俄罗斯海军编制中退出，送交乌克兰。1999 年，中国购买该航空母舰。2003 年 3 月 4 日，该舰抵达大连港。2005 年 4 月 26 日，该舰交付大连造船厂进行更改安装及继续建造。2011 年 8 月 10 日，该舰开始出海航行试验。2012 年 9 月 25

日，经中央军委批准，该舰命名为"中国人民解放军辽宁舰"，舷号"16"，交付中国人民解放军，成为中国第一艘现代航空母舰。"辽宁"号航空母舰的入役，结束了中国人民解放军海军没有航空母舰的历史，标志着中国人民解放军海军建设和发展步入新的历史阶段。

"辽宁"号航空母舰主要用于开展相关科研试验和军事训练等工作。2012年11月23日，中国国产歼-15舰载战斗机在"辽宁"号航空母舰上着舰成功。2013年6月，"辽宁"号航空母舰在渤海海域举行歼-15舰载战斗机多批次起降飞行训练，11月赴南海海域开展科研试验和军事训练。2016年12月至2017年1月，由"辽宁"号航空母舰和数艘驱护舰，及多架歼-15舰载战斗机和多型舰载直升机组成的航母编队，赴西太平洋海域，开展全要素的舰机融合和航母编队协同指挥训练以及海上补给训练，战斗力建设取得明显进步。

【教师点评】 前中央军委副主席刘华清上将临终前多次表示：如果中国没有航空母舰，我死不瞑目；中国海军必须建造航母。现在，我们终于有了自己的航空母舰，能够自由地航行在大洋上，重现"郑和下西洋"的荣光。我们终于可以昂起头，告慰一位老兵，告慰一位将军的在天之灵。国产航空母舰的发展，是艰辛的，但也是伟大的。它是我们中华民族伟大复兴路上的一部分，它的成功，也预示着我们必将重新屹立在世界的东方。

6. 始终不渝地走和平发展道路

根据"大国是关键、周边是首要、发展中国家是基础、多边是重要舞台"的外交工作总体布局，中国开展了富有成效的外交活动。大国关系总体上保持稳定和发展。中国积极同周边国家开展高层互访和交流，推进区域合作进程。2002年11月，中国同东盟签署《南海各方行为宣言》。2010年1月，"中国——东盟自由贸易区"正式启动。同发展中国家的团结合作加强，先后出台中国对非洲、拉丁美洲和加勒比的政策文件，2006年11月在北京成功举办中非合作论坛。中国积极推动全球经济治理机制改革，参与安全反恐等国际合作，取得了良好成效。

四、推进"一国两制"实践与祖国和平统一大业

(一)推进"一国两制"实践

中央政府继续坚定不移贯彻"一国两制"、"港人治港"、"澳人治澳"、高度自治的方针，严格按照宪法和特别行政区基本法办事，全力支持香港、澳门经济社会发展。

回归以后，香港特别行政区的民主制度依法推进。全国人大常委会行使宪法和香港基本法赋予的职权，先后于1999年、2004年、2005年、2011年，对香港特别行政区基本法及其附件有关条款作出解释。澳门特别行政区的民主制度也按照基本法的规定向前发展。2011年12月，十一届全国人大常委会第二十四次会议对澳门基本法附件有关条款作出解释，明确了修改澳门特别行政区行政长官和立法会产生办法的程序。

21世纪以后，中央政府及时采取开放内地部分城市居民个人赴港澳游、扩大香港人民币业务、推动内地企业在港上市等措施，为香港的繁荣稳定和经济增长注入强劲力量。从2003年开始，内地与香港、澳门分别签署关于建立更紧密经贸关系的安排(CEPA)及其补充协议，进一步实现了互利共赢。2008年国际金融危机爆发后，中央政府出台一系列政策举措，成为香港应对国际金融危机的坚强后盾。中央政府还加大对澳门经济发展和适度多元化的支持力度，支持澳门建设世界旅游休闲中心，批准澳门大学在珠海横琴岛进行新校区建设，支持澳门特区发展与葡语国家之间的经贸关系。

在2011年，香港GDP较回归前的1996年增长54%；澳门GDP较2000年翻了两番多。香港、澳门社会保持稳定，经济更加繁荣，显示了"一国两制"方针的强大生命力。

(二)推进祖国和平统一大业

进入21世纪，"台独"分裂活动不断加剧，给海峡两岸关系和平稳定发展造

成严重影响。中共中央将反对和遏制"台独"摆在对台工作更为突出的位置。2005年3月4日，胡锦涛提出发展两岸关系的四点意见，强调坚持一个中国原则绝不动摇，争取和平统一的努力绝不放弃，贯彻寄希望于台湾人民的方针决不改变，反对"台独"分裂活动绝不妥协。2005年3月14日，十届全国人大三次会议高票通过《反分裂国家法》。这充分表明全中国人民反对"台独"、维护国家统一和领土完整的共同意志和坚定决心。

【案例】 　　　　　全国人大通过《反分裂国家法》

《反分裂国家法》是为了反对和遏制"台独"分裂势力分裂国家，促进祖国和平统一，维护台湾海峡地区和平稳定等而制定的。该法案于2005年3月14日第十届全国人民代表大会第三次会议通过，2005年3月14日中华人民共和国主席令第三十四号公布施行。

《反分裂国家法》全文共十条，包括维护海峡两岸地区和平稳定的措施、与台湾地区协商谈判的内容等相关规定。

正文内容如下：

第一条　为了反对和遏制"台独"分裂势力分裂国家，促进祖国和平统一，维护台湾海峡地区和平稳定，维护国家主权和领土完整，维护中华民族的根本利益，根据宪法，制定本法。

第二条　世界上只有一个中国，大陆和台湾同属一个中国，中国的主权和领土完整不容分割。维护国家主权和领土完整是包括台湾同胞在内的全中国人民的共同义务。

台湾是中国的一部分。国家绝不允许"台独"分裂势力以任何名义、任何方式把台湾从中国分裂出去。

第三条　台湾问题是中国内战的遗留问题。

解决台湾问题，实现祖国统一，是中国的内部事务，不受任何外国势力的干涉。

第四条　完成统一祖国的大业是包括台湾同胞在内的全中国人民的神圣职责。

第五条　坚持一个中国原则，是实现祖国和平统一的基础。

以和平方式实现祖国统一，最符合台湾海峡两岸同胞的根本利益。国家以最大的诚意，尽最大的努力，实现和平统一。

国家和平统一后，台湾可以实行不同于大陆的制度，高度自治。

第六条　国家采取下列措施，维护台湾海峡地区和平稳定，发展两岸关系：

（一）鼓励和推动两岸人员往来，增进了解，增强互信；

（二）鼓励和推动两岸经济交流与合作，直接通邮通航通商，密切两岸经济关系，互利互惠；

（三）鼓励和推动两岸教育、科技、文化、卫生、体育交流，共同弘扬中华文化的优秀传统；

（四）鼓励和推动两岸共同打击犯罪；

（五）鼓励和推动有利于维护台湾海峡地区和平稳定、发展两岸关系的其他活动。

国家依法保护台湾同胞的权利和利益。

第七条　国家主张通过台湾海峡两岸平等的协商和谈判，实现和平统一。协商和谈判可以有步骤、分阶段进行，方式可以灵活多样。

台湾海峡两岸可以就下列事项进行协商和谈判：

（一）正式结束两岸敌对状态；

（二）发展两岸关系的规划；

（三）和平统一的步骤和安排；

（四）台湾当局的政治地位；

（五）台湾地区在国际上与其地位相适应的活动空间；

（六）与实现和平统一有关的其他任何问题。

第八条　"台独"分裂势力以任何名义、任何方式造成台湾从中国分裂出去的事实，或者发生将会导致台湾从中国分裂出去的重大事变，或者和平统一的可能性完全丧失，国家得采取非和平方式及其他必要措施，捍卫国家主权和领土完整。

依照前款规定采取非和平方式及其他必要措施，由国务院、中央军事委员会决定和组织实施，并及时向全国人民代表大会常务委员会报告。

第九条　依照本法规定采取非和平方式及其他必要措施并组织实施时，国家尽最大可能保护台湾平民和在台湾的外国人的生命财产安全和其他正当权益，减少损失；同时，国家依法保护台湾同胞在中国其他地区的权利和利益。

第十条　本法自公布之日起施行。

【教师点评】《反分裂国家法》，将中央关于解决台湾问题的大政方针以法律的形式固定下来，充分体现了我们以最大的诚意、尽最大的努力争取和平统一的一贯主张，同时表明了全中国人民维护国家主权和领土完整，决不允许"台独"势力以任何名义、任何方式把台湾从中国分裂出去的共同意志和坚定决心。这部重要法律的颁布实施，对打击和遏制"台独"活动，促进两岸关系和平发展，推进祖国和平统一进程，维护台湾海峡地区的稳定，维护中华民族的根本利益，具有重大的战略意义。

《反分裂国家法》通过后，台湾岛内政局发生激烈变化，反"台独"、要和平的呼声日益强烈。

顺应两岸民意的变化，中共中央积极推动两岸政党交流。2005 年 4 月 29 日，中共中央总书记胡锦涛在北京会见中国国民党主席连战，实现了 60 年来中国共产党和中国国民党主要领导人之间第一次历史性握手。会后发表"两岸和平发展共同愿景"，国共两党达成一系列共识。

【案例】　　　　**国共两党发表"两岸和平发展共同愿景"**

2005 年 4 月 29 日，国共两党领导人在北京举行会谈，就促进两岸关系改善和发展的重大议题及两党交往事宜，广泛而深入地交换意见。双方发表《会议新闻公报》，发布"两岸和平发展共同愿景"。

两党共同体认到：

——坚持"九二共识"，反对"台独"，谋求台海和平稳定，促进两岸关系发展，维护两岸同胞利益，是两党的共同主张。

——促进两岸同胞的交流与往来，共同发扬中华文化，有助于消弭隔阂，增进互信，累积共识。

——和平与发展是 21 世纪的潮流，两岸关系和平发展符合两岸同胞的共同利益，也符合亚太地区和世界的利益。

两党基于上述体认，共同促进以下工作：

一、促进尽速恢复两岸谈判，共谋两岸人民福祉。

二、促进终止敌对状态，达成和平协议。

三、促进两岸经济全面交流，建立两岸经济合作机制。

四、促进协商台湾民众关心的参与国际活动的问题。

五、建立党对党定期沟通平台。

【教师点评】 连战的和平之旅开启了国共两党在分隔六十年后的首次两党正式对话，揭开了两岸关系发展的新篇章。

之后，台湾亲民党主席宋楚瑜、新党主席郁慕明也先后率团来大陆参访。台湾岛内民意开始发生巨大改变。2008 年 5 月，国民党重新获得台湾地区的执政权。2008 年 12 月 31 日，胡锦涛在纪念《告台湾同胞书》发表 30 周年座谈会上发表讲话，提出了推动两岸关系和平发展的六点主张。

两岸双方本着"建立互信、搁置争议、求同存异、共创双赢"的精神，共同致力于两岸关系改善与发展。2008 年 6 月，海协会与台湾海基会在"九二共识"基础上恢复制度化协商。12 月，两岸海上直航、空中直航及直接通邮正式启动，两岸"三通"迈开历史性步伐。2010 年 6 月，《海峡两岸经济合作框架协议》的签署，推进了两岸经济合作机制化、制度化进程。中国政府还妥善处理了台湾参加世界卫生大会、亚太经合组织领导人非正式会议等涉台外交问题，在协助处理台胞涉外纠纷等事务中切实维护台胞的合法权益，照顾台胞福祉。这些举措，既获得台湾岛内民众的欢迎和赞誉，又巩固了国际社会一个中国的格局，为两岸关系的和平发展增添了积极因素。

五、提高党的建设科学化水平

（一）加强党的执政能力建设和先进性建设

在全面建设小康社会的进程中，中共中央坚持以执政能力建设和先进性建设为主线，紧密结合治国理政实践，继续全面推进党的建设新的伟大工程。

自党的十六大提出"加强党的执政能力建设"的命题后，2004 年 9 月，党的十六届四中全会通过《中共中央关于加强党的执政能力建设的决定》，就科学执政、民主执政、依法执政的目标及其内涵作了进一步阐述，明确提出要不断提高驾驭社会主义市场经济的能力、发展社会主义民主政治的能力、建设社会主义先进文化的能力、构建社会主义和谐社会的能力、应对国际局势和处理国际事务的能力。在贯彻落实党的十六大和十六届四中全会要求的过程中，党领导国家立法机关科学立法、民主立法，修订宪法和人民代表大会选举法、组织法，颁布各级人大常委会监督法。党中央还先后就深化行政管理体制和机构改革，加强人民政协及人民法院、人民检察院工作作出部署。

2004 年 11 月，党中央对在全党开展以实践"三个代表"重要思想为主要内容的保持共产党员先进性教育活动作出部署。2005 年 1 月，胡锦涛在新时期保持共产党员先进性专题报告会上提出"党的先进性建设"的重大命题，强调党的先进性建设是马克思主义政党自身建设的根本任务。先进性教育活动于 2005 年 1 月至 2006 年 6 月进行，着力解决党员和党组织在思想、组织、作风以及工作方面存在的突出问题，取得了丰硕成果。

党的十六大以后，围绕加强党的执政能力建设和先进性建设这条主线，党中央采取了一系列加强党的建设的重要举措。主要有：建立中央政治局集体学习制度；建立中央和地方各级党委常委会向全委会负责并报告工作和接受监督制度，以及党的代表大会代表提案制度、代表提议处理和回复机制；改革干部人事制度，实施公开选拔、竞争上岗；加大新经济组织、新社会组织党建工作力度，扩大基层党组织覆盖面。党中央还决定成立中国浦东干部学院、中国井冈山干部学院、中国延安干部学院，组织开展大规模多层次培训，提高党员干部的能力和素质。

(二)提高党的建设科学化水平

党的十七大在把科学发展观写入党章的同时，作出在全党开展深入学习实践科学发展观活动的部署。2008 年 9 月至 2010 年 2 月底，全党开展深入学习实践科学发展观活动。这次学习实践活动，紧紧围绕党员干部受教育、科学发展上水平、人民群众得实惠的总要求，基本实现了提高思想认识、解决突出问题、创新体制机制、促进科学发展、加强基层组织的目标。

在学习实践活动中，中共中央根据世情、国情、党情变化，就加强党的建设作出新的决策部署。2009 年 9 月，党的十七届四中全会通过《关于加强和改进新形势下党的建设若干重大问题的决定》，提出了提高党的建设科学化水平的重大命题和重大任务。围绕提高党的建设科学化水平，党中央着力推进党内制度建设，修订和出台党和国家机关基层组织工作条例、实行党政领导干部问责的暂行规定等文件，有效解决了党的建设中遇到的一些新问题。

为了巩固和拓展全党深入学习实践科学发展观活动成果，党中央于 2010年 4 月决定在党的基层组织和党员中开展"创建先进基层党组织、争当优秀共产党员"活动，并以此作为党的建设的一项重要的经常性工作。各地区、各部门、各单位在推动科学发展、促进社会和谐、服务人民群众、加强基层组织中建功立业，充分发挥了基层党组织的战斗堡垒作用和共产党员的先锋模范作用。

(三)扎实推进惩治和预防腐败体系建设

中共中央对党风廉政建设和反腐败斗争的长期性、复杂性、艰巨性始终保持着清醒的认识，着眼于保持党的先进性和纯洁性，把党风廉政建设和反腐败斗争放在突出位置。2003 年 10 月，党的十六届三中全会提出建立健全与社会主义市场经济体制相适应的教育、制度、监督并重的惩治和预防腐败体系。

在反腐倡廉的领导体制和工作机制方面，形成了党委统一领导、党政齐抓共管、纪委组织协调、部门各负其责、依靠群众支持和参与的体制机制，建立健全了决策权、执行权、监督权既相互制约又相互协调的权力结构和运行机制。在制度建设方面，制定了《中国共产党党员领导干部廉洁从政若干准则》《中国共产党纪律处分条例》《关于领导干部报告个人有关事项的规定》《关于对配偶子女均已移居国(境)外的国家工作人员加强管理的暂行规定》等一系列规定。2006 年 2 月，我国成为《联合国反腐败公约》缔约国。党中央对领导干部搞官商勾结、权钱交易、索贿受贿的案件，为黑恶势力充当"保护伞"的案件，严重侵害群众利益的案件，群体性事件和重大责任事故背后的腐败案件进行坚决查处。2007 年 11 月至 2012 年 6 月，全国纪检监察机关共立案 64.37 万多件，结案 63.9 万多件，给予党纪政纪处分 66.8 万多人。涉嫌犯罪被移送司法机关处理 2.4 万多人。党的十六大后，坚决查处了陈良宇案等一批重大违纪违法案件，彰显了党中央反腐败的坚强决心。

当然，也要看到，滋生腐败的土壤依然存在，反腐败形势依然严峻复杂。在一些地方和部门，腐败现象趋于严重化，出现了区域性腐败、系统性腐败、家族式腐败、塌方式腐败，严重损害党的肌体健康。坚定不移加强党的领导，坚持不懈加强党的建设，坚决遏制腐败蔓延势头，仍需要全党上下付出艰苦努力。

(四)确立科学发展观为党的指导思想

科学发展观提出以后，经历了一个实践、认识、再实践、再认识的过程，理论内涵不断丰富，实践成效不断显现。科学发展观对新形势下实现什么样的发展、怎样发展等重大问题作出了新的科学回答，把党对中国特色社会主义规律的认识提高到新的水平。

2012 年，党的十八大把科学发展观正式确立为党的指导思想。大会指出，总结十年奋斗历程，最重要的就是坚持以马克思列宁主义、毛泽东思想、邓小平理论、"三个代表"重要思想为指导，勇于推进实践基础上的理论创新，围绕坚持和发展中国特色社会主义提出一系列紧密相连、相互贯通的新思想、新观点、新论断，形成和贯彻了科学发展观。科学发展观是马克思主义同当代中国实际和时代特征相结合的产物，是马克思主义关于发展的世界观和方法论的集中体现，开辟了当代中国马克思主义发展新境界。

科学发展观是中国特色社会主义理论体系重要组成部分，是中国共产党集体智慧的结晶，是指导党和国家全部工作的强大思想武器。科学发展观同马克思列宁主义、毛泽东思想、邓小平理论、"三个代表"重要思想一道，是党必须长期坚持的指导思想。

六、正确认识改革开放前后两个历史时期的关系

1978 年 12 月召开的党的十一届三中全会，开启了改革开放和社会主义现代化建设的历史新时期，实现了历史性伟大转折。从此，中国共产党带领全国各族人民踏上了中国特色社会主义开创和接续发展的征程。以邓小平为主要代表的中国共产党人，成功开创中国特色社会主义。以江泽民为主要代表的中国共产党人，成功把中国特色社会主义推向 21 世纪。以胡锦涛为主要代表的中国共产党人，成功在新形势下坚持和发展了中国特色社会主义。

以十一届三中全会为界，新中国的历史可以分为改革开放前后两个时期。如何看待两个时期的关系，也是探索新中国 70 多年历史的重要内容。新中国的两个历史时期都是中国特色社会主义的一部分，各自呈现不同的特点，体现了新中国 70 年发展历程中继承与发展、前进性与曲折性的辩证统一的关系。

（一）改革开放前后两个时期是继承与发展的关系，是一个有机的整体

改革开放前后两个历史时期在本质上是相同的，都是中国共产党领导人民进行社会主义建设实践的探索，都是为了追求和实现中华民族伟大复兴。

第一，改革开放后的历史时期取得的成绩，离不开前 30 年打下的坚实基础。

在纪念十一届三中全会召开 30 周年大会上，时任总书记的胡锦涛曾经指出："三十年来，我们始终以改革开放为强大动力，在新中国成立以后取得成就的基

础上，推动党和国家各项事业取得举世瞩目的新的伟大成就。"①实际上也是这样，"从 1949 年到 1978 年，我国的国内生产总值从 466 亿元提高到 3624.1 亿元，增长 7.78 倍；工业生产总值从 140 亿元提高到 4230 亿元，增长 30.26 倍；农业生产总值从 326 亿元提高到 1397 亿元，增长 4.29 倍……这 29 年间，国内生产总值年均增长率为 8.43%"②。这些成就充分表明，党的第一代中央领导集体对社会主义建设道路的探索，既为我国基本建立了独立的比较完整的工业体系和国民经济体系，又为改革开放后我国走上中国特色社会主义道路奠定了坚实的实践基础。就如习近平总书记在庆祝改革开放 40 周年大会上的讲话中所讲，"党在社会主义革命和建设中取得的独创性理论成果和巨大成就，为在新的历史时期开创中国特色社会主义提供了宝贵经验、理论准备、物质基础"③。

第二，改革开放后的历史时期是对改革开放前的历史时期根本制度的坚持和具体体制机制的改革与完善。

改革是在原有根本制度基础上进行的改革。国家体制没变，依然实行人民民主专政；国家的领导力量没变，还是中国共产党领导；指导思想没有变，还是坚持马列主义、毛泽东思想；社会制度没有变，依然走社会主义道路。邓小平说过："我们实行改革开放，这是怎样搞社会主义的问题。作为制度来说，没有社会主义这个前提，改革开放就会走向资本主义。"④这都说明，改革开放是在原有的制度基础上进行的。

但在具体的体制机制以及理论与实践上，改革开放前后两个历史时期，又确实存在着一些的重大差异：如党的路线、方针、政策等方面发生了重大的变化；在理论上实现了一些重大理论问题的突破，在"什么是社会主义、怎样建设社会主义"这个根本问题上实现了创新发展，提出了社会主义初级阶段理论、社会主义本质论、社会主义市场经济理论、社会主义改革开放理论；在实践上克服了改

---

① 中共中央文献研究室：《十七大以来重要文献选编》（上），中央文献出版社 2009 年版，第 790 页。

② 刘建武：《正确认识中国特色社会主义理论体系与毛泽东社会主义建设思想的接续关系》，《思想理论教育导刊》2013 年第 9 期，第 50 页。

③ 习近平：《在庆祝改革开放 40 周年大会上的讲话》，《人民日报》2018 年 12 月 19 日。

④ 《邓小平年谱（一九七五——一九九七）》（下），中央文献出版社 2004 年版，第 1317 页。

革开放前超越阶段的错误观念和政策，结束了"以阶级斗争为纲"的"左"的错误，改变了高度集中的计划经济体制等。由此可见，我们党把马克思主义基本原理与中国社会主义建设实际相结合，不断探索社会主义建设规律认识上的觉醒和升华。正如习近平总书记指出："改革开放是我们党的一次伟大觉醒，正是这个伟大觉醒孕育了我们党从理论到实践的伟大创造。"①改革开放的伟大贡献就在于，从理论和实践结合上系统回答了在经济文化比较落后基础上如何建设社会主义的根本问题，从而成功开创和发展了中国特色社会主义。

由此可见，改革开放前后两个历史时期是互相联系又有重大区别的，既在接续奋斗上前后相继，又在根本制度上彼此相连，但在具体体制机制和实践创新理论发展方面互有区别，但在本质上是相同的。习近平总书记在总结这两个时期的关系时也说："对改革开放前的历史时期要正确评价，不能用改革开放后的历史时期否定改革开放前的历史时期，也不能用改革开放前的历史时期否定改革开放后的历史时期。"②二者是一脉相承、与时俱进的两个时期，统一于社会主义现代化建设的伟大实践，统一于实现中华民族伟大复兴的实践之中。

(二)改革开放前后两个时期体现了新中国发展历程中前进性与曲折性的辩证统一

1. 新生的中华人民共和国和社会主义制度在发展中难免要经历曲折

中华人民共和国的成立后，我国用很短的时间完成了由新民主主义向社会主义的过渡，之后开始了全面建设社会主义的探索。由于理论和经验的不足以及国际形势的影响，同时，对如何搞社会主义建设，思想准备不够，加上希望尽快摆脱落后面貌形成的普遍心理，我们在国民经济发展的规模和速度问题上犯了急于求成的错误。政治上反右派斗争扩大化，经济上"大跃进"，偏离了社会主义建设的客观规律，甚至出现了"文革"这样全局性的严重错误。

---

① 习近平：《在庆祝改革开放 40 周年大会上的讲话》，《人民日报》2018 年 12 月 19 日。
② 习近平：《习近平著作选读》(第 1 卷)，人民出版社 2023 年版，第 78 页。

辩证唯物主义认为，事物的发展是前进性和曲折性的统一。人类社会发展史表明，历史上的每一种新生的社会制度，都经历了从不成熟到逐步成熟、从不完善到逐步完善的发展过程，在发展过程中都会经历曲折。社会主义在我国作为新生事物，它的成长也不会一帆风顺。特别是在中国这样一个经济文化十分落后的东方大国建设社会主义，完全是社会主义发展史上从未遇到过的崭新课题，加之当时严峻复杂的国际环境的影响，新生的中华人民共和国和社会主义制度在发展中难免要经历曲折。令人欣喜的是，中国共产党是一个善于不断总结历史经验的政党，十一届三中全会以后，我们党深刻总结社会主义建设正反两方面的经验，在正确判断国情的基础上，形成了以经济建设为中心、坚持四项基本原则、坚持改革开放的"一个中心、两个基本点"的基本路线，开辟了中国特色社会主义道路。

2. 我国的社会主义事业在曲折前进中不断走向辉煌

实事求是地看，新中国 70 多年的发展过程中，我们虽有失误和挫折，但我们的社会主义现代化建设事业基本上呈现阶梯式或螺旋式上升发展。无论其间发生了什么，每一个十年都会比上一个十年有较大的进步，这是新中国 70 多年发展的基本趋势。

前一个历史时期，我们虽然经历了曲折，但还是取得了显著的成就：第一，逐步形成并不断完善了有中国特点的社会主义基本制度，在此基础上形成了社会主义建设的基本方针和若干重要原则。第二，建立了独立的、比较完整的工业体系和国民经济体系。第三，人民生活水平得到极大提高，文化、医疗、科技等事业得到蓬勃发展。第四，外交上，我们坚持独立自主的和平外交方针，同世界各国建立新型外交关系，极大提高了新中国的国际地位。

后一个历史时期，40 年的改革开放所取得的重大成就，主要体现在它推动我国实现或正在实现的 5 个方面的重大转变：第一，改革开放推动了以阶级斗争为纲向以经济建设为中心的转变；第二，改革开放推动了从计划经济向市场经济的转变；第三，改革开放推动中国全方位开放；第四，改革开放推动社会主义法治国家建设；第五，改革开放极大地改变了我国人民生活图景。① 习近平总书记

---

① 高尚泉：《改革开放 40 年的重要成就和基本经验》，《学习时报》2018 年 8 月 8 日。

在庆祝中国共产党成立 100 周年大会上也概括了这一历史时期的成就："我们实现新中国成立以来党的历史上具有深远意义的伟大转折，确立党在社会主义初级阶段的基本路线，坚定不移推进改革开放，战胜来自各方面的风险挑战，开创、坚持、捍卫、发展中国特色社会主义，实现了从高度集中的计划经济体制到充满活力的社会主义市场经济体制、从封闭半封闭到全方位开放的历史性转变，实现了从生产力相对落后的状况到经济总量跃居世界第二的历史性突破，实现了人民生活从温饱不足到总体小康、奔向全面小康的历史性跨越，为实现中华民族伟大复兴提供了充满新的活力的体制保证和快速发展的物质条件。"①

中华人民共和国成立已有 70 多年了，改革开放也已 40 多年，让我们在实现中华民族伟大复兴的历史征程上，自觉坚持正确认识改革开放前后两个时期的相互关系，自觉接续团结、奋斗，把伟大的祖国建设得更加繁荣富强。

本章总结

改革开放是党和人民大踏步赶上时代的重要法宝，是坚持和发展中国特色社会主义的必由之路。以胡锦涛为代表的中国共产党人继往开来、接力奋进，高举中国特色社会主义伟大旗帜，沿着邓小平开创的中国特色社会主义道路阔步前行，取得了改革开放和现代化建设的巨大成就。从 2002 年到 2012 年的 10 年间，是我国经济发展最为快速的时期。我国经济总量从世界第六位跃升到第二位，社会生产力、经济实力、科技实力迈上一个大台阶，人民生活水平、居民收入水平、社会保障水平迈上一个大台阶，国家面貌发生新的历史性变化。中华民族实现了从站起来到富起来的伟大飞跃，为实现中华民族伟大复兴提供了充满新的活力的体制保证和快速发展的物质条件。②

① 习近平：《在庆祝中国共产党成立 100 周年大会上的讲话》，《人民日报》2021 年 7 月 2 日。
② 习近平：《在庆祝中国共产党成立一百周年大会上的讲话》，《人民日报》2021 年 7 月 2 日。

🗒 思考题

1. 科学发展观提出的历史背景及现实意义是什么？

2. 中国特色社会主义理论体系是如何提出和发展的？

3. 简述新世纪新阶段两岸关系和祖国统一大业的新进展。

4. 新世纪新阶段中国的国际地位和外交工作有了哪些新变化？

5. 如何理解改革开放前后两个时期"不能互相否定"？

第七章

强国征程：开创中国特色社会主义新时代

📋 教学要求

通过本章内容的学习，在知识层面上，帮助学生全面了解新时代以来我国所取得的历史性成就、发生的历史性变革，系统阐述习近平新时代中国特色社会主义思想的主要内容和历史地位。在此基础上，进一步明确新时代以来我国在政治、经济、文化、社会、生态、国防、军队、外交、党的建设等方面的新举措、新思路。在价值层面上，使学生通过了解新时代以来的发展历程和建设成就，切实增强"四个意识"、坚定"四个自信"、做到"两个维护"，激发学生的历史使命感和责任感，为社会主义现代化强国建设和民族复兴不懈奋斗。

📋 教学重点

1. 中国特色社会主义进入新时代的历史背景
2. 新时代取得的历史性成就和历史性变革
3. 习近平新时代中国特色社会主义思想的确立
4. 开启全面建设社会主义现代化国家新征程

📋 教学难点

1. 新时代在新中国史上的历史意义
2. 习近平新时代中国特色社会主义思想的历史地位
3. 中国式现代化的基本内涵和本质特征

经过长期努力，中国特色社会主义进入新时代，这是我国发展新的历史方位。党的十八大以来，以习近平同志为核心的党中央坚持和加强党的全面领导，统筹推进"五位一体"总体布局、协调推进"四个全面"战略布局，坚持和完善中国特色社会主义制度、推进国家治理体系和治理能力现代化，战胜一系列重大风险挑战，实现了第一个百年奋斗目标，明确了实现第二个百年奋斗目标的战略安排，党和国家事业取得历史性成就、发生历史性变革，为实现中华民族伟大复兴提供了更完善的制度保证、更为坚实的物质基础、更为主动的精神力量。在中国共产党的坚强领导下，中国人民谱写了新时代中国特色社会主义新的辉煌篇章。

一、中国特色社会主义进入新时代

（一）中国特色社会主义进入新时代的背景条件

"新时代"是中共十九大报告最耀眼也最打动人心的词汇，入选"2017 年度中国媒体十大流行语"。这里所说的"新时代"，不是指时间上的新，而是指中国特色社会主义发展阶段的新。中国特色社会主义进入新时代的论断，不是主观臆想的结果，而是有其客观依据和外在条件。

1. 中共十八大以来取得的历史性成就、发生的历史性变革是中国特色社会主义进入新时代的现实依据

2012 年 11 月 8 日至 14 日，中国共产党第十八次全国代表大会在北京举行。大会系统总结了中共十七大以来五年和十六大以来十年的奋斗历程及其成就，指出科学发展观同马克思列宁主义、毛泽东思想、邓小平理论、"三个代表"重要思想一道，是党必须长期坚持的指导思想。中共十八大的召开，标志着中国已经进入全面建成小康社会的决定性阶段，开启了中国特色社会主义新时代。随后召开的中共十八届一中全会选举产生了中央政治局，选举习近平为中共中央总书记，决定习近平为中共中央军事委员会主席。

2012 年 11 月 15 日，习近平在新一届中央政治局常委同中外记者见面时庄严

承诺："与人民心心相印、与人民同甘共苦、与人民团结奋斗，夙夜在公，勤勉工作，努力向历史、向人民交出一份合格的答卷。"①党的十八大以来，在以习近平同志为核心的党中央领导下，中国特色社会主义建设取得举世瞩目的成就，国内生产总值稳居世界第二，连续多年对世界经济增长贡献率超过30%，成为世界经济增长的主要稳定器和动力源。我国的高速铁路营运里程、高速公路通车里程、4G 网络规模、互联网用户规模、外汇储备等均位居世界第一。我们党团结带领全国各族人民不懈奋斗，"推动我国经济实力、科技实力、国防实力、综合国力进入世界前列，推动我国国际地位实现前所未有的提升，党的面貌、国家的面貌、人民的面貌、军队的面貌、中华民族的面貌发生了前所未有的变化"②。

2. 我国社会主要矛盾的变化是中国特色社会主义进入新时代的根本依据

我国社会主要矛盾的变化是中国特色社会主义进入新时代的一个重要标志。习近平指出，我国社会的主要矛盾已经从人民日益增长的物质文化需要同落后的社会生产之间的矛盾转化为人民日益增长的美好生活需要和不平衡不充分的发展之间的矛盾。这一重大论断，反映出我国经济社会发展的实际情况，是我国发展的一个必然结果。随着社会的快速发展，我国的社会生产力水平整体上得到显著提升，我国长期所处的短缺经济和供给不足状况已经发生根本转变，"落后的社会生产"已不复存在，更加突出的问题是发展不平衡不充分。随着社会生产力的提高，人民的生活质量不断提高，在满足基本物质生活的基础上，人民告别了短缺经济，对美好生活的向往上升到了一个新阶段，其需求也越来越多样化，不仅对物质文化方面有了更高的要求，对生活中存在的安全问题、正义问题、环境问题等方面也提出更高层次的标准。但发展不平衡不充分问题导致我国部分区域生产力低下，收入分配不均衡，农村基础薄弱，供给需求不平衡，等等，使我国生产力的发展受到了限制。我国社会主要矛盾的变化，是党中央解决我国社会经济发展问题的实践依据，是中国特色社会主义进入新时代的一个重要特征。

---

① 习近平：《习近平谈治国理政》，外文出版社 2014 年版，第 5 页。
② 习近平：《开放共创繁荣　创新引领未来——在博鳌亚洲论坛 2018 年年会开幕式上的主旨演讲》，人民出版社 2018 年版，第 5 页。

【案例】　　　　　　　　我国社会主要矛盾的变化

1949 年中华人民共和国的成立，宣告中国人民站起来了。不过，新中国在成立初期，面临的是饱经战火、一穷二白的局面，国家工业发展水平很低。毛泽东在 1954 年曾说："现在我们能造什么？能造桌子椅子，能造茶碗茶壶，能种粮食，还能磨成面粉，还能造纸，但是，一辆汽车、一架飞机、一辆坦克、一辆拖拉机都不能造。"①

1956 年，中共八大指出：我们国内的主要矛盾，已经是人民对于建立先进的工业国的要求同落后的农业国的现实之间的矛盾，已经是人民对于经济文化迅速发展的需求同当前经济文化不能满足人民需要的状况之间的矛盾。然而，由于各种主客观的原因，八大制定的正确路线未能很好地坚持下去。

1978 年十一届三中全会，揭开了改革开放的序幕，党和国家的工作重点转移到社会主义现代化建设上来。1981 年十一届六中全会通过的《关于建国以来党的若干历史问题的历史决议》科学表述我国社会主要矛盾是"人民日益增长的物质文化需要同落后的社会生产力之间的矛盾"。

经过改革开放 40 年的发展，我国国内生产总值位居世界第二，高铁运营总里程、高速公路总里程和港口吞吐量均居世界第一位，人均 GDP 从 1978 年的 385 元增长到 2016 年的 5.4 万元。这说明，我国进入社会主义初级阶段以来的"落后的社会生产"已经发生了新的阶段性变化，人民生活水平显著提高。

然而，生态环境问题突出、创新能力不够强、城乡区域发展不协调、收入分配差距较大等发展不平衡不充分的问题尚未解决，人民群众又期盼着更好的教育、更满意的收入、更舒适的居住条件、更优美的环境。发展不平衡不充分已经成为制约人民日益增长的美好生活需要得到满足的主要因素。

党的十九大明确指出，中国特色社会主义进入了新时代，这是我国发展新的

---

① 《毛泽东文集》(第 6 卷)，人民出版社 1999 年版，第 329 页。

历史方位。我国社会主要矛盾已经转化为人民日益增长的美好生活需要和不平衡不充分的发展之间的矛盾。我们要牢牢立足社会主义初级阶段这个最大实际，为把我国建设成为富强民主文明和谐美丽的社会主义现代化强国而奋斗。

3. 世界面临百年未有之大变局是中国特色社会主义进入新时代的外在条件

中共十八大以来，中国的国际地位和国际影响力明显提升，而美国等西方大国的同际地位和国际影响力逐步下降，"东升西降"态势更加明显。2018 年 6 月，习近平总书记在中央外事工作会议上指出：当前，我国处于近代以来最好的发展时期，世界处于百年未有之大变局，两者同步交织、相互激荡。此后，他又多次重串这个论断。"大变局"是对世界格局、国际力量对比、全球治理体系及治理规则、人类文明发展道路发生重大变迁的基本判断。当前，世界多极化、经济全球化、社会信息化、文化多样化深入发展，全球治理体系和国际秩序变革加速推进，新兴市场国家和发展中国家快速崛起，国际力量对比更趋均衡。随着全球治理主体和议题日益多元化，以及全球治理规则和理念加速演变，长期以来发达国家"治人"、发展中国家"治于人"的全球治理格局也出现了新的变化。西方发展经验在非西方世界出现"水土不服"，各国根据国情走自己道路的自觉增强。"中国之治"同"西方之乱"形成鲜明对比，中国经验、中国方案在广大发展中国家影响日益扩大。国际形势发生的这些变化，为彰显中国特色社会主义的优势提供了难得机遇，也为中国特色社会主义的发展提供了难得机会，这是中国特色社会主义进入新时代的国际背景。

（二）中国特色社会主义进入新时代的丰富内涵

中国特色社会主义进入新时代，既有充分的客观依据，又有其丰富内涵。

第一，新时代是承前启后、继往开来、在新的历史条件下继续夺取中国特色社会主义伟大胜利的时代。"中国特色社会主义"是改革开放以来中国共产党历次党代会报告的关键词汇，并且经历了从"有中国特色的社会主义"到"有中国特色社会主义"，再到"中国特色社会主义"的变化过程，反映出党和国家对中国特色社会主义认识的深化。中国特色社会主义主要包括中国特色社会主义道路、中国特色社会主义理论、中国特色社会主义制度、中国特色社会主义文化。进入新时代，坚定不移高举中国特色社会主义伟大旗帜，推进中国特色社会主义伟大事业，仍是党和国家发展不变的主题和任务。

第二，新时代是决胜全面建成小康社会，进而全面建设社会主义现代化强国的时代。十八大报告正式提出到 2020 年全面建成小康社会的目标，十九大进一步明确了"两个一百年"奋斗目标。从中共十九大到中共二十大，是"两个一百年"奋斗目标的历史交汇期，我们既要全面建成小康社会、实现第一个百年奋斗目标，又要乘势而上开启全面建设社会主义现代化国家新征程，向第二个百年奋斗目标进军。在此基础上，中共十九大对我国从 2020 年到本世纪中叶的发展作出了两个阶段的安排：第一个阶段，从 2020 年到 2035 年，在全面建成小康社会的基础上，再奋斗 15 年，基本实现社会主义现代化；第二个阶段，从 2035 年到本世纪中叶，在基本实现现代化的基础上，再奋斗 15 年，把我国建成富强民主文明和谐美丽的社会主义现代化强国。这两个阶段或者说两大任务，正是新时代中国特色社会主义的奋斗目标。

第三，新时代是全国各族人民团结奋斗，不断创造美好生活、逐步实现全体人民共同富裕的时代。共同富裕是社会主义的本质规定和奋斗目标。尽管中国特色社会主义事业取得了巨大成就，人民生活水平有了极大提高，但我国沿海内地、城市乡村、东中西部仍存在发展不平衡不充分的问题，人民生产生活困难亟待解决。新时代面临的重要任务之一，就是解决发展不平衡的问题，解决新时代我国社会主要矛盾，以真正实现共同富裕。

第四，新时代是全体中华儿女勠力同心，奋力实现中华民族伟大复兴中国梦的时代。中国共产党领导革命、建设、改革的过程，就是以人民为主体，实现中华民族伟大复兴的过程。在新民主主义革命时期，实现中华民族伟大复兴的任务是推翻"三座大山"，实现民族独立、人民解放、国家统一、社会稳定，为实现中华民族伟大复兴创造根本社会条件。在社会主义革命和建设阶段，实现中华民族伟大复兴的任务是确立社会主义基本制度，推进社会主义建设，为实现中华民族伟大复兴奠定根本政治前提和制度基础。在改革开放和现代化建设新时期，实现中华民族伟大复兴的任务是通过改革开放促进经济社会发展，为实现中华民族伟大复兴提供充满新的活力的体制保证和快速发展的物质条件。新时代实现中华民族伟大复兴，需要全体中华儿女勠力同心，不懈奋斗，推动中国特色社会主义事业不断前进，为实现中华民族伟大复兴提供更完善的制度保证、更坚实的物质基础、更主动的精神力量。

第五，新时代是我国不断为人类作出更大贡献的时代。当今世界正经历百年未有之大变局，中国与世界的关系发生深刻变化，中国已不再是国际秩序的被动接受者，而是积极的参与者、建设者、引领者。从"一带一路"倡议，到构建人类命运共同体理念，体现了新时代中国共产党和中华民族的大国担当，推动世界形势向和平与发展、合作与共赢方面前进。

（三）中国特色社会主义进入新时代的重大意义

中国特色社会主义进入新时代，在中华人民共和国发展史上、中华民族发展史上具有重大意义，在世界社会主义发展史上、人类社会发展史上也具有重大意义。

第一，新时代意味着中华民族迎来了从站起来、富起来到强起来的伟大飞跃，迎来了实现中华民族伟大复兴的光明前景。近代以来，积贫积弱的中国，外有西方列强的侵略剥削，内有封建军阀的割据混战，中华民族遭受了前所未有的劫难。中国共产党成立后，带领全国各族人民进行新民主主义革命，推翻"三座大山"的压迫，建立了中华人民共和国，为国家富强、民族振兴、人民幸福奠定了基础。随后完成社会主义改造，确立社会主义制度，使得经济、政治、文化、社会等各项事业迅速恢复和发展。改革开放激发了广大人民群众的积极性、主动性、创造性，解放了生产力，促进了经济腾飞。新中国不仅解决了十几亿人口的温饱问题，而且人民生活水平显著改善，综合国力显著增强，国际地位稳步提升。中华民族不仅站了起来，而且正在富起来、强起来。

第二，新时代意味着科学社会主义在21世纪的中国焕发出强大生机活力，在世界上高高举起了中国特色社会主义伟大旗帜。世界社会主义的发展，经历了从空想到科学、从理论到实践、从一国到多国的转变。从世界社会主义发展史的角度看，科学社会主义的实践道路并非一帆风顺，苏联解体、东欧剧变，使世界社会主义运动遭遇重大挫折。在此背景下，"社会主义失败论""历史终结论"等论调时有出现。当今世界，中国无疑是人口最多、地域最广、发展最好、国际影响最大的社会主义国家。中国特色社会主义进入新时代，以强有力的事实驳斥了西方反社会主义的各种论调，是对科学社会主义及其优越性最有力的诠释。

第三，新时代意味着中国特色社会主义道路、理论、制度、文化不断发展，拓展了发展中国家走向现代化的途径，给世界上那些既希望加快发展又希望保持自身独立性的国家和民族提供了全新选择，为解决人类问题贡献了中国智慧和中国方案。2016 年 7 月 1 日，习近平总书记在庆祝中国共产党成立 95 周年大会上的讲话中提出，中国共产党人"坚持不忘初心、继续前进，就要坚持中国特色社会主义道路自信、理论自信、制度自信、文化自信"[1]。"四个自信"是坚持中国特色社会主义的精神支柱和内在动力，也是实现中华民族伟大复兴中国梦的根本保障。中国由"一穷二白"到如今成为世界第二大经济体，长期保持快速稳定的发展，中国的发展道路无疑拓展了广大发展中国家谋求现代化的途径，给它们带来了新的希望，提供了新的选择。我们始终坚持中国特色社会主义物质文明、政治文明、精神文明、社会文明、生态文明协调发展，既创造了中国式现代化新道路，也创造了人类文明新形态。

二、新时代十年的历史性成就和历史性变革

从党的十八大、十九大到党的二十大召开，新时代已经走过了十多个年头。在新时代开启之初，尽管党和国家事业取得了重大成就，为新时代发展中国特色社会主义事业奠定了坚实基础、创造了有利条件。同时，党清醒认识到，外部环境变化带来许多新的风险挑战，国内改革发展稳定面临不少长期没有解决的深层次矛盾和问题以及新出现的一些矛盾和问题，管党治党一度宽松软带来党内消极腐败现象蔓延，政治生态出现严重问题，党群干群关系受到损害，党的创造力、

---

[1] 习近平：《在庆祝中国共产党成立 95 周年大会上的讲话》，《人民日报》2016 年 7 月 2 日。

凝聚力、战斗力受到削弱，党治国理政面临着重大考验。在这样的背景下，以习近平同志为核心的党中央，以伟大的历史主动精神、巨大的政治勇气、强烈的责任担当，统筹国内国际两个大局，贯彻党的基本理论、基本路线、基本方略，统揽伟大斗争、伟大工程、伟大事业、伟大梦想，坚持稳中求进工作总基调，出台一系列重大方针政策，推出一系列重大举措，推进一系列重大工作，战胜一系列重大风险挑战，解决了许多长期想解决而没有解决的难题，办成了许多过去想办而没有办成的大事，推动党和国家事业在新时代取得了历史性成就、发生了历史性变革。

（一）坚持党的全面领导

改革开放以后，党为加强和改善党的领导进行持续努力，为党和国家事业发展提供了根本政治保证。同时，党内也存在不少对坚持党的领导认识模糊、行动乏力问题，存在不少落实党的领导弱化、虚化、淡化、边缘化问题，特别是对党中央重大决策部署执行不力，有的搞上有政策、下有对策，甚至口是心非、擅自行事。

以习近平同志为核心的党中央旗帜鲜明提出，党的领导是党和国家的根本所在、命脉所在，是全国各族人民的利益所系、命运所系，全党必须自觉在思想上政治上行动上同党中央保持高度一致，提高科学执政、民主执政、依法执政水平，提高把方向、谋大局、定政策、促改革的能力，确保充分发挥党总揽全局、协调各方的领导核心作用。

党的十八大以来，党明确提出，党的领导是全面的、系统的、整体的，保证党的团结统一是党的生命；党中央集中统一领导是党的领导的最高原则，加强和维护党中央集中统一领导是全党共同的政治责任，坚持党的领导首先要旗帜鲜明讲政治，保证全党服从中央。党的十八届六中全会通过关于新形势下党内政治生活的若干准则，党中央出台中央政治局加强和维护党中央集中统一领导的若干规定，严明党的政治纪律和政治规矩，发展积极健康的党内政治文化，推动营造风清气正的良好政治生态。党中央要求党的领导干部提高政治判断力、政治领悟力、政治执行力，对党忠诚、听党指挥、为党尽责。党健全党的领导制度体系，确保党在各种组织中发挥领导作用。党建立健全党对重大工作的领导体制，严格执行向党中央请示报告制度，强化政治监督，深化政治巡视，清除"两面人"。

因此，党的十八大以来，党中央权威和集中统一领导得到有力保证，党的领导制度体系不断完善，党的领导方式更加科学，全党思想上更加统一，政治上更加团结，行动上更加一致，党的政治领导力、思想引领力、群众组织力、社会号召力显著增强。

（二）坚持全面从严治党

改革开放以后，党坚持党要管党、从严治党，推进党的建设取得明显成效。同时，由于一度出现管党不力、治党不严问题，有些党员、干部政治信仰出现严重危机，一些地方和部门选人用人风气不正，形式主义、官僚主义、享乐主义和奢靡之风盛行，特权思想和特权现象较为普遍存在。政治问题和经济问题相互交织，贪腐程度触目惊心。"七个有之"问题严重影响党的形象和威信，严重损害党群干群关系，引起广大党员、干部、群众强烈不满和义愤。

【案例】 "七个有之"问题

"七个有之"是习近平总书记几年前强调的概念，指的是党内政治生活中出现的一些不良现象。具体来说，"七个有之"包括：

搞任人唯亲、排斥异己的有之：指一些人为了自己的仕途，任人唯亲，排斥异己。

搞团团伙伙、拉帮结派的有之：指一些人为了扩大自己的势力范围，组成小团体，拉帮结派。

搞匿名诬告、制造谣言的有之：指一些人为了达到个人目的，匿名诬告他人，制造谣言。

搞收买人心、拉动选票的有之：指一些人通过收买人心，拉动选票，以获取政治利益。

搞封官许愿、弹冠相庆的有之：指一些人通过封官许愿，弹冠相庆，以获得他人的支持和拥戴。

搞自行其是、阳奉阴违的有之：指一些人表面上遵从党的决策和规定，实际上却我行我素，阳奉阴违。

搞尾大不掉、妄议中央的也有之：指一些人对中央的决策和指示置若罔闻，甚至妄议中央，影响党的统一和团结。

【教师点评】　"七个有之"现象不仅破坏了党内政治生活的健康，也对党风廉政建设造成了严重影响。例如，在一些地方，跑官要官、买官卖官等现象大多与一把手热衷"封官许愿、弹冠相庆"有关；而有的领导干部则可能因为"自行其是、阳奉阴违"，导致权力滥用和腐败问题。

对此，习近平总书记强调，打铁必须自身硬，办好中国的事情，关键在党，关键在党要管党、全面从严治党。坚持严的主基调，突出抓住"关键少数"，落实主体责任和监督责任，强化监督执纪问责，把全面从严治党贯穿于党的建设各方面。党中央召开各领域党建工作会议并作出有力部署，推动党的建设全面进步。

全面从严治党必须从人民群众反映强烈的作风问题抓起。党的十八大之后，党中央制定的第一个"规矩"就是"八项规定"，坚持从中央政治局做起、从领导干部抓起，以上率下改进工作作风。

【案例】　　　关于改进工作作风、密切联系群众的"八项规定"

2012 年 12 月 4 日，中共中央政治局召开会议，审议并通过了中央政治局关于改进工作作风、密切联系群众的"八项规定"。会议强调，抓作风建设，首先要从中央政治局做起，要求别人做到的自己先要做到，要求别人不做的自己坚决不做，以良好党风带动政风民风，真正赢得群众信任和拥护。会议一致同意关于改进工作作风、密切联系群众的"八项规定"：

要改进调查研究，切忌走过场、搞形式主义；要轻车简从、减少陪同、简化接待。

要精简会议活动，切实改进会风；提高会议实效，开短会、讲短话，力戒空话、套话。

要精简文件简报，切实改进文风，没有实质内容、可发可不发的文件、简报一律不发。

要规范出访活动，严格控制出访随行人员，严格按照规定乘坐交通工具。

要改进警卫工作，减少交通管制，一般情况下不得封路、不清场闭馆。

要改进新闻报道，中央政治局同志出席会议和活动应根据工作需要、新闻价值、社会效果决定是否报道，进一步压缩报道的数量、字数、时长。

要严格文稿发表，除中央统一安排外，个人不公开出版著作、讲话单行本，不发贺信、贺电，不题词、题字。

要厉行勤俭节约，严格执行住房、车辆配备等有关工作和生活待遇的规定。

【教师点评】 中央"八项规定"短短600多字，落地不过短短时间，这场由最高领导人躬身示范的作风建设，推动了一个拥有9900多万党员的世界规模最大的执政党实现自我更新，在历史关键时期，唤醒共产党人的初心，赢得人民群众的信任，成为足以载入世界政党史的浓重一笔。

中央政治局每年召开民主生活会，听取贯彻执行中央"八项规定"情况汇报，开展批评和自我批评。党中央发扬钉钉子精神，持之以恒纠治"四风"，狠刹公款送礼、公款吃喝、公款旅游、奢侈浪费等不正之风，解决群众反映强烈、损害群众利益的突出问题，刹住了一些过去被认为不可能刹住的歪风，纠治了一些多年未除的顽瘴痼疾。

全面从严治党还要求全党必须做到理想信念坚定、组织体系严密、纪律规矩严明。所以我们强调，理想信念是共产党人精神上的"钙"，共产党人如果没有理想信念，精神上就会"缺钙"，就会得"软骨病"。所以，党坚持思想建党和制度治党同向发力。

【案例】 "三严三实"专题教育

"三严三实"是习近平总书记在 2014 年 3 月 9 日参加十二届全国人大二次会议安徽代表团审议时提出的，是对全党特别是县处级以上领导干部的作风建设要求。具体内容包括：

"三严"是指：

严以修身：加强党性修养，坚定理想信念，提升道德境界，追求高尚情操，自觉远离低级趣味，自觉抵制歪风邪气。

严以用权：坚持用权为民，按规则、按制度行使权力，把权力关进制度的笼子里，任何时候都不搞特权、不以权谋私。

严以律己：心存敬畏、手握戒尺，慎独慎微、勤于自省，遵守党纪国法，做到为政清廉。

"三实"是指：

谋事要实：从实际出发谋划事业和工作，使点子、政策、方案符合实际情况、符合客观规律、符合科学精神，不好高骛远，不脱离实际。

创业要实：脚踏实地、真抓实干，敢于担当责任，勇于直面矛盾，善于解决问题，努力创造经得起实践、人民、历史检验的实绩。

做人要实：对党、对组织、对人民、对同志忠诚老实，做老实人、说老实话、干老实事，襟怀坦白，公道正派。

这 24 字，既言简意赅又内涵丰富。深刻理解"三严三实"丰富内涵，就是领导干部在修身、用权、律己中，都要坚守一个"严"字；在谋事、创业、做人中，都要突出一个"实"字。"三严三实"不仅是思想理论问题，更重要的是一个实践行动问题。

【案例】 "两学一做"学习教育

"两学一做"学习教育，指的是"学党章党规、学系列讲话，做合格党员"学习教育。

2016 年 2 月，中共中央办公厅印发了《关于在全体党员中开展"学党章党规、学系列讲话，做合格党员"学习教育方案》，并发出通知，要求各地区各部门认真贯彻执行。开展"两学一做"学习教育，是面向全体党员深化党内教育的重要实践，是推动党内教育从"关键少数"向广大党员拓展、从集中性教育向经常性教育延伸的重要举措。

党提出和贯彻新时代党的组织路线，明确新时代好干部标准就是"信念坚定、为民服务、勤政务实、敢于担当、清正廉洁"，突出政治素质要求、树立正确用人导向，坚持德才兼备、以德为先，坚持五湖四海、任人唯贤，坚持事业为上、公道正派，坚持不唯票、不唯分、不唯生产总值、不唯年龄，不搞"海推""海选"，强化党组织领导和把关作用，纠正选人用人上的不正之风。

党坚持不敢腐、不能腐、不想腐一体推进，惩治震慑、制度约束、提高觉悟一体发力，坚定不移"打虎""拍蝇""猎狐"。党聚焦政治问题和经济问题交织的腐败案件，防止党内形成利益集团。党领导完善党和国家监督体系，推动设立国家监察委员会和地方各级监察委员会，实行对公职人员监察的全覆盖；构建巡视巡察上下联动格局，构建以党内监督为主导、各类监督贯通协调的机制。可以说在党的领导下，我们推进各类监督贯通协调，完善了党内监督。

【案例】 **"打虎拍蝇猎狐"：铁腕反腐交出沉甸甸的成绩单**

不得罪腐败分子，就要得罪 14 亿人民。

十八大以来，新一届中央领导集体以巨大的政治勇气和历史担当，加大反腐败斗争力度、严肃查处腐败分子。

无禁区、零容忍、全覆盖、"老虎""苍蝇"一起打、猛药去疴刮骨疗毒、反腐没有"铁帽子王""塌方式腐败"等新提法，随着反腐败的雷霆之势，随着一桩桩案件的查办，从高级领导干部到街头巷尾，人人熟知。

"锄一害而众苗成，刑一恶而万民悦。"对于打掉的"老虎""苍蝇"，对党内形成震慑，群众拍手称快。即使是总想用反腐败问题来拿捏我们的西方国家，也对中国共产党敢于向腐败亮剑表现出佩服。英国《金融时报》发表评论文章称，中国的反腐成绩明显。日本《外交学者》杂志文章称，我们有理由相信，中国领导人对于反腐持严肃认真的态度，反腐事业必将取得成功。

2012 年 11 月 15 日，中共中央总书记习近平在同中外记者见面时，直言党内存在的腐败问题。他说，一些党员干部中发生的贪污腐败、脱离群众、形式主义、官僚主义等问题，必须下大气力解决。

面对严峻复杂的反腐败斗争形势，是选择做"太平官"还是选择担责任，习近平总书记毅然决然。他指出，我们不是没有掂量过，但认准了党的宗旨使命，认准了人民期待。人民把权力交给我们，我们就必须以身许党许国、报党报国，该做的事就要做，该得罪的人就得得罪。

此后，习近平总书记多次就反腐败问题做出论述。

在中央政治局常委会审议《关于二〇一三年上半年中央巡视组巡视情况的综合报告》时，习近平说："不管级别有多高，谁触犯法律都要问责，都要处理，我看天塌不下来。"①

在十八届四中全会第二次全体会议上，习近平总书记指出，有的人认为反腐败是刮一阵风，搞一段时间就会过去，现在打枪，暂且低头；有的人认为反腐败查下去会打击面过大，影响经济发展，导致消费需求萎缩，甚至把当前经济下行压力增大与反腐败力度加大扯在一起；有的人认为反腐败会让干部变得缩手缩脚、明哲保身，不愿意干事了，等等。这些认识都是不正确的。

出访美国期间，习近平总书记在出席华盛顿州当地政府和美国友好团体联合举行的欢迎宴会上发表演讲：一段时间以来，我们大力查处腐败案件，坚持"老虎""苍蝇"一起打，就是要顺应人民要求。这其中没有什么权力斗争，没有什么"纸牌屋"。

……

这些重要论述，均在反腐败斗争的重要阶段和节点，起到了厘清思路、阐明方向的指引作用。

"有功必赏，有罪必罚，则为善者日进，为恶者日止。"在习近平同志为

---

① 中共中央党史和文献研究院：《习近平关于全面从严治党论述摘编》(2021 年版)，中央文献出版社 2021 年版，第 362 页。

核心的党中央的坚强领导下，中国共产党以猛药去病、刮骨疗毒的勇气，坚持"老虎""苍蝇"一起打，强力正风反腐，给老百姓带来了更多获得感。

【教师点评】 "打虎""拍蝇""猎狐"是党的十八大以后，我们党全面从严治党、加强反腐败斗争的基本措施和手段。"打虎"，强调的是惩治领导干部尤其是高级干部的腐败行为；"拍蝇"，突出的是解决群众身边的不正之风和腐败问题；"猎狐"重点对象是在逃境外经济犯罪嫌疑人、在逃境外党员和国家工作人员、涉腐案件在逃境外人员。我们党严肃查处一些党员干部包括高级干部严重违纪问题的坚强决心和鲜明态度，向全党全社会表明，我们所说的不论什么人，不论其职务多高，只要触犯了党纪国法，都要受到严肃追究和严厉惩处，绝不是一句空话。从严治党，惩治这一手决不能放松。

党的十八大以来，经过坚决斗争，全面从严治党的政治引领和政治保障作用充分发挥，党的自我净化、自我完善、自我革新、自我提高能力显著增强，管党治党宽松软状况得到根本扭转，反腐败斗争取得压倒性胜利并全面巩固，消除了党、国家、军队内部存在的严重隐患，党在革命性锻造中更加坚强。

（三）经济建设与全面深化改革开放

改革开放以后，党抓住经济建设这个中心，领导人民埋头苦干，创造出经济快速发展奇迹，促进国家经济实力大幅跃升。同时，由于一些地方和部门存在片面追求速度规模、发展方式粗放等问题，加上国际金融危机后世界经济持续低迷影响，经济结构性体制性矛盾不断积累，发展不平衡、不协调、不可持续问题十分突出。

党中央提出，我国经济发展进入新常态，已由高速增长阶段转向高质量发展阶段，面临增长速度换挡期、结构调整阵痛期、前期刺激政策消化期"三期叠加"的复杂局面，即"新常态"，传统发展模式难以为继。党中央强调，贯彻新发展理念是关系我国发展全局的一场深刻变革，不能简单以生产总值增长率论英雄。党中央对我国发展作出部署，作出坚持以高质量发展为主题、以供给侧结构性改革为主线，建设现代化经济体系，把握扩大内需战略基点，打好防范化解重大风险、精准脱贫、污染防治三大攻坚战等重大决策。

党中央毫不动摇巩固和发展公有制经济，毫不动摇鼓励、支持、引导非公有制经济发展。党坚持实施创新驱动发展战略，把科技自立自强作为国家发展的战略支撑，推进关键核心技术攻关和自主创新。我们还提出强化反垄断规制，防止资本无序扩张。因为资本的本质是逐利的，我们必须防止资本无序扩张，杜绝垄断导致马太效应、影响社会稳定。

党中央坚持实施创新驱动发展战略，把科技自立自强作为国家发展的战略支撑，健全新型举国体制，强化国家战略科技力量，加强基础研究，推进关键核心技术攻关和自主创新，强化知识产权创造、保护、运用，加快建设创新型国家和世界科技强国。全面实施供给侧结构性改革，推进去产能、去库存、去杠杆、降成本、补短板，落实巩固、增强、提升、畅通要求，推进制造强国建设，加快发展现代产业体系，壮大实体经济，发展数字经济。完善宏观经济治理，创新宏观调控思路和方式，增强宏观政策自主性，实施积极的财政政策和稳健的货币政策，坚持推进简政放权、放管结合、优化服务，保障粮食安全、能源资源安全、产业链供应链安全，坚持金融为实体经济服务，全面加强金融监管，防范化解经济金融领域风险，强化市场监管和反垄断规制，防止资本无序扩张，维护市场秩序，激发各类市场主体特别是中小微企业活力，保护广大劳动者和消费者权益。

党中央实施区域协调发展战略，包括促进京津冀协同发展、长江经济带发展、粤港澳大湾区建设、长三角一体化发展、黄河流域生态保护和高质量发展；高标准高质量建设雄安新区，推动西部大开发形成新格局，推动东北振兴取得新突破，推动中部地区高质量发展，鼓励东部地区加快推进现代化，支持革命老区、民族地区、边疆地区、贫困地区改善生产生活条件；推进以人为核心的新型城镇化，加强城市规划、建设、管理。

【案例】　　雄安新区——一座高水平现代化城市正在拔地而起①

春日里走进雄安新区，倾听拔节生长的声音。

新区新意浓，一天一个变化。

3月25日，新区第一家以党建联建形式运营的社区食堂——龚庄社区食堂对外开放。

3月26日，新区新建片区第一家新华书店在容东片区开门营业。

3月27日，新区地标性建筑——中国中化大厦项目主体结构顺利封顶。

……

习近平总书记2023年5月在河北雄安新区考察并主持召开高标准高质量推进雄安新区建设座谈会时强调，雄安新区已进入大规模建设与承接北京非首都功能疏解并重阶段，工作重心已转向高质量建设、高水平管理、高质量疏解发展并举。

千年大计，国家大事。雄安新区设立7年来，从无到有、从蓝图到实景，重点项目累计完成投资6700多亿元，建起4000多栋楼宇，一座高水平现代化城市正在拔地而起。

近一年来，河北省、雄安新区深入贯彻落实习近平总书记重要指示精神，奋力谱写"高质量建设、高水平管理、高质量疏解发展"的新篇章。

高质量建设，未来之城显雏形、出形象

步入雄安新区启动区，远远就能望见首批疏解央企中国华能的总部大楼。"大楼进入精装等全面施工阶段，年底具备竣工条件。"华能置业有限公司雄安项目部负责人孙少杰说。

绿色是雄安新区的底色，环保理念贯穿大楼建设、运营全过程。"我们为总部园区配套建设综合能源系统，利用地源热泵等技术，实现清洁高效供热供冷。在大楼屋顶和立面铺设光伏组件，提供绿色电能。"华能雄安分公司

---

① 万秀斌、张志锋、张腾扬：《雄安新区——一座高水平现代化城市正在拔地而起》，http://www.gov.cn/lianbo/difang/202404/cortent_6942815.html，2024-04-01。

综合部负责人刘绍华说。今年1月，该项目被河北省住房和城乡建设厅评为超低能耗建筑示范项目。

春花开放，绿意渐浓。悦容公园等一批高品质绿地、公园免费开放，迎来不少踏春的市民。雄安新区秉持"先植绿、后建城"的新理念，在城市建设动工前先营建千年秀林。截至目前，累计造林47.8万亩，森林覆盖率由新区设立前的11%提升至34.9%。

从大学园图书馆到东西轴线，再到城际站及国贸中心片区，高标准、高质量贯穿公共基础设施、道路交通、产业园区和居住小区建设各环节。

雄安体育中心是新区规模最大的公共体育设施，体育场是其中建筑面积最大的单体建筑。"与一般的场馆不同，体育场上部主体为钢结构装配式建筑，为保证更高质量，钢结构焊缝余高控制在2毫米以内，比一般标准优化一倍。"北京城建集团雄安体育中心项目建设负责人姚文博说。

"我们努力构建'雄安质量'工程标准体系，明确通用标准、项目标准、专用技术标准3个层级，涵盖城乡规划、建筑工程等9个领域。"雄安新区建设和交通管理局负责人杨松说："还明确了安全韧性、绿色低碳、高效便捷、生态智慧、创新引领的'雄安质量'创建目标，确定了定量定性指标1713项，其中274项高于国家标准，270项填补国家标准空白。"

以创新理念推进高质量建设。雄安新区坚持先地下、后地上，数字城市与现实城市同步规划、同步建设，地下、地上、云上"三座城"同生共长。目前，建成综合管廊约97.3公里，容东、容西片区综合管廊已投入使用，"城市大脑"雄安城市计算中心运行稳定。

一座高质量建设的未来之城正在显雏形、出形象。截至目前，雄安新区累计实施重点项目383个，总建筑面积4370万平方米。环城市外围道路框架、内部骨干路网、生态廊道、水系构成的城市建设"四大体系"基本形成。

高水平管理，新时代宜业宜居的"人民之城"有序建设

雄安新区设立7年来，容东、容西、雄东等新建片区内约12万群众喜迁新居。

新城市、新社区，怎样同步推进城市治理现代化？

从一开始就下好"绣花"功夫，雄安新区积极推进基本公共服务均等化，构筑新时代宜业宜居的"人民之城"。

雄安新区搭建起以雄安城市计算中心和物联网平台、视频一张网平台、城市信息模型平台、块数据平台等为支撑的"城市大脑"管理体系，城市服务管理智能化、人性化、精准化日益显现。

雄安新区首个集中建成区——容东片区布建约3万路前端设备，为摄像头设置了19种常见场景的智能化算法，可智能识别上报各类情况。"城市'耳聪目明'，管理更加精准。"容东城市运营管理中心副主任王琨介绍，摄像头"发现"问题，会自动上报信息，中心派单给小区物业公司等，相关人员马上处置、拍照反馈，中心通过摄像头验收，形成处置闭环。

管理有"智慧"，服务有"温度"。王琨说，社区里生活着一些独居老人，城市运营管理服务中心在征得同意后，由平台系统自动关注老人家中早晚时段用水情况，一旦发现没有用水信息就会预警，将信息推送给社区工作人员，以便及时与老人联系核实。目前，容东片区已有200多名独居老人得到智慧化的"云守护"。

基层治理机制持续创新，群众满意度稳步提升。部分居民搬进新居遇到一些不适应的情况，定安社区党总支书记郭俊媛带领工作人员开展大走访，征集居民意见后，召集多个部门开联席会解决，形成"一呼联应"工作方法。容东片区完善推广"一呼联应"工作机制，2023年以来共解决居民相关需求诉求406件。

多项政策落地，雄安新区逐步转向城市管理体制。机动车牌照"冀X"落地，新区有了"专属"车牌代码。河北雄安新区行政区划代码133100正式应用于户籍管理工作，容东片区居民张雷为出生不久的女儿办了户口簿，这是新区第一批带有"河北雄安新区"字样的户口页、第一批开头为133100的公民身份号码。

穿行新建片区，社区食堂、养老驿站、卫生服务中心、各类学校和超市等便民服务一应俱全，15分钟生活圈折射居民宜业宜居的幸福感。

高质量疏解发展，推动疏解北京非首都功能各项任务落实

工人穿梭，机声隆隆，承接首批市场化疏解项目的雄安互联网产业园内，一座座楼宇即将建成。中国电信智慧城市产业园一期 8 号楼已落成，预计今年 5 月投用。

疏解带来新产业。中国电信把数字城市业务板块整体转移到雄安新区，成立中电信数字城市科技有限公司。"以高质量疏解助推高质量发展，新区正建设全域智慧城市，新技术有着得天独厚的应用空间。"公司研发部负责人胡军军介绍，公司开发了智慧交通系统，在容东建成规模化区域级数字道路共 153 公里，探索无人驾驶等应用。

雄安新区的承载力和吸引力在增强。雄安新区中关村科技园揭牌运营 7 个月来，至今发起"千企雄安行"等活动 30 余场，累计对接企业 2000 余家，已有 70 家创新型企业进驻科技园。

高新企业集聚发展背后，是雄安新区加快完善科技产业孵化服务链条，优化创新生态。2023 年 11 月，雄安科创中心投用，雄安新区科技成果展示中心、科技成果交易和转化服务中心、知识产权保护中心同时运行。如今，新区已搭建起 10 余个公共创新平台。

随着中央一揽子支持政策在雄安新区逐步落地生效，新区筑巢引凤、承接疏解的功能和环境日益完善。

京雄"同城化"服务加速落地，107 项服务事项实现京雄同城化办理。雄安新区制定用地、住房、人才等 10 方面配套政策，确保疏解人员基本养老保险待遇、医保待遇、住房公积金待遇不低于北京同期水平。截至目前，已有 150 家疏解单位共 7025 名职工在雄安新区缴存住房公积金。

重点项目建设有力推进，承接疏解步伐稳妥有序。眼下，中国华能等首批疏解央企总部抓紧建设；北京科技大学等 4 所首批疏解高校、首批疏解医院北京大学人民医院雄安院区建设稳步推进。

"新区将着力打造新时代的创新高地和创业热土，为承接疏解搭建科技创新平台，培育内生动能。"雄安新区科学园管委会副主任马扬飚表示。

在疏解中发展，在发展中提升。一座集中承接北京非首都功能的新型城市渐行渐近。

【教师点评】　设立雄安新区是以习近平同志为核心的党中央作出的一项重大的历史性战略选择，是继深圳经济特区和上海浦东新区之后又一具有全国意义的新区，是千年大计、国家大事。雄安新区正在深入贯彻落实习近平总书记重要指示精神，奋力谱写"高质量建设、高水平管理、高质量疏解发展"的新篇章。

党中央始终把解决好"三农"问题作为全党工作重中之重，实施乡村振兴战略，加快推进农业农村现代化，坚持藏粮于地、藏粮于技，实行最严格的耕地保护制度，推动种业科技自立自强、种源自主可控，确保把中国人的饭碗牢牢端在自己手中。

党的十八大以来，我国经济发展平衡性、协调性、可持续性明显增强，国内生产总值突破百万亿元大关，人均国内生产总值超过一万美元，国家经济实力、科技实力、综合国力跃上新台阶，我国经济迈上更高质量、更有效率、更加公平、更可持续、更为安全的发展之路。

自党的十一届三中全会以后，我国改革开放走过波澜壮阔的历程，取得了举世瞩目的成就。随着实践发展，一些深层次体制机制问题和利益固化的藩篱日益显现，改革进入攻坚期和深水区。所以，我们必须以更大的政治勇气和智慧推进全面深化改革，敢于啃硬骨头，真枪真刀推进改革。党的十八届三中全会对经济体制、政治体制、文化体制、社会体制、生态文明体制、国防和军队改革和党的建设制度改革作出部署，确定全面深化改革的总目标、战略重点、优先顺序、主攻方向、工作机制、推进方式和时间表、路线图。十八届三中全会以来，推出的改革举措1500多项，重要领域和关键环节取得突破性进展，主要领域改革主体框架基本确立，中国特色社会主义制度更加完善，国家治理体系和治理能力现代化水平明显提高，全社会发展活力和创新能力明显增强。十八届三中全会以来，我国实现改革由局部探索、破冰突围到系统集成、全面深化的转变，开创了我国改革开放的新局面。

（四）政治建设与全面依法治国

改革开放以后，党领导人民坚持中国特色社会主义政治发展道路，发展社会主义的全过程人民民主，取得重大进展。党从国内外政治发展成败得失中深刻认识到，坚定中国特色社会主义制度自信首先要坚定对中国特色社会主义政治制度的自信，建设社会主义民主政治，发展社会主义政治文明，必须使中国特色社会主义政治制度深深扎根于中国社会土壤，照抄照搬他国政治制度行不通，甚至会把国家前途命运葬送掉。所以，我们必须警惕和防范西方所谓"宪政"、多党轮流执政、"三权鼎立"等政治思潮的侵蚀影响。

习近平总书记指出，当今世界正经历百年未有之大变局，制度竞争是综合国力竞争的重要方面，制度优势是一个国家赢得战略主动的重要优势。历史和现实都表明，制度稳则国家稳，制度强则国家强。改革开放以后，党坚持依法治国，不断推进社会主义法治建设。同时，有法不依、执法不严、司法不公、违法不究等问题严重存在，司法腐败时有发生，一些执法司法人员徇私枉法，甚至充当犯罪分子的保护伞，严重损害法治权威，严重影响社会公平正义。所以，党的十八大之后，党中央强调，全面依法治国是中国特色社会主义的本质要求和重要保障，是国家治理的一场深刻革命；坚持依法治国首先要坚持依宪治国，坚持依法执政首先要坚持依宪执政；坚持依法治国、依法执政、依法行政共同推进，坚持法治国家、法治政府、法治社会一体建设。党的十八届四中全会和中央全面依法治国工作会议专题研究全面依法治国问题，就科学立法、严格执法、公正司法、全民守法作出顶层设计和重大部署，对推进全面依法治国发挥了重要的作用。

党领导健全保证宪法全面实施的体制机制，确立宪法宣誓制度，提高各级领导干部运用法治思维和法治方式解决问题、推动发展的能力，增强全社会法治意识。通过宪法修正案，制定民法典、外商投资法、国家安全法、监察法等法律，修改立法法、国防法、环境保护法等法律，加快完善以宪法为核心的中国特色社会主义法律体系。党领导推进政法领域全面深化改革，加强对执法司法活动的监督制约，开展政法队伍教育整顿，确保执法司法公正廉洁、高效权威。

【案例】　　　　　　　　　　国家监察体制改革

"要加强对权力运行的制约和监督，让人民监督权力，让权力在阳光下运行，把权力关进制度的笼子。深化国家监察体制改革，将试点工作在全国推开，组建国家、省、市、县监察委员会，同党的纪律检查机关合署办公，实现对所有行使公权力的公职人员监察全覆盖。"①在党的第十九次全国代表大会上，习近平总书记发表了这样的讲话。随后，习近平总书记亲自主持召开了中央政治局会议、中央政治局常委会会议、中央全面深化改革领导小组会议等6次高规格会议，研究审议深化国家监察体制改革和试点的工作方案。

监察工作日益受到党和政府的重视，是有其深刻原因的。所谓监察，是指对各级国家机关和机关工作人员的工作监督和检举。在过去，中央的监察工作是由中共中央、国务院下属的中国共产党中央纪律检查委员会、中华人民共和国监察部(两部门合署办公)负责；而在地方，监察工作主要由地区人民政府的监察厅(局)、预防腐败局和人民检察院反贪污贿赂局开展。总的来说，打击贪腐犯罪的工作是由"政府、法院、检察院"这"一府两院"共同完成的。但在原有的体制下，监察的权力和力量分散，不利于集中预防和打击贪腐犯罪，而且行政监察的对象，也仅限于国家行政机关工作人员，对非行政机关行使公权力的人员和社会人员(如私营企业主)存在监察空白。这就不利于推进依法治国和从严治党，不利于更加高效地"打虎拍蝇"。在这样的时代背景和客观需求下，新的监察体制应运而生。

2016年12月25日，第十二届全国人民代表大会常务委员会第二十五次会议通过决议，决定根据中共中央提议的《关于在北京市、山西省、浙江省开展国家监察体制改革试点方案》，开展国家监察体制改革的试点工作。新的监察体制下，人民政府的监察厅(局)、预防腐败局及人民检察院查处贪污贿赂、失职渎职以及预防职务犯罪等部门的相关职能整合至监察委员会；而监察委员会由人民代表大会产生。即，在政府、法院、检察院的"一府两院"之外，增设了专职负责监察工作的机构——监察委员会，统一地开展监察工作。

为了更好地开展监察工作，试点地区的监察委员会履行监督、调查、处置职责。为履行这些职责，监察委员会可以采取谈话、讯问、询问、查询、冻结、调取、查封、扣押、搜查、勘验检查、鉴定、留置12项措施。这使

---

① 习近平：《习近平著作选读》(第2卷)，人民出版社2023年版，第55页。

得监察机构的职能范围和监察手段，都得到了极大的丰富和拓展，摆脱以往由于不具备侦查权或监察手段单一，无法全面掌握情况导致的不利境地。

首批试点的浙江省开展监察体制改革以来，监察对象增加了 83.02%，处置问题线索数增长了 84.4%，移送起诉的案件平均留置 42.5 天，比起纪委"双规"和检察机关进行侦查用时平均缩短 64.4%。在北京，新的监察委员会整合、优化了原有机构，比起改革前减少了 4 个机构，效率得到提升。反腐的力量也更加集中，新设的第十七纪检监察室专门负责追逃追赃和防逃工作，不仅减轻了检察机关的压力，也减少了内部协调所消耗的时间。

国家监察体制改革是事关全局的重大政治改革，是国家监察制度的顶层设计。改革经由试点总结经验，再决定全面推广，符合渐进改革的路径安排。相关的宪法和法律修改，也会在试点取得一定经验之后提上日程。

【教师点评】 推进党的建设新的伟大工程需要把制度建设贯穿其中。一个政党，一个政权，其前途命运取决于人心向背，而反腐败斗争直接关乎人心向背。要让权力在阳光下运行，把权力关进制度的笼子，深入推进反腐败斗争，都需要制度保障。国家监察体制改革是事关全局的重大政治体制改革，目的是加强党对反腐败工作的集中统一领导。组建国家监察机关，与党的纪律检查机关合署办公，将党的领导体现在国家监察工作和反腐败斗争的全过程和各方面，实现由原来侧重"结果领导"向"全过程领导"转变，实现党内监督和国家监察"一体两面"，确保我们党牢牢掌握反腐败工作领导权。

总之，党的十八大以来，中国特色社会主义法治体系不断健全，法治中国建设迈出坚实步伐，法治固根本、稳预期、利长远的保障作用进一步发挥，党运用法治方式领导和治理国家的能力显著增强。

（五）思想文化建设

改革开放以后，党坚持物质文明和精神文明两手抓、两手硬，推动社会主义文化繁荣发展，振奋了民族精神，凝聚了民族力量。同时，拜金主义、享乐主义、极端个人主义和历史虚无主义等错误思潮不时出现，网络舆论乱象丛生，一些领导干部政治立场模糊、缺乏斗争精神，严重影响人们的思想和社会舆论环境。

进入新时代，党强调文化自信是更基础、更广泛、更深厚的自信，是一个国家、一个民族发展中最基本、最深沉、最持久的力量，必须坚持以人民为中心的工作导向，举旗帜、聚民心、育新人、兴文化、展形象，牢牢掌握意识形态工作领导权，更好构筑中国精神、中国价值、中国力量，巩固全党全国各族人民团结奋斗的共同思想基础。

党着力解决意识形态领域党的领导弱化问题，确立和坚持马克思主义在意识形态领域指导地位的根本制度，健全意识形态工作责任制，推动全党动手抓宣传思想工作，守土有责、守土负责、守土尽责，旗帜鲜明反对和抵制各种错误观点。

党召开全国宣传思想工作会议，分别召开文艺工作、党的新闻舆论工作、网络安全和信息化工作、哲学社会科学工作座谈会和全国高校思想政治工作会议，就一系列根本性问题阐明原则立场，廓清了理论是非，校正了工作导向，思想文化领域向上向好态势不断发展。

党中央明确提出，过不了互联网这一关就过不了长期执政这一关。党高度重视互联网这个意识形态斗争的主阵地、主战场、最前沿，健全互联网领导和管理体制，坚持依法管网治网，营造清朗的网络空间。

党坚持以社会主义核心价值观引领文化建设，注重用社会主义先进文化、革命文化、中华优秀传统文化培根铸魂，比如建立健全党和国家功勋荣誉表彰制度、设立烈士纪念日、建设新时代文明实践中心、开展"四史"宣传教育等，在全社会唱响了主旋律、弘扬了正能量。

党的十八大以来，我国意识形态领域形势发生全局性、根本性转变，全党全国各族人民文化自信明显增强，全社会凝聚力和向心力极大提升，为新时代开创党和国家事业新局面提供了坚强思想保证和强大精神力量。

(六)社会建设与民生保障

改革开放以后，我国人民生活显著改善，社会治理明显改进。同时，随着时代发展和社会进步，人民对美好生活的向往更加强烈，对民主、法治、公平、正义、安全、环境等方面的要求日益增长。

进入新时代，党中央强调，必须以保障和改善民生为重点加强社会建设，尽力而为、量力而行，在幼有所育、学有所教、劳有所得、病有所医、老有所养、住有所居、弱有所扶上持续用力，使人民获得感、幸福感、安全感更加充实、更有保障、更可持续。

迄今为止，我们已经建成了世界上规模最大的社会保障体系，10.2亿人拥有基本养老保险，13.6亿人拥有基本医疗保险。我们打赢了脱贫攻坚战，全面建成了小康社会，使近1亿农村贫困人口实现脱贫，提前10年实现联合国2030年可持续发展议程减贫目标，创造了人类减贫史上的奇迹。

2020年，面对突如其来的新冠疫情，党中央周密部署，慎终如始抓好"外防输入、内防反弹"，坚持统筹疫情防控和经济社会发展，最大限度保护了人民生命安全和身体健康，在全球率先控制住疫情、率先复工复产、率先恢复经济社会发展，抗疫斗争取得重大战略成果。这是我们党坚持人民至上、生命至上的具体体现。

【案例】　　　　　　　　　　**伟大抗疫斗争**

2020年伊始，一场突如其来的新冠疫情肆虐中华大地。这次疫情是新中国成立以来我国遭遇的传播速度最快、感染范围最广、防控难度最大的一次重大突发公共卫生事件，也是百年来全球发生的最严重的传染病大流行。

新冠疫情发生后，党中央将疫情防控作为头等大事来抓。习近平总书记亲自指挥、亲自部署，坚持把人民生命安全和身体健康放在第一位，提出坚定信心、同舟共济、科学防治、精准施策的总要求。从2020年大年初一起，习近平总书记先后主持召开14次中央政治局常委会会议、4次中央政治局会议以及多次党的重要会议，敏锐洞察、果敢决策，科学指引、沉着应对，周密部署，因时因势制定重大战略策略，带领全党全军全国各族人民迅速打响疫情防控的人民战争、总体战、阻击战。

在党中央坚强领导下，中国人民风雨同舟、众志成城，发扬一方有难、八方支援精神，构筑起疫情防控的坚固防线。经过艰苦卓绝的努力，我国用1个多月的时间初步遏制疫情蔓延势头，用2个月左右的时间将本土每日新增病例控制在个位数以内，用3个月左右的时间取得武汉保卫战、湖北保卫战的决定性成果，进而又接连打了几场局部地区聚集性疫情歼灭战，疫情防控取得重大战略成果。在此基础上，统筹推进疫情防控和经济社会发展工作，抓紧恢复生产生活秩序，取得显著成效。在一系列政策作用下，中国经济二季度增速转负为正，三季度延续转正态势，复苏更为强劲，前三季度累计实现正增长，在全球率先复苏，成为2020年唯一实现正增长的世界主要经济体。

在自身面临巨大抗疫压力情况下，我国始终秉持人类命运共同体理念，积极开展抗疫国际和地区合作，倡导构建人类卫生健康共同体。截至2020年12月，我国已向150多个国家和10个国际组织提供抗疫援助，为有需要的34个国家派出36支医疗专家组，向各国提供了2200多亿只口罩、22.5亿件防护服、10.2亿份检测试剂盒，有力支持了世界各国疫情防控。

2020年9月8日，全国抗击新冠疫情表彰大会隆重举行。习近平总书记为"共和国勋章"获得者钟南山，"人民英雄"国家荣誉称号获得者张伯礼、张定宇、陈薇，一一颁授勋章奖章。习近平总书记在大会上深刻阐述生命至上、举国同心、舍生忘死、尊重科学、命运与共的伟大抗疫精神。习近平总书记指出："伟大抗疫精神，同中华民族长期形成的特质禀赋和文化基因一脉相承，是爱国主义、集体主义、社会主义精神的传承和发展，是中国精神的生动诠释，丰富了民族精神和时代精神的内涵。"[①]

【教师点评】 三年来的同心战疫实践，取得了疫情防控重大决定性胜利，有效保护了人民群众生命安全和身体健康，为推动经济社会快速复苏发展、实现全面建成小康社会宏伟目标筑牢了坚实保障，创造了人类文明史上人口大国成功走出疫情大流行的奇迹。举世瞩目的抗疫成绩，有力彰显了中华民族崇尚团结奋斗的文化基因和精神优势。

[①] 习近平：《在全国抗击新冠肺炎表彰大会上的讲话》，人民出版社2020年版，第16页。

（七）生态文明建设与绿色发展

改革开放以后，党日益重视生态环境保护。同时，生态文明建设仍然是一个明显短板，资源环境约束趋紧、生态系统退化等问题越来越突出，特别是各类环境污染、生态破坏呈高发态势，成为国土之伤、民生之痛。

党的十八大以来，党中央强调，生态文明建设是关乎中华民族永续发展的根本大计，必须坚持绿水青山就是金山银山的理念，坚持山水林田湖草沙一体化保护和系统治理，像保护眼睛一样保护生态环境，像对待生命一样对待生态环境，更加自觉地推进绿色发展、循环发展、低碳发展。对此，我们实行河湖长制、林长制、环境保护"党政同责"和"一岗双责"等制度，建立以国家公园为主体的自然保护地体系，持续开展大规模国土绿化行动，加大生态系统保护和修复力度。党领导着力打赢污染防治攻坚战，打好蓝天、碧水、净土保卫战，全面禁止进口"洋垃圾"。我国积极参与全球环境与气候治理，作出力争 2030 年前实现碳达峰、2060 年前实现碳中和的庄严承诺。

【案例】　　　　　　　千年毛乌素　沙漠变绿洲

2020 年 4 月，一则"毛乌素沙漠在榆林消失"的消息，让许多人震惊、好奇、向往。行走于毛乌素沙地腹地，林木葱茏，已经很难看到较大片沙漠地表，过去的不毛之地正变成一片希望的田野。

毛乌素沙漠位于陕西和内蒙古两省交界处、陕西省榆林市长城一线以北，毛乌素沙漠其实并不是沙漠，属中国四大沙地之一。与沙漠的形成原因不同，人为因素是沙地形成的首要原因，但长期以来，毛乌素被人们习惯性地称为"沙漠"。毛乌素在蒙古语中是"寸草不生之地"，荒沙地、盐碱水似乎是毛乌素的标志。然而早在 1000 多年前，这里还是以"水草肥美，群羊塞道"著称的塞外明珠，随着人类对土地不加节制的开垦和战乱的冲击，当地的生态逐步被破坏。经过成百上千年的演变和气候的变迁，至明清时期，毛乌素已成为茫茫大漠。到解放初期，毛乌素沙化程度达历史之最，逐渐退化成为不毛之地，严重影响当地群众的生产生活。

中华人民共和国成立后，林垦部在第一次全国林业业务会议上，明确提出了"普遍护林，重点造林"的方针。随后，陕西省政府制定了相应规划，国家林场建设与群众造林工程同步推进，人们大力兴建防风林带，引水拉沙，引洪淤地，开展了一场浩浩荡荡的毛乌素沙漠治理行动，涌现出一大批治沙先进人物与集体。全国"治沙英雄"牛玉琴 30 多年治沙 11 万亩，使不毛之地变成了"人造绿洲"；补浪河女子民兵治沙连在 14 任连长的带领下，累计推平沙丘 800 多座，营造防风固沙林带 35 条；石光银成立了全国第一家农民股份治沙公司，一生只做治沙这一件事……

三北防护林工程、全国性退耕还林还草工程，以及陕西省开展的天然林保护工程和全面治理荒沙行动等国家重点工程的相继启动，极大改善了毛乌素的生态环境。从塞罕坝到毛乌素，平原造深林、沙漠起绿地的奇迹在中国不断上演。从 2012 年至今，全国累计治理沙化土地超过 1400 万公顷，面积超过了整个安徽省。

当"沙进人退"历史性地逆转为"人进沙退"，人沙关系也从斗争抗衡转向和谐共处。在当地政府与群众的共同探索下，毛乌素治沙既不是一味投入的"砸钱工程"，也不是仅凭觉悟的"无尽付出"，而是发展出了沙、林、电、藻一体化的循环产业链，孕育了大棚蔬菜、大棚养殖、育苗、沙漠旅游四大产业。从"生命禁区"到"塞上粮仓"，毛乌素沙漠的案例是"两山论"的又一个生动证明。

千年时光荏苒，昔日的滚滚黄沙已蛰伏在绿油油的植被之下，面向新时代，我国"十四五"时期的生态文明建设将更加自觉地置于"两山"理论和绿色发展理念的引领之下，致力于更大力度的自然生态环境修复、更高标准（质量）的生态环境保护治理和更加绿色的经济社会现代化发展。毛乌素这片沙地，也将续写新的绿色奇迹……

【教师点评】 毛乌素沙漠的变迁，折射出人类与自然环境之间的关联。从"千年沙漠"到"今日绿野"，创造毛乌素的生态奇迹，靠的是锲而不舍，凭的是久久为功。毛乌素"旧貌换新颜"，给我们留下了深刻的启示：守护生态环境是千年之计、万年之谋；修复生态环境，是为子孙后代计，为长远发展谋。事实证明，生态退化的进程是可逆的，只要人不负大自然，大自然定不负人。

党的十八大以来，党中央以前所未有的力度抓生态文明建设，全党全国推动绿色发展的自觉性和主动性显著增强，美丽中国建设迈出重大步伐，我国生态环境保护发生历史性、转折性、全局性变化。

（八）国防和军队建设

党的十八大以来，面对国家安全环境的深刻变化，以习近平同志为核心的党中央全面推进国防和军队现代化，人民军队实现整体性革命性重塑，开创了强军兴军新局面。

2012 年，习近平在中央军委扩大会议上提出，为建设一支听党指挥、能打胜仗、作风优良的人民军队而奋斗。

建设强大人民军队，首要的是毫不动摇坚持党对人民军队绝对领导的根本原则和制度，坚持人民军队最高领导权和指挥权属于党中央和中央军委，全面深入贯彻军委主席负责制。什么是军委主席负责制？一是必须坚持全国武装力量由军委主席统一领导和指挥；二是国防和军队建设一切重大问题由军委主席决策和决定；三是中央军委全面工作由军委主席主持和负责。

2015 年 7 月，习近平分别主持召开中央军委常务会议和中央政治局常委会会议，审议和审定《深化国防和军队改革总体方案》。从 2015 年年底开始，领导指挥体制改革率先展开，长期实行的总部体制、大军区体制、大陆军体制被打破，实现了军队组织架构的历史性变革。从 2016 年年底开始，规模结构和力量编成改革压茬推进，构建起中国特色现代军事力量体系，推动军队由数量规模型向质量效能型、人力密集型向科技密集型转变。至党的十九大前，国防和军队改革取得历史性突破，形成军委管总、战区主战、军种主建新格局，人民军队组织架构和力量体系实现革命性重塑。

【案例】 从"军区"到"战区"

2016 年 2 月 1 日，中国人民解放军战区成立大会在北京八一大楼隆重举行。中共中央总书记、国家主席、中央军委主席习近平向东部战区、南部战区、西部战区、北部战区和中部战区授予军旗并发布训令，中国军队进入"战区时代"。

在成立战区前，我军实行的是大军区制。军区是根据国家的行政区域、地理位置和战略战役方向、作战任务等设置的军队一级组织，是辖区内的最高军事领导指挥机关。人民解放军根据不同时期军事斗争和军队建设的需要，对军区的设置进行了多次调整。1985 年，中央军委决定将 11 个大军区调整为 7 个大军区，即沈阳军区、北京军区、兰州军区、济南军区、南京军区、广州军区和成都军区。

大军区制对我军建设发展起过重要的推动作用，但随着形势任务的发展变化，这种体制难以适应现代军队专业化分工的要求，难以适应信息时代能打仗、打胜仗的要求。军区改战区后，战区作为本战略方向的唯一最高联合作战指挥机构，主要任务是履行联合作战指挥职能，战时执行作战任务。部队建设管理则放在陆军、海军、空军、火箭军等军兵种。战区和军兵种在军委统一领导下各司其职、各负其责。

战区制适应了未来战争的发展趋势，也是世界各国军队的一个共同发展趋势。作为头号军事强国，美国将全球美军部署按地域划为六大地区性联合作战司令部。在美军的作战指挥链中，军种已经完全退出，联合作战司令部是作战指挥链的重心，总统和国防部长构成最高指挥当局。俄罗斯在军事改革中，也取消了军种作战指挥权，成立联合战略司令部，形成由总统和国防部长到总参谋长，再到联合战略司令部的作战指挥链。

军区改战区是我国新一轮军改的重要组成部分。新一轮军改要求对领导管理体制和联合作战指挥体制进行一体设计，提出构建军政军令两个体系，一个是军委—军种—部队的领导管理体系，另一个是军委—战区—部队的作战指挥体系，形成军委管总、战区主战、军种主建的新格局。

习近平总书记指出："推进强军事业，必须始终聚焦备战打仗，锻造召之即来、来之能战、战之必胜的精兵劲旅。"①军区改战区是构建中国特色军事力量体系的重要举措，是人民军队在中国特色强军之路上迈出的坚实步伐。

【教师点评】 习近平强军思想深刻回答了"新时代建设一支什么样的强大人民军队、怎样建设强大人民军队"的时代课题，其主要内容之一是"军队是要准备打仗的，必须聚焦能打仗、打胜仗，创新发展军事战略指导，构建中国特色现代作战体系，全面提高新时代备战打仗能力，有效塑造态势、管控危机、遏制战争、打赢战争"。军区改战区是构建中国特色军事力量体系的重要举措。

（九）国家安全建设

进入新时代，我国面临着更为严峻的国家安全形势，外部压力前所未有，传统安全威胁和非传统安全威胁相互交织，"黑天鹅""灰犀牛"事件时有发生。同形势任务要求相比，我国维护国家安全能力不足，应对各种重大风险能力不强，维护国家安全的统筹协调机制不健全。

进入新时代，党中央设立中央国家安全委员会，完善集中统一、高效权威的国家安全领导体制，建立国家安全工作协调机制和应急管理机制。党中央深刻认识到，面对来自外部的各种围堵、打压、捣乱、颠覆活动，必须发扬不信邪、不怕鬼的精神，同企图颠覆中国共产党领导和我国社会主义制度、企图迟滞甚至阻断中华民族伟大复兴进程的一切势力斗争到底，一味退让只能换来得寸进尺的霸凌，委曲求全只能招致更为屈辱的境况。

【案例】　　　　网络安全：人民的安全和国家的安全

随着互联网时代的发展，我国网民的数量逐年攀升，网络正全面影响着老百姓的生活：网上购物、网络订餐、网上订酒店、网络约车、网络社交，

---

① 习近平：《习近平谈治国理政》（第2卷），外文出版社2017年版，第416页。

还有在线教育、在线医疗、在线娱乐，等等。不知不觉，网络与我们的生活已密不可分。

然而，互联网给人们带来了便利，同时也埋下了许多安全隐患。网购应用绑定银行卡，订餐平台绑定手机号，打车软件输入家庭住址，社交平台有我们的通讯录……各式各样的网站平台，让个人信息无处藏身。我们时刻面临着黑客攻击、信息被盗、木马入侵的威胁。重要的个人信息一旦泄露，往往会被不法分子利用，这给我们的财产安全，甚至是人身安全带来巨大的威胁。2018 年 8 月，华住酒店集团发生信息被窃事件，泄露数据涉及华住旗下10 余个品牌酒店、1.3 亿条入住登记身份信息、1.23 亿条官网注册资料，其规模之大、范围之广，令人震惊。

个人信息的泄露，会影响个人安全，而国家信息的泄露，则直接关系到国家安全。网络安全不仅事关广大人民群众的工作与生活，更关乎国家的安全与发展。如何提高网络安全性，保护广大人民群众和国家信息的安全，已成为互联网时代的新命题。

如今，网络空间早已打破传统意义上的"国家疆域"，成为陆、海、空、天之外的"第五空间"。国家安全是安邦定国的重要基石，而网络安全则是国家安全战略的重要一环。网络造谣、网络渗透、网络煽动、网络恐怖袭击……都直接影响着社会稳定与国家安全。2011 年年初，突尼斯、埃及等国相继爆发"阿拉伯之春"的街头政治运动，反对势力利用推特(Twitter)、脸书(Facebook)等互联网社交媒体网站，大量发布煽动性极强的游行示威等信息，激发群众反抗情绪，最终引发难以遏制的抗议浪潮。

此外，金融、能源、电力、交通、医疗等领域的基础设施是社会有序运行的关键，也是网络安全保护的重地。2017 年 5 月 12 日，一种名为"想哭"(WannaCry)的勒索病毒席卷全球。一时间，英国的几十家医院被迫暂停急救服务，德国铁路系统、美国联邦快递公司等纷纷中毒，俄罗斯内政部的上千台电脑也难逃此劫，至少 150 个国家、30 万名用户惨遭攻击。这场全球性的互联网灾难，使整个世界再次陷入对网络安全问题的深思。

网络安全问题，从来都不是小问题。习近平曾指出："网络安全和信息化是事关国家安全和国家发展、事关广大人民群众工作生活的重大战略问题，要从国际国内大势出发，总体布局，统筹各方，创新发展，努力把我国建设成为网络强国。"①在互联网快速发展的过程中，个人、企业、单位、国家都面临着网络安全的威胁。在网络空间里，我们没有孤立的安全。网络安全需要全社会的共同努力，需要法律的监督与保护。2017 年 6 月 1 日，我国正式开始施行《中华人民共和国网络安全法》，这是我国第一部全面规范网络空间安全管理的基础性法律。它的实施标志着我国的网络安全管理从此有法可依。

【**教师点评**】　如今，互联网的高速发展给个人的生活和国家的治理都带来了便利，但也让我们时刻面临着网络安全风险的威胁。没有网络安全，就没有人民的安全和国家的安全。各种各样的网络安全问题，都将直接影响到国家的政治安全、经济安全、军事安全、社会安全和信息安全，若国家安全受到威胁，那人民的安全与幸福也没有保障。树立网络安全意识，维护国家安全，是全党全国人民的共同责任。我们要以总体国家安全观为指导，深入开展国家安全法和网络安全法的宣传教育，倡导全国人民齐努力，共同构建安全的网络强国。

（十）坚持"一国两制"和推进祖国统一

　　一个时期，受各种内外复杂因素影响，"反中乱港"活动猖獗，香港局势一度出现严峻局面。党中央强调，必须全面准确、坚定不移贯彻"一国两制"方针，坚持和完善"一国两制"制度体系，坚持依法治港治澳，维护宪法和基本法确定的特别行政区宪制秩序，落实中央对特别行政区全面管治权，坚定落实"爱国者治港""爱国者治澳"。党中央制定《中华人民共和国香港特别行政区维护国家安全法》，完善香港特别行政区选举制度，就是在落实"爱国者治港"原则。

---

① 中共中央党史和文献研究院：《习近平关于网络强国论述摘编》，中央文献出版社 2021 年版，第 33 页。

【案例】　　　　　涉港国安立法　守护特区未来

2020 年 6 月 30 日，随着人民大会堂里热烈的掌声，十三届全国人大常委会第二十次会议全票通过了《中华人民共和国香港特别行政区维护国家安全法》，国家主席习近平签署主席令予以公布实施。中央在香港维护国家安全的宪制权力和宪制责任从此有了更为坚实的法律保障，香港"一国两制"的伟大实践开启了新的篇章。

1997 年 7 月 1 日，香港回归祖国，开启了"港人治港"高度自治的历史新纪元。回归以来，香港经济持续繁荣，国际金融、航运、贸易中心地位更加巩固，民主法治不断进步，香港的"一国两制"实践取得了举世瞩目的成功。然而，2019 年的"修例风波"反映出香港在维护国家安全方面存在法律漏洞。

放眼全球，任何国家都不会坐视本国安全受损而无动于衷，任何文明和法治社会都不会容忍暴力横行。危急时刻，中央紧急出台涉港国安法，通过法律的力量，向危及国家安全与"一国两制"的行为敲响警钟，为守法市民的权利和自由提供保障。

涉港国安法的出台，填补了香港特别行政区在维护国家安全方面存在的制度漏洞；把"一国两制"的原则和底线进一步法律化，筑牢了在香港特别行政区防控国家安全风险的制度屏障；充分体现了中央依宪治国、依法治港的理念与担当。2020 年 7 月 8 日，中央人民政府驻香港特别行政区维护国家安全公署在香港正式成立并运行，依法履行维护国家安全职责，行使相关权力。有了国安法镇守香江，国安公署利剑出鞘。6 月以来，大批"乱港"分子偃旗息鼓、四处逃窜；11 月 11 日，香港特区政府依法宣布四名支持"乱港"分子的立法会议员丧失议员资格。香港社会恢复了久违的安宁。11 月 25 日，香港特首林郑月娥在发表施政报告时表示，香港国安法实施 4 个多月以来震慑力显著，社会秩序逐渐恢复，经济民生日渐展现新生机。

解决台湾问题，实现祖国完全统一，是大义所在、大势所趋。习近平总书记在纪念辛亥革命 110 周年大会上的讲话中指出，台湾问题因民族弱乱而产生，必将随着民族复兴而解决。由此可见，辛亥革命目标是民族复兴，而民族复兴就包括祖国完全统一。所以，在实现中华民族伟大复兴的过程中，我们必然要解决台湾问题，台湾问题不可能无限期拖下去。我们已经牢牢把握住两岸关系的主导权和主动权。祖国完全统一的时和势始终在我们这一边。

（十一）推进构建人类命运共同体

进入新时代，国际力量对比深刻调整，单边主义、保护主义、霸权主义、强权政治对世界和平与发展威胁上升，逆全球化思潮上升，世界进入动荡变革期。对此，我国积极参与全球治理体系改革和建设，坚决反对单边主义、保护主义、霸权主义、强权政治。面对保护主义的抬头、单边霸凌的逆流，中国支持全球化进程，坚守自由贸易体制，维护多边主义规则。从主场外交到国际会议，从政策宣示到务实举措，中国不断对外释放扩大开放的明确信号，坚定地站在历史前进的正确一边。

党的十九大报告把坚持推动构建人类命运共同体作为新时代坚持和发展中国特色社会主义的基本方略之一，并写入新修改的《中国共产党章程》。2018 年 3 月，十三届全国人大一次会议通过《中华人民共和国宪法修正案》，序言部分写入推动构建人类命运共同体内容，构建人类命运共同体思想正式上升为国家意志。2018 年，"构建人类命运共同体"被相继写入中非合作论坛北京峰会、上合组织青岛峰会、中阿合作论坛部长级会议以及诸多双多边高层交往的成果文件，汇聚起各方共建人类命运共同体的磅礴之力。

"一带一路"倡议目前已经成为世界上最受欢迎的公共产品和最大规模的合作平台。2018 年 8 月，习近平提出"一带一路"倡议要从谋篇布局的"大写意"转入精雕细琢的"工笔画"，向高质量发展转变，造福共建国家人民，推动构建人类命运共同体。2019 年，中国成功举办第二届"一带一路"国际合作高峰论坛。2020 年，面对全球性新冠疫情，"一带一路"国际合作高级别视频会议达成建设"健康丝绸之路"共识，形成高质量共建"一带一路"良好势头。2020 年中欧班列开行 1.24 万列、发送 113.5 万标箱，同比分别增长 50%、56%，年度开行数量首次突破 1 万列，单月开行均稳定在 1000 列以上，成为助力"一带一路"沿线各国抗疫的"钢铁驼队"。中国顺应时代发展的潮流，推动全球治理体系朝着更加公正合理的方向发展，成为世界乱象中的中流砥柱。

【案例】　　　　　"一带一路"：通天下，利天下

"从现实维度看，我们正处在一个挑战频发的世界。世界经济增长需要新动力，发展需要更加普惠平衡，贫富差距鸿沟有待弥合。地区热点持续动荡，恐怖主义蔓延肆虐。和平赤字、发展赤字、治理赤字，是摆在全人类面前的严峻挑战。这是我一直思考的问题。"①

2017 年 5 月 14 日，习近平总书记在"一带一路"国际合作高峰论坛开幕式上作了重要讲话。对于"一带一路"倡议实行的背景，他指出了其现实维度：世界经济增长的新动力不足、社会贫富差距不断加大、恐怖主义的蔓延以及世界人民所面临的各项挑战接踵而至。而这一切都需要各国加强合作、促进交流，以实现共赢。

早在 2013 年的秋天，习近平总书记就分别提出了建设"新丝绸之路经济带"和"21 世纪海上丝绸之路"的战略构想，意在强调各国一同致力于打造互利共赢的"利益共同体"和共同发展繁荣的"命运共同体"，从而实现"通天下，利天下"的目标。

"一带一路"的理念很简单，即敞开中国国门，谋求与世界各国的多方合作。打开世界地图不难发现，它所辐射的长度之长、宽度之广。这条世界上跨度最长的经济大走廊，发端于中国，接连中亚、东南亚、南亚、西亚乃至欧洲部分区域，东起亚太经济圈，西至欧洲经济圈。"一带一路"沿线是世界上最具发展潜力的经济带，它将前所未有地牵动着沿线各国的前途命运，各国无论是在经济发展、民生问题，还是产业转型抑或共同抵制西方贸易壁垒的问题上，都将休戚与共、密不可分。

中国国际经济交流中心副理事长、商务部原副部长魏建国在接受采访时谈到，他认为"一带一路"是中国的第三次改革开放。第一次是 1978 年由邓

---

① 习近平：《习近平谈治国理政》（第 2 卷），外文出版社 2017 年版，第 508~509 页。

小平同志提出，第二次是 2001 年中国加入 WTO。显然，在关于国际化交流与发展方面，中国始终保持着一种开放的心态，"一带一路"将提供一种更高层次、更广领域和全方位的高水平开放平台，这势必为全球的政治经济贸易格局带来重大而积极的变化。

数据显示，"一带一路"所带来的回报是十分可观的。它涵盖 60 多个国家、44.6 亿人口以及高达 21.9 万亿美元生产总值的规模，相关直接投资达 145 亿美元，沿线有 20 多个国家建立了 56 个经贸合作区，累计投资超过 185 亿美元，为东道国增加了近 11 亿美元的税收和 18 万个就业岗位。

自改革开放以来，中国的发展速度之快震惊世界，一跃成为世界第二大经济体。这时，国际社会上开始出现"中国威胁论"，不绝于耳。而"一带一路"的提出与建设，正是中国在向世界各国表明，中国将一直致力于谋求和平共赢的发展，中国的崛起不以损害别国的利益为代价。在 2016 年 9 月 3 日的二十国集团工商峰会的开幕式上，习近平也向世界承诺："中国的发展得益于国际社会，也愿为国际社会提供更多公共产品。我提出'一带一路'倡议，旨在同沿线各国分享中国发展机遇，实现共同繁荣。"[①]

"一带一路"不仅是实现中华民族振兴的战略构想，更是契合了共建国家的共同需求，为沿线各国进行优势互补、实现共赢合作打开了新的机遇之窗，真正做到"通天下，利天下"。

【教师点评】　随着中国社会主义市场经济的不断发展，中国也不断推动国际合作，由 1978 年邓小平首次提出实行改革开放，到 2001 年中国加入 WTO，再到"一带一路"理念的提出与实行，中国在开放的道路上越走越远，并取得重大成果，为推动中国社会主义现代化强国的发展和世界各国的交流合作都起到了重要作用。

总之，党的十八大以来，以习近平同志为核心的党中央领导全党全军全国各族人民砥砺前行，全面建成小康社会目标如期实现，党和国家事业取得历史性成

---

① 习近平：《论坚持推动构建人类命运共同体》，中央文献出版社 2018 年版，第 366 页。

就、发生历史性变革，彰显了中国特色社会主义的强大生机活力，党心军心民心空前凝聚振奋，为实现中华民族伟大复兴提供了更为完善的制度保证、更为坚实的物质基础、更为主动的精神力量。

三、习近平新时代中国特色社会主义思想的创立

时代是思想之母，实践是理论之源。新时代的实践催生新的思想。十八大以来，以习近平同志为主要代表的中国共产党人，坚持把马克思主义基本原理同中国具体实际相结合、同中华优秀传统文化相结合，坚持毛泽东思想、邓小平理论、"三个代表"重要思想、科学发展观，深刻总结并充分运用党成立以来的历史经验，从新的实际出发，创立了习近平新时代中国特色社会主义思想。

（一）"十个明确"及其内涵

党的十九大、十九届六中全会提出的"十个明确""十四个坚持""十三个方面成就"概括了习近平新时代中国特色社会主义思想的主要内容。其中，"十个明确"是这一新思想的核心内容。"十个明确"的主要内容是：

第一，明确中国特色社会主义最本质的特征是中国共产党领导，中国特色社会主义制度的最大优势是中国共产党领导，中国共产党是最高政治领导力量，全党必须增强"四个意识"、坚定"四个自信"、做到"两个维护"。

第二，明确坚持和发展中国特色社会主义，总任务是实现社会主义现代化和中华民族伟大复兴，在全面建成小康社会的基础上，分两步走在本世纪中叶建成富强民主文明和谐美丽的社会主义现代化强国，以中国式现代化推进中华民族伟大复兴。

第三，明确新时代我国社会主要矛盾是人民日益增长的美好生活需要和不平衡不充分的发展之间的矛盾，必须坚持以人民为中心的发展思想，发展全过程人民民主，推动人的全面发展、全体人民共同富裕取得更为明显的实质性进展。

【教师点评】 什么是全过程人民民主？

我们的民主既有完整的制度程序，也有完整的参与实践，实现了过程民主和成果民主、程序民主和实质民主、直接民主和间接民主、人民民主和国家意志相统一，是全链条、全方位、全覆盖的民主，是最广泛、最真实、最管用的社会主义民主。全过程人民民主是真实、有效的民主，不是只有投票时被"唤醒"、投票后就进入"休眠期"的形式主义民主。

什么是共同富裕？

共同富裕是社会主义本质要求，是中国式现代化的重要特征；要靠勤劳智慧来创造，天上不会掉馅饼；要畅通向上的流通渠道，给更多人创造致富的机会；要允许一部分人先富起来，同时先富带后富、帮后富；重点是加强基础性、普惠性、兜底性的民生保障建设；不能提过高的目标、搞过头的保障，要坚决防止落入福利主义"养懒汉"的陷阱。其中，关键是在高质量发展中促进共同富裕，这是共同富裕的实现途径和努力方向。所以，推动共同富裕，解决发展问题是第一位的，分配问题也很重要，但是不能仅仅靠分配来实现共同富裕。

推动共同富裕，企业、企业家有什么责任？企业家为共同富裕作贡献，有多种渠道和方式。最基本的就是要做到合法诚信经营，照章纳税，履行社会责任，善待员工和客户，保护劳动者和消费者合法权益。办好自己的企业，为社会创造财富，这是企业的"本分"，也是为共同富裕作贡献的"正道"。同时，国家鼓励支持企业和企业家在有意愿、有能力的情况下，积极参与公益慈善事业。但是，慈善捐赠必须是自愿行为，绝不能"杀富济贫""杀富致贫"，不能搞"逼捐"。那样既不符合共同富裕的本意，也不能达到共同富裕的目的。

第四，明确中国特色社会主义事业总体布局是经济建设、政治建设、文化建设、社会建设、生态文明建设"五位一体"，战略布局是全面建设社会主义现代化国家、全面深化改革、全面依法治国、全面从严治党四个全面。

第五，明确全面深化改革总目标是完善和发展中国特色社会主义制度、推进国家治理体系和治理能力现代化。

【教师点评】 什么是中国特色社会主义制度？

中国特色社会主义制度包含五个方面的内容：

一是根本政治制度——人民代表大会制度；

二是基本政治制度——中国共产党领导的多党合作和政治协商制度、民族区域自治制度以及基层群众自治制度等；

三是基本经济制度——公有制为主体，多种所有制经济共同发展，按劳分配为主体，多种分配方式并存，社会主义市场经济体制；

四是中国特色社会主义法律体系；

五是建立在这些制度基础上的各项具体制度。中国共产党领导是中国特色社会主义最本质的特征。

什么是国家治理体系和治理能力？

国家治理体系是国家的制度体系，是治理国家的基本依据。治理能力是运用国家制度管理社会事务的能力，即制度的执行能力。

第六，明确全面推进依法治国总目标是建设中国特色社会主义法治体系、建设社会主义法治国家。

【教师点评】 什么是中国特色社会主义法治体系？

中国特色社会主义法治体系包含五个方面的内容：一是完备的法律规范体系，二是高效的法治实施体系，三是严密的法治监督体系，四是有力的法治保障体系，五是完善的党内法规体系。

第七，明确必须坚持和完善社会主义基本经济制度，使市场在资源配置中起决定性作用，更好发挥政府作用，把握新发展阶段，贯彻创新、协调、绿色、开放、共享的新发展理念，加快构建以国内大循环为主体、国内国际双循环相互促进的新发展格局，推动高质量发展，统筹发展和安全。

【案例】　　　　　　　　　　　**新发展理念**

中共十八届五中全会提出创新发展、协调发展、绿色发展、开放发展、共享发展，统称为新发展理念。2015 年 10 月，中共十八届五中全会首次提出"实现'十三五'时期发展目标，破解发展难题，厚植发展优势，必须牢固树立并切实贯彻创新、协调、绿色、开放、共享的发展理念"。2017 年 10 月，中共十九大明确提出把"坚持新发展理念"作为十四条新时代坚持和发展中国特色社会主义的基本方略之一。同年 12 月，中央经济工作会议提出，新发展理念是习近平新时代中国特色社会主义经济思想的主要内容，要坚持新发展理念，紧扣我国社会主要矛盾变化，按照高质量发展的要求，促进经济社会持续健康发展。

在新发展理念中，创新摆在首位，是引领发展的第一动力。抓住了创新，就抓住了牵动经济社会发展全局的"牛鼻子"。协调既是发展手段，又是发展目标，同时还是评价发展的标准和尺度。协调发展就是通过补齐短板挖掘发展潜力、增强发展后劲。绿色是指解决好人与自然和谐共生问题，因此，必须坚持节约资源和保护环境的基本国策。开放是主动顺应经济全球化潮流，充分运用人类社会创造的先进科学技术成果和有益管理经验。共享是坚持以人民为中心的发展思想，体现逐步实现共同富裕的要求，包括全民共享、全面共享、共建共享、渐进共享。

第八，明确党在新时代的强军目标是建设一支听党指挥、能打胜仗、作风优良的人民军队，把人民军队建设成为世界一流军队。

第九，明确中国特色大国外交要服务民族复兴、促进人类进步，推动建设新型国际关系，推动构建人类命运共同体。

第十，明确全面从严治党的战略方针，提出新时代党的建设总要求，全面推进党的政治建设、思想建设、组织建设、作风建设、纪律建设，把制度建设贯穿其中，深入推进反腐败斗争，落实管党治党政治责任，以伟大自我革命引领伟大社会革命。

【教师点评】 什么是新时代党的建设总要求？

党的十九大报告提出的新时代党的建设总要求，主要有六个方面的内容：

一是党的建设根本目的——坚持和加强党的全面领导。

二是党的建设指导方针——坚持党要管党、全面从严治党。

三是党的建设主线——以加强党的长期执政能力建设、先进性和纯洁性建设为主线。

四是党的建设总体布局——以党的政治建设为统领，以坚定理想信念宗旨为根基，以调动全党积极性、主动性、创造性为着力点，全面推进党的政治建设、思想建设、组织建设、作风建设、纪律建设，把制度建设贯穿其中，深入推进反腐败斗争。

五是党的建设基本要求——不断提高党的建设质量。

六是党的建设目标——把党建设成为始终走在时代前列、人民衷心拥护、勇于自我革命、经得起各种风浪考验、朝气蓬勃的马克思主义执政党。

(二)"十个明确"的重大意义

"十个明确"是对习近平新时代中国特色社会主义思想的新概括和新阐述。这一新概括和新阐述具有重大理论意义和现实意义。

第一，回答了新时代的重大时代课题。党的十八大以来，习近平总书记对关系新时代党和国家事业发展的一系列重大理论和实践问题进行了思考和科学判断，总结并充分运用建党百年的历史经验，从新的实际出发，系统回答了新时代坚持和发展什么样的中国特色社会主义、怎样坚持和发展中国特色社会主义，建设什么样的社会主义现代化强国、怎样建设社会主义现代化强国，建设什么样的长期执政的马克思主义政党、怎样建设长期执政的马克思主义政党等重大时代课题，创立了习近平新时代中国特色社会主义思想。这一思想对马克思主义哲学、政治经济学、科学社会主义各个领域都提出了许多标志性、引领性的新观点。

第二，提出了一系列原创性的治国理政新理念新思想新战略。《中共中央关于党的百年奋斗重大成就和历史经验的决议》在党的十九大报告"八个明确"的基础上，用"十个明确"对习近平新时代中国特色社会主义思想的核心内容作了进一步概括。这些新理念新思想新战略，以全新视野深化了对共产党执政规律、社会主义建设规律、人类社会发展规律的认识，是马克思主义中国化的最新成果。

第三，是中华文化和中国精神的时代精华。习近平新时代中国特色社会主义思想，根植于中华文化的沃土之中，汲取中华优秀传统文化所蕴含的丰富哲学思想、人文精神、道德理念，对中华优秀传统文化进行创造性转化、创新性发展，使马克思主义在中国大地焕发出新的勃勃生机。

总而言之，习近平新时代中国特色社会主义思想，是党的十八大以来历史性成就和历史性变革的重要理论结晶，是当代中国马克思主义、二十一世纪马克思主义，是中华文化和中国精神的时代精华，实现了马克思主义中国化新的飞跃。习近平总书记是这一思想的主要创立者。

（三）深刻领悟"两个确立"的决定性意义

为什么我们能够在新时代取得历史性成就、发生历史性变革？

领导核心至关重要。邓小平同志指出，任何一个领导集体都要有一个核心，没有核心的领导是靠不住的。在历史转折的重大关头，一个坚强有力的领导核心对历史走势发挥着举旗定向的作用，对一个国家的前途命运产生重大而深远的影响。党的十八大以来，正是因为确立了习近平同志党中央的核心、全党的核心地位，党的面貌、国家的面貌、人民的面貌、军队的面貌、中华民族的面貌才发生了前所未有的变化。领导核心发挥了独特的、不可替代的作用。

【案例】　　　　"两个确立"的理论依据和实践依据

2021年，党的十九届六中全会通过的《中共中央关于党的百年奋斗重大成就和历史经验的决议》指出，"党确立习近平同志党中央的核心、全党的核心地位，确立习近平新时代中国特色社会主义思想的指导地位，反映了全党全军全国各族人民共同心愿，对新时代党和国家事业发展、对推进中华民族伟大复兴历史进程具有决定性意义"。

我们要深刻领悟"两个确立"的决定性意义，不断增强"四个意识"、坚定"四个自信"、做到"两个维护"，自觉在思想上政治上行动上同以习近平同志为核心的党中央保持高度一致。

"两个确立"重在悟，"两个维护"重在做。只有悟得深刻，才能坚定、自觉做好工作。所以，悟是前提。

确立领导核心与确立指导思想的内核是一致的。领导核心是指导思想的主要创立者。我们党的领导核心的使命是引领党的事业不断前进，引领党的事业不断前进就要破解、回答时代课题。领导核心最重要的任务是找出一条通向未来的道路。找出道路后，还需要用思想、理论来说明为什么走这条路、怎样走这条路。所以，伟大事业需要领导核心，伟大实践需要科学理论。斯大林在《论列宁》中说，要始终成为无产阶级领袖，就必须一身兼备理论力量和实际组织经验，而列宁却成功地把实践家同理论家集于一身。可以说，无产阶级领袖既是人类解放事业的领导者，又是科学理论的主要创立者。

历史唯物主义认为，人民群众是社会前进和变革的决定力量，领袖和英雄人物的引领作用归根到底必须通过人民群众的实践才能实现。

马克思指出，"人们自己创造自己的历史"。这是理解领袖与群众关系最重要的一句话。"两个确立"与"两个维护"的理论前提就是人民是历史的创造者。

理解"人民是历史的创造者"这句话有两点要注意的地方。第一，在人民群众创造历史的过程中，每个人起到的作用不尽相同、有大有小。比如，在一个工作单位中，有的人在领导岗位，起组织作用；有的人在关键技术岗位，负责技术研发；有的人在辅助岗位，做日常工作。第二，人民群众要组织起来，才能创造历史。

如何将人民群众组织起来？列宁曾指出，群众是划分为阶级的，阶级是由政党来领导的；政党通常是由最有威信、最有影响、最有经验、被选出担任最重要职务而称为领袖的人们所组成的比较稳定的集团来主持的。

如何理解"比较稳定的集团来主持的"这句话？邓小平同志指出，"任何一个领导集体都要有一个核心，没有核心的领导是靠不住的……要有意识地维护一个核心"①。

可以看出，领袖、政党、阶级、群众是一个有机统一体。在这个有机统一体中，有两点很重要：一是领袖是在群众之中，而不是在群众之上，领袖本身就是人民群众的一分子；二是领袖是在群众实践中锻炼出来的。

回顾历史，毛泽东同志、邓小平同志等老一辈领导人，都是在实践中经过不断磨炼成长为一代伟人的。毛泽东同志是我们党第一代中央领导集体的核心。邓小平同志曾强调，毛泽东同志"多次从危机中把党和国家挽救过来。没有毛主席，至少我们中国人民还要在黑暗中摸索更长的时间"②。

党的十九届六中全会通过的《中共中央关于党的百年奋斗重大成就和历史经验的决议》指出：党的十一届三中全会以后，以邓小平同志为主要代表的中国共产党人，团结带领全党全国各族人民，深刻总结新中国成立以来正反两方面经验，围绕什么是社会主义、怎样建设社会主义这一根本问题，借鉴世界社会主义历史经验，创立了邓小平理论，解放思想，实事求是，作出把党和国家工作中心转移到经济建设上来、实行改革开放的历史性决策。习近平总书记强调："如果没有邓小平同志指导我们党作出改革开放的历史性决策，我们国家要取得今天的发展成就是不可想象的。"③

进入新时代，党和国家面临的形势之复杂、斗争之严峻、改革发展稳定任务之艰巨世所罕见、史所罕见。正是因为确立了习近平同志党中央的核心、全党的核心地位，确立了习近平新时代中国特色社会主义思想的指导地位，我们党才有力解决了影响党长期执政、国家长治久安、人民幸福安康的突出矛盾和问题，从根本上确保实现中华民族伟大复兴进入了不可逆转的历史进程。④

---

① 《邓小平文选》（第3卷），人民出版社1983年版，第310页。
② 黄克诚：《黄克诚自述》，人民出版社2019年版，第342-343页。
③ 中共中央文献研究室：《习近平关于全面深化改革论述摘编》，中央文献出版社2014年版，第2页。
④ 《深刻领悟"两个确立"的决定性意义》，http://www.71.cn/2024/0501/1230059.shtml，2024-05-01。

【教师点评】 "两个确立"是推动党和国家事业取得历史性成就、发生历史性变革的决定性因素，是战胜一切艰难险阻、应对一切不确定性的最大确定性、最大底气、最大保证。

历史和现实充分表明，全党有核心，党中央才有权威，党才有力量。因此，党确立习近平同志党中央的核心、全党的核心地位，确立习近平新时代中国特色社会主义思想的指导地位，反映了全党全军全国各族人民共同心愿，对新时代党和国家事业发展、对推进中华民族伟大复兴历史进程具有决定性意义。①

四、全面建成小康社会，实现第一个百年奋斗目标

(一)脱贫攻坚战取得全面胜利

消除贫困、改善民生、逐步实现共同富裕，是中国特色社会主义的本质要求，是中国共产党的重要历史使命。以习近平同志为核心的党中央，把脱贫攻坚摆到治国理政重要位置，充分发挥党的领导和我国社会主义制度的政治优势，组织实施了人类历史上规模最大、力度最强的脱贫攻坚战。

【案例】　　　　　　　　打赢脱贫攻坚战

2018 年 6 月，中共中央、国务院制定了《关于打赢脱贫攻坚战三年行动的指导意见》。习近平高度重视消除贫困问题，足迹遍布全国 14 个集中连片特困地区，先后在陕西、贵州、宁夏、山西、四川等地主持召开 7 次脱贫攻坚座谈会。建立中央统筹、省负总责、市县乡抓落实的工作机制，强化党政一把手负总责的责任制，五级书记抓扶贫，全国累计选派 300 多万县级以上

---

① 《中共中央关于党的百年奋斗重大成就和历史经验的决议》，《人民日报》2021 年 11 月 17 日。

机关、国有企事业单位干部参加驻村帮扶，形成"专项扶贫、行业扶贫、社会扶贫"的"三位一体"大扶贫格局。

2020 年 11 月 23 日，是一个载入史册的不平凡的日子，我国最后 9 个贫困县实现贫困退出。经过 8 年的持续奋斗，全国 832 个县全部脱贫，12.8 万个贫困村全部出列，近 1 亿贫困人口实现脱贫，消除了绝对贫困和区域性整体贫困。2021 年 2 月 25 日，全国脱贫攻坚总结表彰大会举行，习近平总书记在会上庄严宣告：我国脱贫攻坚战取得了全面胜利。

【教师点评】 打赢脱贫攻坚战，为实现第一个百年奋斗目标打下了坚实基础，强化了我们党的执政根基，巩固了中国特色社会主义制度，极大增强了人民群众的获得感、幸福感、安全感。打赢脱贫攻坚战，为人类减贫事业作出历史性贡献，为全球减贫治理提供了中国智慧和中国方案。西方发达国家用了几百年至今也没能完全消除绝对贫困问题，而我国仅仅用几十年就历史性解决了，提前 10 年实现联合国 2030 年可持续发展议程确定的减贫目标，走在全球减贫事业前列。这一伟大壮举，向世界有力证明中国共产党领导和中国特色社会主义制度的优越性。

(二)全面建成小康社会宏伟目标如期实现

自改革开放之初提出小康社会的战略构想以来，中国共产党始终把人民对美好生活的向往作为奋斗目标，几代人一以贯之、接续奋斗。党的十八大以来，以习近平同志为核心的党中央不忘初心、牢记使命，团结带领全党全国各族人民砥砺前行、开拓创新，奋发有为推进党和国家各项事业，我国经济实力、科技实力、综合国力和人民生活水平跃上了新的大台阶，全面建成小康社会取得伟大历史性成就。

1. 经济实力大幅提升，产业结构优化升级

2020 年，国内生产总值达 101.4 万亿元，占世界经济比重超过 17%，稳居世界第二位。人均国内生产总值突破 1 万美元，达到中高收入国家水平。2015—

2020 年粮食产量连续 6 年稳定在 6.5 亿吨以上，制造业增加值多年位居世界首位，220 多种工业产品产量居世界第一。2013—2019 年我国对世界经济增长的年均贡献率接近 30%，成为世界经济增长的火车头。社会消费品零售总额接近 40 万亿元规模，消费对经济增长的贡献率进一步提升。高技术产业、农业、社会领域等重点领域投资持续较快增长。装备制造业和高技术产业快速增长，数字经济、平台经济蓬勃兴起，第三产业成为经济增长"新引擎"。东中西和东北"四大板块"联动发展，京津冀协同发展、长江经济带发展、粤港澳大湾区建设、长三角一体化发展、黄河流域生态保护和高质量发展等重大区域战略加快落实。新型城镇化稳步推进，到 2019 年年末，常住人口城镇化率达 60.6%。基础设施日益完善，高速铁路、高速公路、发电装机容量、互联网基础设施规模均居世界第一。同时，我国还是世界第一货物贸易大国、第一外汇储备大国。

2. 科技实力跨越式发展，研发投入持续扩大

2020 年，我国研发经费支出 24426 亿元，比 2015 年增长 10256 亿元，稳居世界第二；研发经费投入占 GDP 比例达 2.24%，比 2015 年提高 0.18 个百分点，达到中等发达国家水平；科技进步贡献率达到 60.2%。在一些基础和前沿领域取得一大批标志性成果，若干领域实现从"跟跑"到"并跑""领跑"的跃升。知识产权产出居世界前列，2019 年通过《专利合作条约》途径提交的专利申请量跃居世界第一。2020 年，我国创新指数位居世界第十四位。教育水平跃居世界中上行列。劳动年龄人口平均受教育年限由 2000 年的 7.18 年提高至 2019 年的 10.72 年，基础教育巩固发展，高等教育进入普及化阶段。

3. 生态环境明显改善

环境问题是全面建成小康社会能否得到人民认可的一个关键。党的十九大把污染防治攻坚战确立为决胜全面建成小康社会的三大攻坚战之一。制定实施严格的生态文明制度，污染防治攻坚战取得显著成效，持续打好蓝天、碧水、净土保卫战。到 2020 年，全国地级及以上城市空气质量优良天数比例为 87.0%，比2015 年上升 5.8 个百分点；PM2.5 平均浓度比 2015 年下降 28.3%。2020 年，全国地表水水质优良比例为 83.4%，比 2015 年上升 17.4 个百分点。能源消费结构

不断优化。2019 年，天然气、水电、风电、核电等清洁能源消费占能源消费总量的比重为 23% 多，比 2015 年提高 5 个多百分点，非化石能源占能源消费总量比重达 15.3%，单位国内生产总值能耗比 2015 年下降 13.1%。中国已经成为世界利用新能源和可再生能源第一大国。

4. 改革开放不断深化

全面深化改革取得重大突破，若干领域实现了历史性变革、系统性重塑、整体性重构。产权保护法治体系加快完善，要素市场化配置改革持续深化。国资国企改革体系基本形成，民营企业等多种所有制经济健康发展。"放管服"改革成效显著。对外开放持续扩大，"引进来"和"走出去"统筹推进，外商投资准入前国民待遇加负面清单管理制度全面实行，负面清单大幅缩减，我国关税总水平已降至 7.5%。共建"一带一路"成果丰硕。截至 2021 年 1 月底，我国已与 140 个国家和 31 个国际组织签署共建"一带一路"合作文件 205 份。对外投资存量从 2012 年 0.5 万亿美元增加至 2020 年 2.3 万亿美元，位居全球第三位。

5. 人民生活水平显著提高

2020 年，全国居民人均可支配收入达到 32189 元，比 2015 年实际增长 31.3%，2016 年至 2020 年年均增长 5.6%，快于同期人均国内生产总值增速。家电全面普及，汽车快速进入寻常百姓家。2020 年，全国居民恩格尔系数为 30.2%，比 2000 年下降 12 个百分点。居民平均预期寿命从 1949 年的 35 岁提高到 2019 年的 77.3 岁。建成世界上规模最大的社会保障体系，截至 2020 年 12 月底，全国基本养老、失业、工伤保险参保人数分别达到 9.99 亿人、2.17 亿人、2.68 亿人，基本医疗保险覆盖超过 13 亿人。居民居住条件显著改善，2020 年城镇居民和农村居民人均住房建筑面积分别达 39.9 平方米和 49.6 平方米。

6. 文化更加繁荣发展

公共文化服务设施加快普及。到 2019 年年末，全国公共图书馆、博物馆数量分别达 3196 个、5132 个，电视节目综合人口覆盖率达 99.4%；全国已有 1536 个县(市、旗)建设融媒体中心，覆盖率近 82%。文化产业快速发展。2019 年，文化及相关产业增加值达 44363 亿元,占国内生产总值比重为 4.5%。全民健身战略深入实施,全民健身公共服务体系更加完善。有近 4 亿人经常参加体育锻炼,2019年年底,平均每万人拥有 25.3 个体育场地,人均体育场地面积达 2.08 平方米。文化软实力日益凸显,社会主义核心价值观深入人心,中华文化影响力持续扩大。

(三)全面建成小康社会的伟大历史意义

全面建成小康社会,实现了中华民族千百年来的夙愿。无论在落后的农耕文明时代,还是在积贫积弱的近代,小康对百姓来说,都只能是遥不可及的奢望。只有在中国共产党领导下,这一梦想才能实现。实现这一目标,我国发展和人民生活水平跃上新的大台阶。

全面建成小康社会,是迈向中华民族伟大复兴的关键一步。"小康梦"是中国梦的阶段性目标,没有全面小康的实现,民族复兴就无从谈起。如期全面建成小康社会,标志着第一个百年奋斗目标圆满完成,为实现第二个百年奋斗目标奠定了坚实的基础,在中华民族文明史上具有重大意义,实现了从大幅落后于时代到大踏步赶上时代的新跨越。

全面建成小康社会,是对人类社会的伟大贡献。全面建成小康社会,大大提升了人类社会整体发展水平,社会主义中国以更加雄伟的身姿屹立于世界东方。中国全面建成小康社会,使得世界上人均国内生产总值超过 1 万美元的人口数量翻了将近一番,充分彰显了中国特色社会主义制度的强大生命力和巨大优越性。全面建成小康社会的理论和实践,深化了对社会主义本质的认识和理解,开拓了社会主义发展新境界,使科学社会主义在 21 世纪的中国焕发出强大生机活力。中国全面建成小康社会,还为世界上那些既希望加快发展又希望保持自身独立性的国家和民族提供了全新选择,为各国发展提供了机遇。

五、开启全面建成社会主义现代化强国新征程

全面建成小康社会,是中国共产党向人民、向历史作出的庄严承诺。这个宏

伟目标，是"两个一百年"奋斗目标的第一个百年奋斗目标，是中华民族复兴征程上的又一座重要里程碑。以习近平同志为核心的党中央，团结带领全党全国各族人民砥砺前行、开拓创新、奋发有为，在如期全面建成小康社会之后，又开启了全面建设社会主义现代化国家的新征程。

（一）布局"十四五"，推动高质量发展

随着全面建成小康社会胜利在望，中华民族伟大复兴向前迈出了新的一大步，标志着我国进入了一个新的发展阶段。党的十九届五中全会通过的《中共中央关于制定国民经济和社会发展第十四个五年规划和二〇三五年远景目标的建议》，明确了 2035 年基本实现社会主义现代化的远景目标，明确了"十四五"时期经济社会发展的指导思想、基本原则和主要目标，阐述了"十四五"时期经济社会发展和改革开放的重点任务，作出了加快构建以国内大循环为主体、国内国际双循环相互促进的新发展格局的战略抉择。该建议是开启全面建设社会主义现代化国家新征程、向第二个百年奋斗目标进军的纲领性文件，是此后五年乃至更长时期我国经济社会发展的行动指南。

1. 立足新发展阶段

新发展阶段是实现第二个百年奋斗目标、把民族复兴伟业推向新境界的阶段，是社会主义初级阶段中的一个阶段，同时是其中经过几十年积累、站到了新的起点上的一个阶段，是我们党带领人民迎来从站起来、富起来到强起来历史性跨越的新阶段。全面建设社会主义现代化国家、基本实现社会主义现代化，既是社会主义初级阶段我国发展的要求，也是我国社会主义从初级阶段向更高阶段迈进的要求。

2. 贯彻新发展理念

新发展阶段的发展，必须完整、准确、全面贯彻创新、协调、绿色、开放、共享的新发展理念，实现高质量发展。新发展理念回答了关于发展的目的、动力、方式、路径等一系列理论和实践问题，阐明了中国共产党关于发展的政治立

场、价值导向、发展模式、发展道路等重大政治问题。必须把新发展理念作为指挥棒、红绿灯，贯穿发展全过程和各领域，切实转变发展方式，推动质量变革、效率变革、动力变革，实现更高质量、更有效率、更加公平、更可持续、更为安全的发展。必须更加注重共同富裕问题。党的十九届五中全会提出了"全体人民共同富裕取得更为明显的实质性进展"的目标，突出强调了"扎实推动共同富裕"，这在党的全会历史上还是第一次。我们要始终把满足人民对美好生活的新期待作为发展的出发点和落脚点，在实现现代化过程中不断地、逐步地解决好共同富裕问题。

3. 构建新发展格局

构建新发展格局，是适应我国经济发展阶段变化的主动选择，是我国经济现代化的路径选择，是关系我国发展全局的重大战略任务，是于变局中开新局、塑造全面建设社会主义现代化新优势的重大战略。2020 年 4 月，在十九届中央财经委员会第七次会议上，习近平总书记提出要构建以国内大循环为主体、国内国际双循环相互促进的新发展格局。党的十九届五中全会进一步对构建新发展格局作出全面部署。构建新发展格局是开放的国内国际双循环，不是封闭的国内单循环，要通过发挥内需潜力，使国内市场和国际市场更好联通，以国内大循环吸引全球资源要素，更好利用国内国际两个市场、两种资源，提高在全球配置资源能力，更好争取开放发展中的战略主动，形成参与国际经济合作和竞争新优势。构建新发展格局是以全国统一大市场基础上的国内大循环为主体，不是各地都搞自我小循环。构建新发展格局关键在于经济循环的畅通无阻，最本质的特征是实现高水平的自立自强。

立足新发展阶段、贯彻新发展理念、构建新发展格局，是由我国经济社会发展的理论逻辑、历史逻辑、现实逻辑决定的，三者紧密关联。进入新发展阶段明确了我国发展的历史方位，贯彻新发展理念明确了我国现代化建设的指导原则，构建新发展格局明确了我国经济现代化的路径选择。把握新发展阶段是贯彻新发展理念、构建新发展格局的现实依据，贯彻新发展理念为把握新发展阶段、构建新发展格局提供了行动指南，构建新发展格局则是应对新发展阶段机遇和挑战、贯彻新发展理念的战略选择。

（二）隆重庆祝中国共产党成立 100 周年

1. 开展党史学习教育

隆重庆祝中国共产党成立 100 周年，是党中央从全局和战略高度作出的重大部署，是党和国家政治生活中的大事。

在迎接党百年华诞的重大时刻，在"两个一百年"奋斗目标历史交汇的关键节点，党中央决定在全党开展党史学习教育。这是立足党的百年历史新起点、统筹中华民族伟大复兴战略全局和世界百年未有之大变局、为动员全党全国满怀信心投身全面建设社会主义现代化国家而作出的重大决策。

2021 年 2 月 20 日，党史学习教育动员大会召开。习近平指出，全党同志要做到学史明理、学史增信、学史崇德、学史力行，学党史、悟思想、办实事、开新局。同月，党中央印发《关于在全党开展党史学习教育的通知》，就党史学习教育作出安排。

党史学习教育一经启动，便在全党上下迅速展开。党史学习教育从动员大会开始到庆祝中国共产党成立 100 周年大会，以全面学习党史为重点，深入了解党的百年奋斗史，深化对马克思主义中国化成果特别是习近平新时代中国特色社会主义思想的理解。从庆祝大会到党史学习教育总结会议，广大党员重点学习习近平在庆祝中国共产党成立 100 周年大会上的重要讲话精神，并以此为指导不断深化对党的历史的系统把握，明确继承传统、立足当前、开创未来的实践要求。广大党员干部把学习党史同总结经验、观照现实、推动工作相结合，立足行业实际和主责主业，扎实开展"我为群众办实事"实践活动，让群众切实感受到党史学习教育带来的变化和实效。2021 年 12 月，党史学习教育总结会议在北京举行。

2. 隆重召开庆祝大会

2021 年 7 月 1 日，庆祝中国共产党成立 100 周年大会在北京天安门广场隆重举行，各界代表 7 万余人以盛大仪式欢庆中国共产党百年华诞。

【案例】 欢庆中国共产党百年华诞

中国共产党成立100周年的庆祝大会安排在天安门广场举行。各界代表7万余人。其中，除各方面领导外，还有国家勋章和国家荣誉称号获得者，"全国脱贫攻坚楷模"荣誉称号、"国家最高科学技术奖"、"航天英雄"、"英雄航天员"获得者等各类代表。

天安门广场的布置，从空中俯瞰，就像一艘"巨轮启航"。6型71架战机飞向天安门广场。5架直升机分别悬挂中国共产党党旗和写有标语的条幅迎风向前。随后，直升机、战斗机分别组成"100""71"字样掠过长空，15架歼-20飞机组成3个梯队呼啸而过，教练机拉出10道彩烟。歼-20飞机编队以最大规模集中亮相飞过天安门广场尚属首次。天安门广场上的大型电子屏幕中出现了钟摆的画面。1921、1931、1941……2021，随着钟摆摆动，年份数字依次显现。

庆祝大会开始前，全场高唱昂扬奋进的经典歌曲，抒发对党的热爱和祝福。中国人民解放军战机飞过天安门广场，向党致敬，向祖国致敬，向人民致敬。庆祝大会开始后，全体肃立，100响礼炮响彻云霄，在中华人民共和国国歌声中，五星红旗冉冉升起。各民主党派、工商联和无党派人士联合致贺词，民革中央主席宣读贺词，向中国革命、建设、改革事业的坚强领导核心——伟大的中国共产党，致以最崇高敬意和最诚挚祝贺，表示将更加紧密地团结在以习近平同志为核心的党中央周围，为夺取全面建设社会主义现代化国家新胜利、实现中华民族伟大复兴的中国梦作出新的更大贡献。共青团员和少先队员代表集体致献词，向党致以青春的礼赞，发出"请党放心、强国有我"的铮铮誓言。

庆祝大会上，习近平总书记发表重要讲话。讲话立足中国共产党百年华诞的重大时刻和"两个一百年"历史交汇的关键节点，系统回顾了中国共产党成立100年来，团结带领全国各族人民开辟的伟大道路、创造的伟大事业、取得的伟大成就；庄严宣告实现了第一个百年奋斗目标、全面建成了小康社会，郑重宣示坚持和发展新时代中国特色社会主义、向全面建成社会主义现代化强国的第二个百年奋斗目标迈进的坚定决心，精辟概括"坚持真理、坚守理想，践行初心、担当使命，不怕牺牲、英勇斗争，对党忠诚、不负人民"的伟大建党精神，深刻阐述以史为鉴、开创未来的根本要求，向全体党员发出了为党和人民争取更大光荣的伟大号召。讲话贯通历史、现实、未来，贯通伟大斗争、伟大工程、伟大事业、伟大梦想，高屋建瓴、思想深邃、内涵丰富，把党对共产党执政规律、社会主义建设规律、人类社会发展规律的认识提升到了新高度，为奋进新时代、走好新征程进一步指明了前进方向，提供了根本遵循。

会议结束时，全场高唱《歌唱祖国》。10 万羽和平鸽展翅高飞，10 万只彩色气球腾空而起。

【教师点评】 在党中央坚强领导和各级各方面共同努力下，中国共产党成立 100 周年庆祝活动盛大庄严、气势恢宏，礼序乾坤、乐和大地，充分体现了仪式感、参与感、现代感，办出了中国风格、中国气派、中国风采，起到了统一思想、凝聚力量、振奋人心、鼓舞士气的作用，完全达到了预期目标。

（三）全面总结党的百年奋斗重大成就和历史经验

中国共产党历来高度注重总结历史经验。在党成立一百周年的重要历史时刻，党中央决定起草新的历史决议，全面总结党的百年奋斗重大成就和历史经验特别是改革开放 40 多年来的重大成就和历史经验。2021 年 11 月，党的十九届六中全会召开，审议通过了《中共中央关于党的百年奋斗重大成就和历史经验的决议》。《中共中央关于党的百年奋斗重大成就和历史经验的决议》回顾总结党走过的百年奋斗历程，总结党的百年奋斗重大成就和历史经验，着重阐释党的十八大以来党和国家事业取得的历史性成就、发生的历史性变革，对实现第二个百年奋斗目标提出明确要求。

（1）回顾党的百年奋斗的历史进程。

《中共中央关于党的百年奋斗重大成就和历史经验的决议》指出，新民主主义革命时期，党面临的主要任务是，反对帝国主义、封建主义、官僚资本主义，争取民族独立、人民解放，为实现中华民族伟大复兴创造根本社会条件。强调成立中华人民共和国，实现民族独立、人民解放，实现了中国从几千年封建专制政治向人民民主的伟大飞跃；中国共产党和中国人民以英勇顽强的奋斗向世界庄严宣告中国人民从此站起来了，中华民族任人宰割、饱受欺凌的时代一去不复返了，中国发展从此开启了新纪元。

社会主义革命和建设时期，党面临的主要任务是，实现从新民主主义到社会主义的转变，进行社会主义革命，推进社会主义建设，为实现中华民族伟大复兴奠定根本政治前提和制度基础。强调这一时期党领导人民创造的伟大成就，实现了一穷二白、人口众多的东方大国大步迈进社会主义社会的伟大飞跃；中国共产党和中国人民以英勇顽强的奋斗向世界庄严宣告，中国人民不但善于破坏一个旧世界、也善于建设一个新世界，只有社会主义才能救中国，只有社会主义才能发展中国。

改革开放和社会主义现代化建设新时期，党面临的主要任务是，继续探索中国建设社会主义的正确道路，解放和发展社会生产力，使人民摆脱贫困、尽快富裕起来，为实现中华民族伟大复兴提供充满新的活力的体制保证和快速发展的物质条件。强调这一时期党领导人民创造的伟大成就，推进了中华民族从站起来到富起来的伟大飞跃；中国共产党和中国人民以英勇顽强的奋斗向世界庄严宣告，改革开放是决定当代中国前途命运的关键一招，中国特色社会主义道路是指引中国发展繁荣的正确道路，中国大踏步赶上了时代。

中国特色社会主义新时代，党面临的主要任务是，实现全面建成小康社会的第一个百年奋斗目标，开启全面建成社会主义现代化强国的第二个百年奋斗目标新征程，朝着实现中华民族伟大复兴的宏伟目标继续前进。这一时期党领导人民创造的伟大成就，为实现中华民族伟大复兴提供了更为完善的制度保证、更为坚实的物质基础、更为主动的精神力量；中国共产党和中国人民以英勇顽强的奋斗向世界庄严宣告，中华民族迎来了从站起来、富起来到强起来的伟大飞跃。

（2）总结党的百年奋斗历史意义和历史经验。

《中共中央关于党的百年奋斗重大成就和历史经验的决议》在全面回顾总结党的百年奋斗历程和重大成就基础上，以更宽阔的视角，总结党的百年奋斗的历史意义，即党的百年奋斗从根本上改变了中国人民的前途命运、开辟了实现中华民族伟大复兴的正确道路、展示了马克思主义的强大生命力、深刻影响了世界历史进程、锻造了走在时代前列的中国共产党，阐述党对中国人民、对中华民族、对马克思主义、对人类进步事业、对马克思主义政党建设所作的历史性贡献。《中共中央关于党的百年奋斗重大成就和历史经验的决议》对党的百年奋斗历史意义的总结，既立足中华大地，又放眼人类未来，体现了中国共产党和中国人民、中华民族的关系，体现了中国共产党和马克思主义、世界社会主义、人类社会发展的关系，贯通了中国共产党百年奋斗的历史逻辑、理论逻辑、实践逻辑。

《中共中央关于党的百年奋斗重大成就和历史经验的决议》系统全面地概括了党的百年奋斗所积累的具有根本性和长远指导意义的十条历史经验，这就是坚持党的领导、坚持人民至上、坚持理论创新、坚持独立自主、坚持中国道路、坚持胸怀天下、坚持开拓创新、坚持敢于斗争、坚持统一战线、坚持自我革命。强调这十条历史经验是经过长期实践积累的宝贵经验，是党和人民共同创造的精神财富，必须倍加珍惜、长期坚持，并在新时代实践中不断丰富和发展。这十条历史经验是系统完整、相互贯通的有机整体，揭示了党和人民事业不断成功的根本保证，揭示了党始终立于不败之地的力量源泉，揭示了党始终掌握历史主动的根本原因，揭示了党永葆先进性和纯洁性、始终走在时代前列的根本途径。

《中共中央关于党的百年奋斗重大成就和历史经验的决议》是一篇马克思主义的纲领性文献，是新时代中国共产党人牢记初心使命、坚持和发展中国特色社会主义的政治宣言，是以史为鉴、开创未来、实现中华民族伟大复兴的行动指南，对推动全党进一步统一思想、统一意志、统一行动，团结带领全国各族人民夺取新时代中国特色社会主义新的伟大胜利，具有重大现实意义和深远历史意义。

（四）二十大召开和以中国式现代化全面推进中华民族伟大复兴

1. 党的二十大的召开

中国共产党第二十次全国代表大会于 2022 年 10 月 16 日在北京隆重开幕。习近平代表第十九届中央委员会向大会作题为《高举中国特色社会主义伟大旗帜　为全面建设社会主义现代化国家而团结奋斗——在中国共产党第二十次全国代表大会上的报告》的报告。大会的主题是：高举中国特色社会主义伟大旗帜，全面贯彻习近平新时代中国特色社会主义思想，弘扬伟大建党精神，自信自强、守正创新，踔厉奋发、勇毅前行，为全面建设社会主义现代化国家、全面推进中华民族伟大复兴而团结奋斗。

2. 总结过去五年的工作和新时代十年的伟大变革

党的二十大充分肯定了党的十九大以来所取得的成就，强调：五年来，以习近平同志为核心的党中央审时度势、守正创新，敢于斗争、善于斗争，团结带领全党全军全国各族人民有效应对严峻复杂的国际形势和接踵而至的巨大风险挑战，以奋发有为的精神把新时代中国特色社会主义不断推向前进，攻克了许多长期没有解决的难题，办成了许多事关长远的大事要事，推动党和国家事业取得举世瞩目的重大成就。

党的二十大高度评价了新时代十年的伟大变革。大会指出，党的十八大召开十年来，我们经历了对党和人民事业具有重大现实意义和深远历史意义的三件大事：一是迎来中国共产党成立100周年；二是中国特色社会主义进入新时代；三是完成脱贫攻坚、全面建成小康社会的历史任务，实现第一个百年奋斗目标。这是中国共产党和中国人民团结奋斗赢得的历史性胜利，是彪炳中华民族发展史册的历史性胜利，也是对世界具有深远影响的历史性胜利。十年来，我们全面贯彻党的基本理论、基本路线、基本方略，采取一系列战略性举措，推进一系列变革性实践，实现一系列突破性进展，取得一系列标志性成果，经受住了来自政治、经济、意识形态、自然界等方面的风险挑战考验，党和国家事业取得历史性成就、发生历史性变革，推动我国迈上全面建设社会主义现代化国家新征程。

新时代十年的伟大变革，在党史、新中国史、改革开放史、社会主义发展史、中华民族发展史上具有里程碑意义。中国共产党在革命性锻造中更加坚强有力，中国人民焕发出更为强烈的历史自觉和主动精神，实现中华民族伟大复兴进入了不可逆转的历史进程，科学社会主义在21世纪的中国焕发出新的蓬勃生机。

新时代十年的伟大变革，是在以习近平同志为核心的党中央坚强领导下、在习近平新时代中国特色社会主义思想指引下全党全国各族人民团结奋斗取得的。新时代十年伟大变革充分证明，确立习近平同志党中央的核心、全党的核心地位，确立习近平新时代中国特色社会主义思想的指导地位，反映了全党全军全国各族人民共同心愿，对新时代党和国家事业发展、对推进中华民族伟大复兴历史进程具有决定性意义。新时代新征程上把中国特色社会主义事业推向前进，最紧要的是深刻领悟"两个确立"的决定性意义，增强"四个意识"、坚定"四个自信"、做到"两个维护"，自觉在思想上政治上行动上同以习近平同志为核心的党中央保持高度一致。

3. 提出开辟马克思主义中国化时代化新境界

党的二十大强调，马克思主义是我们立党立国、兴党兴国的根本指导思想。中国共产党为什么能，中国特色社会主义为什么好，归根到底是马克思主义行，是中国化时代化的马克思主义行。党的十八大以来，中国共产党勇于进行理论探索和创新，以全新的视野深化对共产党执政规律、社会主义建设规律、人类社会发展规律的认识，取得重大理论创新成果，集中体现为习近平新时代中国特色社会主义思想。党的十九大、十九届六中全会提出的"十个明确""十四个坚持""十三个方面成就"概括了这一思想的主要内容，必须长期坚持并不断丰富发展。

党的二十大指出，只有把马克思主义基本原理同中国具体实际相结合、同中华优秀传统文化相结合，坚持运用辩证唯物主义和历史唯物主义，才能正确回答时代和实践提出的重大问题，才能始终保持马克思主义的蓬勃生机和旺盛活力。坚持和发展马克思主义，必须同中国具体实际相结合，必须同中华优秀传统文化相结合。

党的二十大提出，不断谱写马克思主义中国化时代化新篇章，是当代中国共产党人的庄严历史责任。继续推进实践基础上的理论创新，首先要把握好习近平新时代中国特色社会主义思想的世界观和方法论，坚持好、运用好贯穿其中的立场观点方法，坚持人民至上、坚持自信自立、坚持守正创新、坚持问题导向、坚持系统观念、坚持胸怀天下。

4. 明确新时代新征程中国共产党的使命任务

随着如期全面建成小康社会，实现第一个百年奋斗目标，中国共产党人踏上了全面建设社会主义现代化国家新征程。党的二十大强调，新时代新征程中国共产党的中心任务就是团结带领全国各族人民全面建成社会主义现代化强国、实现第二个百年奋斗目标，以中国式现代化全面推进中华民族伟大复兴。

党的二十大指出，在新中国成立特别是改革开放以来长期探索和实践基础上，经过十八大以来在理论和实践上的创新突破，中国共产党成功推进和拓展了中国式现代化。中国式现代化，是中国共产党领导的社会主义现代化，既有各国现代化的共同特征，更有基于自己国情的中国特色。中国式现代化是人口规模巨大的现代化、全体人民共同富裕的现代化、物质文明和精神文明相协调的现代化、人与自然和谐共生的现代化、走和平发展道路的现代化。中国式现代化的本质要求是：坚持中国共产党领导，坚持中国特色社会主义，实现高质量发展，发展全过程人民民主，丰富人民精神世界，实现全体人民共同富裕，促进人与自然和谐共生，推动构建人类命运共同体，创造人类文明新形态。

党的二十大重申了党的十九大提出的全面建成社会主义现代化强国分两步走的战略安排，即从 2020 年到 2035 年基本实现社会主义现代化；从 2035 年到本世纪中叶把我国建成富强民主文明和谐美丽的社会主义现代化强国。今后五年是全面建设社会主义现代化国家开局起步的关键时期，主要目标任务是：经济高质量发展取得新突破，科技自立自强能力显著提升，构建新发展格局和建设现代化经济体系取得重大进展；改革开放迈出新步伐，国家治理体系和治理能力现代化深入推进，社会主义市场经济体制更加完善，更高水平开放型经济新体制基本形成；全过程人民民主制度化、规范化、程序化水平进一步提高，中国特色社会主义法治体系更加完善；人民精神文化生活更加丰富，中华民族凝聚力和中华文化影响力不断增强；居民收入增长和经济增长基本同步，劳动报酬提高与劳动生产率提高基本同步，基本公共服务均等化水平明显提升，多层次社会保障体系更加健全；城乡人居环境明显改善，美丽中国建设成效显著；国家安全更为巩固，建军一百年奋斗目标如期实现，平安中国建设扎实推进；中国国际地位和影响进一步提高，在全球治理中发挥更大作用。

党的二十大强调，全面建设社会主义现代化国家，是一项伟大而艰巨的事业，前途光明，任重道远。前进道路上，必须牢牢把握以下重大原则：坚持和加强党的全面领导，坚持中国特色社会主义道路，坚持以人民为中心的发展思想，坚持深化改革开放，坚持发扬斗争精神。全党必须坚定信心、锐意进取，主动识变应变求变，主动防范化解风险，不断夺取全面建设社会主义现代化国家新胜利。

5. 全面部署新时代新征程党和国家各项事业

党的二十大对未来一个时期党和国家事业发展作出战略部署，强调必须加快构建新发展格局，着力推动高质量发展；实施科教兴国战略，强化现代化建设人才支撑；发展全过程人民民主，保障人民当家作主；坚持全面依法治国，推进法治中国建设；推进文化自信自强，铸造社会主义文化新辉煌；增进民生福祉，提高人民生活品质；推动绿色发展，促进人与自然和谐共生。

党的二十大在党和国家事业发展布局中突出教育科技人才支撑、法治保障、国家安全工作，并对相关工作作出重大部署。强调科技是第一生产力、人才是第一资源、创新是第一动力，要实施科教兴国战略，强化现代化建设人才支撑；坚持全面依法治国，推进法治中国建设；推进国家安全体系和能力现代化，坚决维护国家安全和社会稳定；实现建军一百年奋斗目标，开创国防和军队现代化新局面；坚持和完善"一国两制"，推进祖国统一；促进世界和平与发展，推动构建人类命运共同体。

全面建设社会主义现代化国家、全面推进中华民族伟大复兴，关键在党。中国共产党作为世界上最大的马克思主义执政党，要始终赢得人民拥护、巩固长期执政地位，必须时刻保持解决大党独有难题的清醒和坚定。党的二十大强调，必须持之以恒推进全面从严治党，深入推进新时代党的建设新的伟大工程，以党的自我革命引领社会革命，落实新时代党的建设总要求，健全全面从严治党体系，全面推进党的自我净化、自我完善、自我革新、自我提高，坚持和加强党中央集中统一领导，坚持不懈用习近平新时代中国特色社会主义思想凝心铸魂，完善党的自我革命制度规范体系，建设堪当民族复兴重任的高素质干部队伍，增强党组织政治功能和组织功能，坚持以严的基调强化正风肃纪，坚决打赢反腐败斗争攻坚战持久战。

党的二十大强调，坚持党的全面领导是坚持和发展中国特色社会主义的必由之路，中国特色社会主义是实现中华民族伟大复兴的必由之路，团结奋斗是中国人民创造历史伟业的必由之路，贯彻新发展理念是新时代我国发展壮大的必由之路，全面从严治党是党永葆生机活力、走好新的赶考之路的必由之路。这是我们在长期实践中得出的至关紧要的规律性认识，必须倍加珍惜、始终坚持，咬定青山不放松，引领和保障中国特色社会主义巍巍巨轮乘风破浪、行稳致远。大会指出，全党同志务必不忘初心、牢记使命，务必谦虚谨慎、艰苦奋斗，务必敢于斗争、善于斗争，坚定历史自信，增强历史主动，谱写新时代中国特色社会主义更加绚丽的华章。

党的二十大批准了习近平代表十九届中央委员会所作的报告和十九届中央纪律检查委员会的工作报告，审议通过了《中国共产党章程(修正案)》。新修订的党章充分体现了马克思主义中国化时代化最新成果，党的十九大以来党中央提出的治国理政新理念新思想新战略，以及党的工作和党的建设的新鲜经验。

10月22日，党的二十大选举产生了二十届中央委员会和中央纪律检查委员会。10月23日，二十届一中全会选举习近平、李强、赵乐际、王沪宁、蔡奇、丁薛祥、李希为中央政治局常委，选举习近平为中央委员会总书记，决定习近平为中央军事委员会主席，批准李希为中央纪律检查委员会书记。

党的二十大是在全党全国各族人民迈上全面建设社会主义现代化国家新征程、向第二个百年奋斗目标进军的关键时刻召开的一次十分重要的大会。大会高举中国特色社会主义伟大旗帜，全面贯彻习近平新时代中国特色社会主义思想，回顾总结了过去五年的工作和新时代十年的伟大变革，阐述了开辟马克思主义中国化时代化新境界、中国式现代化的中国特色和本质要求等重大问题，对全面建设社会主义现代化国家、全面推进中华民族伟大复兴进行了战略谋划，对统筹推进"五位一体"总体布局、协调推进"四个全面"战略布局作出了全面部署，为新时代新征程党和国家事业发展、实现第二个百年奋斗目标指明了前进方向、确立了行动指南。

奋进新征程，谱写新华章。在以习近平同志为核心的党中央的坚强领导下，中国特色社会主义的航船继续乘风破浪、坚毅前行，中国特色社会主义道路越走越宽广。中国式现代化是党领导人民长期探索和实践的重大成果，符合中国实际、反映中国人民意愿、适应时代发展要求，既体现了社会主义建设规律，也体现了人类社会发展规律，是实现社会主义现代化的必由之路。中国式现代化承续着几千年的中华文脉，吸吮着现代文明的丰厚滋养，一定能够创造中华民族巨龙腾飞的新奇迹，一定能够铸就人类文明发展的新高峰。

本章总结

近代以来，中国人民为实现中华民族伟大复兴而接续奋斗。太平天国运动、洋务运动、戊戌变法、义和团运动接连而起，但都以失败告终。辛亥革命推翻了统治中国几千年的君主专制制度，但却未能改变中国半殖民地半封建的社会性质和中国人民的悲惨境遇。十月革命一声炮响，给中国送来了马克思列宁主义。在马克思列宁主义同中国工人运动的紧密结合中，中国共产党应运而生，从此深刻改变了中华民族发展的方向和进程。

1949 年中华人民共和国的成立，彻底结束了旧中国半殖民地半封建社会的历史，彻底结束了极少数剥削者统治广大劳动人民的历史，彻底结束了旧中国一盘散沙的局面，彻底废除了列强强加给中国的不平等条约和帝国主义在中国的一切特权。中国人民从此站立起来了！中华民族发展进步从此开启了新的历史纪元。

中华人民共和国成立 75 年来，中国共产党团结带领中国人民，以"为有牺牲多壮志，敢教日月换新天"的气概，书写了中华民族几千年历史上最恢宏的史诗，从根本上改变了中华民族的面貌，向人民、向历史交出了一份优异的答卷。过去的旧中国积贫积弱，呈现在世界面前的是一派衰败凋零的景象，而今的新中国向世界展现的却是一派欣欣向荣的气象，中华民族正以不可阻挡的步伐迈向伟大复兴。

尤其是新时代 10 年来，以习近平同志为核心的党中央带领中国人民进行具有许多新的历史特点的伟大斗争，解决了许多长期想解决而没有解决的难题，办成了许多过去想办而没有办成的大事，推动党和国家事业取得历史性成就、发生历史性变革，为实现中华民族伟大复兴提供了更为完善的制度保证、更为坚实的物质基础、更为主动的精神力量。

今天，站在实现全面建成小康社会第一个百年奋斗目标的基础上，中国共产党团结带领中国人民又踏上了实现第二个百年奋斗目标新的赶考之路。回首过去，展望未来，党用伟大奋斗创造了历史伟业，也一定能用新的伟大奋斗在全面建设社会主义现代化国家、全面推进中华民族伟大复兴的伟大实践中创造新的伟业。

📋 思考题

1. 简述新时代在新中国史上的历史意义。
2. 简述新时代取得的历史性成就和历史性变革。
3. 简述习近平新时代中国特色社会主义思想的历史地位。
4. 简述中国式现代化的基本内涵和本质特征。

后
记

　　"历史是最好的教科书。学习党史、国史，是坚持和发展中国特色社会主义、把党和国家各项事业继续推向前进的必修课"。党的十八大以来，习近平总书记就学习中共党史、新中国史、改革开放史、社会主义发展史作出了一系列重要论述，全面阐述了学习"四史"的重大现实意义。同时，教育部也要求在普通高等院校开设"四史"类思政课选择性必修课。中国现代史（即新中国史）课程就是高等院校为在校大学生开设的一门"四史"类通识课程，是高校思想政治理论课课程体系的一部分。

　　三峡大学马克思主义学院经过三年多的中国现代史课程教学，对该课程的教学研究结出了初步的成果。由三峡大学"四史"教研室授课教师的通力合作，我们完成了这本《"中国现代史"课程教学设计》，以展示我们的教学研究成果，并期望为高校从事中国现代史教学的教师提供教学参考。本书既是高校"四史"教育的重要参考书，也是全社会进行"四史"教育的有益读本。本书还可作为马克思主义理论一级学科下党史党建方向的研究生教材读本。

　　本书是湖北省教育厅社科研究重大项目（湖北省社科基金前期资助项目）"习近平关于思想政治教育重要论述的原创性贡献研究"（项目编号：23ZD149）的阶段性成果之一。

　　全书由贾孔会教授统一组稿定稿。严朝阳、杨春娥、王聪等参与了课题讨论和大纲编写，贾璇、张翰、王晶晶、朱莹莹等人分别参与了第四章、第五章、第六章、第七章的部分文稿撰写工作。本书得到三峡大学马克思主义学院的支持，胡孝红院长、黎见春副院长给予了极大的关心和指导。武汉大学出版社韩秋婷编辑对本书的出版给予了大力支持，在此一并致谢。

　　本书在写作的过程中借鉴了学界的最新研究成果，在此表示感谢。由于作者水平和能力有限，本书定有许多不妥之处，敬请读者批评指正。

贾孔会